교양인을 위한

삼국유사

교양인을 위한

삼국유사

일연 원저
김봉주 편저

인간사랑

일러두기

1. 이 책은 『삼국유사』를 최대한 쉽게 읽고 다양한 생각을 해보자는 취지로 쓰였습니다. 따라서 가능한 한 쉬운 말로 번역하였으며 해설도 쉽게 그리고 다양한 사유가 가능하도록 하는 데에 중점을 두었습니다.
2. 한문으로 된 원문을 쉽게 이해할 수 있도록 하였기 때문에 가능한 한 의역하였으며, 모든 연호와 간지는 서력으로 바꾸어 기록하였습니다.
3. 이 책은 『삼국유사』를 읽으며 고대 사회의 모습이 구체적으로 떠오를 수 있도록 하는 데 목적을 두고 원문의 순서를 시대 순으로 재배열 하였습니다.
4. 『삼국유사』의 번역과 해석에 관해서는 기존 학계의 성과가 많이 참고 되었습니다만, 쉽게 읽을 수 있는 해설서라는 목표를 고려하여 출처의 주를 달지 않았습니다. 다만 기존의 견해와 필자의 견해는 문맥상 구별될 수 있도록 하였습니다.
5. 이 책은 원문 번역에 있어 이야기의 흐름을 파악하기 쉽도록 일연 스님의 주석은 꼭 필요한 경우가 아니면 생략하였으며 원문의 이해에 도움이 되는 보충 설명은 각주로 처리하였습니다.

차례

머리말

왜 우리는
내가 바라보는 별에 대해서만
흔히 노래하는가.

풀잎 끝 굴러 떨어지기 직전의
이슬의 불안에 대해서는
왜 아무 말도 하지 않은 채
영롱함만을 노래하는가.

– '저 별의 눈' – 김선우

저는 이런 상상을 가끔 합니다. 지금부터 100년, 혹은 500년, 혹은 상상하기도 힘들지만 1000년 후 사람들은 — 그때도 사람이 지구상에 남아있다면— 지금 우리를 어떻게 생각할까 하는 상상 말입니다. 2016년 3월 이세돌과 알파고의 대결에서 '인공지능'이 '인간의 지능'을 압도한 사건을 목격한 이후, 그리고 인공지능의 발전을 지켜보면서 저는 그동안 인간이 상상했던 모든 것은 이제는 더 이상 상상이 아닐 수 있다고 생각했습니다. 영화 '터미네이터'에 나오는 미래에서 온 로봇도 상상이 아니고, 2199년 매트릭스가 지배하는 세계를 그린 충격적 영화 '매트릭스'도 더 이상 상상의 세계는 아닐 수 있다는 생각을 하게 되었습니다.

물론 남극의 오존층이 뚫리고 북극의 얼음이 녹아내리며 전 세계의 바다가 미세플라스틱으로 오염되어가고 있는 지금, 과연 인간이 얼마나 더 지구라는 별에 존재할 수 있을지 의심스럽기도 합니다. 어쩌면 우리는 인간의 종말이라는 막다른 골목을 향해 질주하고 있는 것인지도 모르며, 매트릭스의 세상이 오기 전에 인류가 멸망할 지도 모릅니다. 그러나 우리를 종말의 늪에서 구해 줄 것도 우리 인간들뿐이므로 이 딜레마의 슬기로운 해결을 위해서도 우리는 인간의 과학기술과 지혜, 양식, 인간의 합리성에 의존할 수밖에 없습니다.

아무튼 지금은 AI의 시대입니다. 인간의 전유물이라던 지능을 인공적으로 구현하는 기술, 그리고 인간의 뇌를 분석하여 사고를 이해하는 데에서 나아가 뇌를 이해하고 궁극적으로 뇌의 작동 원리를 완벽히 분석하려는 뇌과학의 시대입니다. 최근 뇌과학의 발전상을 엿보면 정말 현기증이 날 정도입니다. 어쩌면 뇌를 스캐닝하고 컴퓨터와 연결시켜 인간의 사고를 컴퓨터의 데이터로 전환한다는 것도 더 이상 상상의 영역은 아닐지도 모릅니다.

그렇다면 인간과 인공지능의 경계는 앞으로 얼마나 남아 있을 수 있을까요? 아주 먼 미래의 일일지는 모르겠지만 결국 인간의 가장 궁극적 속성마저 변화 혹은 진화한다면 우리가 아는 혹은 상상하는 인간과는 근본적으로 다른 인간이 출현할 수 있으며 인간의 정의도, 모든 개념과 가치관, 인간과 세계에 대한 인식의 틀도 바뀌는 세상이 올 수밖에 없습니다. 이것이 진정 4차 산업혁명 시대의 도래 아닐까요?

우리는 흔히 현대를 4차 산업혁명의 시대라고 말하지만 이 혁명은 단순히 직업의 변화나 경제 활동 변화에 머물 리 없습니다. 중요한 것은 직업과 생산 활동의 변화보다 그것이 가져올 인간과 세상의 변화, 인간의 생활양식과 사고의 근본적 변화에 있습니다. 그런 점에서 길게 본다면 지금까지는 18세기 증기기관의 발명으로 시작된 1차 산업혁명 시대의 막바지에 있는 것이며 진정 새로운 산업혁명의 시대는 이제 막 시작되고 있는 것인지도 모릅니다. 그리고 그 끝 어딘가에 '호모데우스'라고 불리는 '초인간'의 출현이 자리하고 있겠지요.

지금 우리 세계는 그 아주 먼 미래로 가는 시작점에 서 있는 것은 아닐까요? 전통적인 인간관과 세계관이 효용을 잃어서 모든 것을 새로 정의해야 하는 시대 말입니다. 아직까지는 기존의 도덕과 자본주의의 개념이 통하겠지만 인공지능과 로봇이 대중화된 시대, 그리고 더 나아가 인간과 로봇의 경계, 혹은 새로운 인간과 전통적 인간의 구별이 문제되는 시대가 된다면 그것은 진화하지 못한 인간의 원시적 사고로밖에는 여겨지지 않을지도 모릅니다.

그렇다면 관심은 자연히 그 미래 세계에까지 남아 있을 인간의 속성과 문화는 무엇이며, 가치와 개념은 무엇일까로 옮겨지게 됩니다. 또 그들은 우리를 무엇으로 기억할 것이며, 무엇이 그들과 우리의, 즉 인간의 공통된 속성으로 이해될까요? 그런 점에서 최근에 개봉해서 한국에서만 1천만 이상의 관객을 불러 모은 영화를 비롯해 미래세계를 그린 영화 등은 흥미로운 단서를 제공합니다. 특히 아직 실용화되지 못한 최첨단의 탈 것이 등장하고 우주를 배경으로 활약하는 영웅들의 이야기임에도 그들이 사용하는 무기가 하나같이 가장 원시적인 무기인 칼과 방패, 활, 망치와 주먹 등 인간이 발명한 가장 오래된 것들이라는 점이 흥미롭습니다. 물론 스토리도 인간이 상상해 낸 가장 오래된 신화와 여러모로 유사하기도 합니다.

저는 미래세계를 그린 영화들을 보면서 언제나 생각합니다. 왜 가장 현대적인 미래세계의 이야기가 인간의 원초적 상상력과 스토리를 간직한 『삼국유사』와 이렇게도 비슷할 수 있는지를 말입니다. 정말 가장 오래된 것이 가장 현대적인 것일까요? 그토록 오래 살아남아 우리에게 전해졌다는 것은 인간의 가장 원초적 속성을 그리고 있다는 뜻이며 그것은 문명이 바뀌어도, 생활양식이 바뀌어도 변하지 않는다는 뜻이지 않을까요? 『삼국유사』의 이야기들은 결국 인간의 한계를 뛰어넘어 우주를 창조하고 국가를 건설하고 초인간의 경지에 들고자하는 불가사의한 욕망의 표현입니다. 그야말로 가장 원초적이고 근원적인 욕망이며 상상력이며, 인간과 사회에 관한 근원적 질문입니다. 그렇다면 이천년이라는 시공간을 넘어 전해 온 이것이야말로 앞으로 이천년을 더 넘도록 유효한, 따라서 가장 영원하고 근원적인 인간의 상상력과 정신세계를 보여주는 장대한 다큐멘터리인 것입니다.

그런 까닭에 저는 삼국유사의 이야기가 인간의 가장 근원적이고 본질적인 상상으로서 시대를 초월해서 통용될 수 있는 인간과 사회의 모습을 가장 잘 보여주고 있다고 생각합니다. 자본주의적 욕망에서 벗어날 수 없는 지금의 우리와는 사뭇 다르면서도 또 어떤 점에서는 전혀 다르지 않은 이 이야기 속 인간의 모습들이야말로 우리가 지켜야할 인간 본질의 한 단면이며, 미래의 인간인 인공지능과 구별되는 인간의 궁극적 속성이 아닐까요? 그런 점에서 저는 삼국유사를 통해 우리가 사유해야 할 것은 바로 이것, 인간과 사회의 근원적 속성과 그에 관한 문제 제기이며 시대를 초월해 우리가 지키고 가꾸어야 할 '우리를 우리답게 할 그 무엇'이라고 생각합니다. 이것이 바로 진정한 미래세계의 입구에 서 있는 우리가 삼국유사를 사유해야 할 이유이며 사유를 통해 우리가 얻어야 할 진정한 교훈입니다.

2019년 11월 미세먼지 걷힌 날

우리의 과거와 현재 그리고 미래를 잇는 가교를 생각하며

김봉주

1장

『삼국유사』로 사유하기

『삼국유사』는 말 그대로 '남겨진 이야기'입니다. 역사로 기록되지 못한 '남겨진 이야기'를 굳이 기록으로 남겨야겠다는 이 태도는 고려 말 동아시아에서 일어난 역사적 사건에서 비롯된 '우리'와 '우리의 뿌리'에 대한 관심에서 나온 것입니다. 그 결과 이 책에 기록된 이야기들은 역사와 허구 사이에 묘하게 걸쳐진 성격을 갖게 되었으며 '우리'를 돌아보는 데에 중요한 시사점을 제공합니다. 이 책의 독해에 조심스런 사유가 필요한 까닭입니다.

1.
『삼국유사』, 어떤 책인가?

『삼국유사』의 역사관

『삼국유사』는 고려 25대 충렬왕(1274년~1308년) 때 일연一然 스님(1206년~1289년)이 편찬한 책입니다. 스님은 1283년 충렬왕에 의해 승려의 최고 직책인 국사國師로 책봉되었고 79세 때인 1284년 연로한 어머니를 모시기 위해 경북 군위의 인각사로 내려왔는데 이곳에서 1285년 경 『삼국유사』를 편찬하였다고 추측됩니다.

'유사遺事'란 '남겨진 일'이므로 삼국시대의 일 중 역사에 기록되지 않고 남은 사실들을 적은 책이라고 보면 되겠습니다. 여기서 역사에 기록되지 않은 일이란 1145년 고려에서 편찬한 삼국시대의 역사서인 『삼국사기』에 빠져버린 삼국의 역사입니다. 『삼국사기』는 고려정부가 공식적으로 편찬한 삼국의 역사책이므로 당시 고려의 공식적 역사관, 그리고 주된 편찬자인 김부식의 역사관인 유교적 사대주의적[1] 신라 정통론의 사관에 어울리지 않는 것은 누락시켰는데, 『삼국유사』는 이를 보완한다는 의미로 편찬된 것입니다. 왜 일연 스님은 『삼국사기』를 보완할 필요를 느꼈을까요?

서문에 가로되,

대개 옛날 성인들은 예악으로 나라를 일으키고 인의로 가르침을 베풀어 괴력난신에 대해서는 일체 말하지 아니하였다. 그러나 제왕이 일어날 때에는 하늘이 제왕이 될 사람에게 내리는 명령과 길흉화복을 예언한 책을 받게 되므로 반드시 보통사람과는 다른 점이 있기 마련이다. 그런 뒤에 큰 변화가 있어 제왕의 지위를 얻기도 하고, 대업을 이룰 수도 있었다.

그리하여 황하에서 팔괘의 그림이 나오고 낙수에서 글씨가 나와서 성인이 일어난 것이다. 또 무지개가 신모를 둘러싸 복희를 낳았고, 용이 여등과 관계하여 염제를 낳았으며, 궁상의 들판에서 황아가 노닐 때 스스로 백제의 아들이라 칭하는 신동이 황아와 관계하여 소호를 낳았고, 간적은 제비 알을 삼켜 설을 낳았고, 강원은 거인의 발자국을 밟고 기

1 『삼국사기』를 흔히 사대주의적이라고 비판하지만 조선 초에 편찬된 『고려사』에 '본기'가 없는 반면 『삼국사기』는 '고구려 본기' '신라 본기' '백제 본기' 등 당당이 '본기'를 쓰고 있다는 점에서 고려 시대의 자주의식이 조선 시대와는 상당한 차이가 있다고 본다. 이 점 간과되어서는 안 될 것이다.

를 낳았으며, 요임금의 어머니는 잉태한 지 14개월 만에 요를 낳았고, 패공의 어머니는 큰 연못에서 용과 교합을 하여 패공을 낳았다. 이로부터 그 뒤에 일어난 신비로운 일들을 어찌 다 기록할 수 있겠는가? 그러므로 삼국의 시조가 모두 신비롭고 이상하게 탄생하였다고 하여 괴이할 것이 없다.

기이 편을 책의 첫머리에 싣는 까닭이 바로 여기에 있다.

– 『삼국유사』 기이 제1

『삼국유사』 첫머리인 기이 편에 있는 일연 스님의 서문입니다. 중국의 옛일과 비교해 봤을 때 삼국의 시조가 탄생한 신비로운 이야기가 하등 이상할 것이 없다는 이야기입니다. 이 부분은 『삼국유사』를 편찬한 일연 스님의 관점을 분명히 보여 줍니다. 중국에서 나라의 시조가 탄생할 때 있었다는 이상한 일들은 인정하면서 왜 우리의 시조에 관한 비슷한 이야기는 인정하지 않느냐라는 것이죠. 이것은 분명 『삼국사기』를 편찬한 사람들에게 던지는 질문입니다. 소위 유교적 합리주의에 근거하여 삼국의 신령스럽고 기이한 이야기를 모두 믿지 못할 것으로 보고 역사에서 제외한 김부식에 대해 문제 제기를 하는 것입니다.

중국과 우리가 다를 것이 무엇이 있느냐는, 그래서 책의 첫머리에 신이한 이야기를 먼저 싣겠다는 저 당당한 선언은 일연 스님이 『삼국유사』를 편찬하면서 갖고 있었던 역사관을 뚜렷이 보여 줍니다. 『삼국사기』에 담겨 있는 김부식의 다음과 같은 말과 비교하면 차이를 분명히 알 수 있죠.

하·은·주 3대 때 달력을 고치고 후대에 연호를 만든 것은 크게 하나로 통일하여 백성들이 보고 듣는 것을 새롭게 하자는 것이었다. 그러므로 때를 타고 맞서서 천하를 다투거나 간사한 무리들이 틈을 타고 천하의 패권을 노리는 것이 아니라면 천자의 나라에 속한 작은 나라는 사사로이 연호를 지어 쓸 수 없는 것이다. 신라는 한 뜻으로 중국을 섬기고 조공을 계속 하면서도 법흥왕이 연호를 스스로 지어 썼으니 의심스럽다. 그 뒤에도 그릇된 대로 여러 해가 지났으며 태종의 꾸지람을 듣고서도 오히려 주저하다가 이제 당나라의 연호를 받들어 행하니 비록 부득이하게 시작하였으나 허물을 고쳤다고 말할 수 있을 것이다.

– 『삼국사기』 권 제5 진덕왕

신라는 23대 법흥왕(514년~540년)이 처음 연호를 만들어 사용하였고 진흥왕, 진평왕, 선덕여왕, 진덕여왕까지 모두 독자적인 연호를 정하여 사용하였습니다. 진덕여왕 4년 650년 여름에 왕이 '태평송'이란 노래를 지어 당나라 황제에게 올리고 이때부터 비로소 당나라의 연호를 사용하게 되었는데, 이에 대한 김부식의 평가입니다. 누구의 연호를 사용하느냐하는 것은 다분히 상징적인 것일 뿐 그리 큰 의미가 있는 것은 아니라고 할 수 있겠지만, 이를 바라보는 김부식은 태도는 확실히 심각합니다. 이것과 비교하면 일연 스님의 서문이 얼마나 당당한 자주적 선언인지 알 수 있습니다.

이런 점에서 『삼국유사』는 단순히 『삼국사기』에 누락된 내용을 보충한다는 의미를 넘어 『삼국사기』의 사대적 역사관에 대한 불만과 적극적인 재해석의 뜻으로 만들어진 책입니다. 그리하여 『삼국사기』의 중국 중심주의와는 다른 자주적 의식이 분명한 책이 만들어지게 되었습니다. 참으로 다행스런 일이 아닐 수 없습니다.

고려 후기 사회와 『삼국유사』

역사를 바라보는 관점에서 『삼국유사』가 『삼국사기』와 갖는 가장 큰 차이는 삼국의 건국 이전에 단군조선과 위만조선을 놓았다는 데에 있습니다. 『삼국사기』는 기원전 57년 신라의 건국을 첫머리에 놓고 있습니다. 『삼국유사』가 단군조선부터 시작한다는 것은 일연 스님의 자주적 태도를 보여줄 뿐 아니라 그가 삼국의 역사 이전의 역사, 즉 삼국의 뿌리가 되는 공통의 조상에 관심을 가졌다는 것을 의미합니다. 삼국을 아우르는 공통의 뿌리에 대한 관심은 곧 '민족'에 대한 관심으로 이것은 일연 스님 시대에 부쩍 높아진 우리 민족에 대한 관심을 반영한 것입니다.

1206년 칭기즈칸은 유목 생활을 하던 몽골을 통일하고 금나라를 정벌하여 중국의 북쪽 지역을 지배하게 됩니다. 그리고는 고려를 압박하고 조공을 요구하는데 고려에 왔다가 원으로 돌아가던 사신이 피살된 사건을 구실로 1231년 대대적인 고려 정벌에 나섭니다. 고려는 강화도로 서울을 옮기고 40여 년 간 몽고에 치열하게 저항하였지만 결국 1270년 몽고와 강화를 맺고 개경으로 돌아옵니다. 1271년 원나라가 세워지고 1279년 남송까지 멸망시켜 천하는 원나라의 세상이 됩니다.

몽고와의 전쟁으로 고려에서는 수많은 문화재가 불타고 백성들의 생활이 극도로 어려워지게 되었으며, 고려의 국왕이 원의 공주와 강제로 결혼하여 고려가 원의 부마국이 되고 원의 내정 간섭을 받아 고려는 자존심에 심각한 상처를 받습니다.

『삼국유사』에 담긴 자주성과 민족에 대한 관심은 고려가 처한 이러한 시대적 상황에서 나타난 것입니다. 한漢족이 세운 송나라가 북쪽 오랑캐의 하나인 여진족에 의해 남쪽으로 쫓겨 가고 몽골에 의해 결국 멸망하는 것을 지켜보는 경험은 기존의 중국 중심 세계관이 통째로 뒤집히는 충격적인 사건이었을 것입니다.

역사상 처음 벌어진 이 놀라운 반전의 충격은 고려인에게는 자신을 되돌아보는 계기가 되었습니다. 또 고려의 처녀를 원나라에 조공으로 바쳐야 하는 치욕적인 현실도 민족의 단결과 자존심 회복의 필요성을 키웠을 것입니다. 『삼국유사』가 씌어진 1285년 전후는 이런 역사적 대 격변기였습니다. 1287년 이승휴가 지은 『제왕운기』가 단군을 우리의 시조로 삼고, 고구려를 계승한 나라로 발해를 최초로 언급한 것은 『삼국유사』와 함께 이 시대 고려에 싹트던 민족의식과 자주의식의 결과입니다.

『삼국유사』의 체제와 성격

『삼국유사』는 5권 9편으로 되어 있습니다. 각 권과 편의 내용을 간략히 정리하면 아래의 표와 같습니다.

권	편	내 용
권1	왕력	신라, 고구려, 백제, 가락국, 후고구려, 후백제의 역대 왕의 출생, 즉위, 가족관계 등 연표를 중국과 비교하여 짧게 서술
	기이 제1	고조선, 삼한, 5가야, 부여, 고구려, 백제와 신라 통일 이전까지의 이야기 36개 항목
권2	기이 제2	신라 통일문무왕 이후 경순왕까지와 백제, 후백제, 가락국기까지 23개 항목
권3	흥법 제3	삼국에 불교가 전해지고 융성해지는 이야기 6개 항목
	탑상 제4	절과 탑과 불상이 세워지는 이야기 31개 항목
권4	의해 제5	저명한 스님들의 이야기 14개 항목
권5	신주 제6	특별히 신기한 능력을 보인 세 분 스님들의 신기한 이야기 3개 항목
	감통 제7	불교와 관련된 신기한 기적의 이야기 10개 항목
	피은 제8	숨어 사는 스님들의 이야기 10개 항목
	효선 제9	선행과 효도에 관한 이야기 5개 항목

왕력과 기이 편만 보면 『삼국유사』는 확실히 역사책에 가깝습니다. 역대 임금을 중심으로 삼국의 성립과 국가의 틀이 잡혀 나가는 이야기, 그리고 신라가 3국을 통일하고 점차 망해가는 이야기 등 국가의 정치적

흥망이 중심에 있기 때문입니다. 그러나 흥법 이하 7개 편은 고승전을 닮은 불교 문화사라고도 할 수 있습니다. 또 이 이야기들은 비현실적인 신화나 전설 혹은 민담이므로 『삼국유사』를 설화집이라 하는 사람도 있습니다. 그러나 『삼국유사』의 성격을 굳이 어느 하나로 규정해야만 할 이유는 없습니다. 그것은 『삼국유사』에 대한 이해에도 『삼국유사』가 그리고 있는 우리의 고대 사회에 대한 이해에도 별 도움이 되지 않습니다.

『삼국유사』는 무신 정권을 경험하고 북방의 오랑캐로 여겨지던 몽고가 천하를 지배하던 고려 후기 선종에 속한 한 승려에 의해 수집되고 바라 본 우리 민족 고대 사회의 모습입니다. 『삼국유사』는 신라의 이야기가 80%를 차지하고, 그것도 진평왕부터 경덕왕까지 신라가 삼국을 통일하던 전후의 약 150여 년, 신라의 최전성기에 집중되어 있지만 그런 것은 『삼국유사』의 단점이 될 이유가 전혀 없습니다. 그것은 600여 년이 지난 13세기 후반까지도 7세기 신라가 가장 융성하던 시기의 이야기는 관심을 끄는 흥미로운 이야기였고, 그래서 기록으로도 입으로도 풍부히 전해졌다는 반증일 뿐입니다.

정말 중요한 것은 우리가 이 책을 통해서 얼마나 우리 고대 사회의 참모습에 가까이 갈 수 있느냐 하는 것입니다. 그리고 그것으로부터 지금 우리를 비추어 볼 수 있는 유용한 패러다임을 찾아낼 수 있느냐 하는 것입니다. 일연 스님이 『삼국유사』를 통해 21세기 우리에게 전해 주고 싶었던 것도 바로 그것이 아니었을까요?

이 책의 신비롭고 비현실적인 이야기는 그 너머에 있는 고대 사회의 참모습을 찾는 실마리입니다. 비현실적이고 허황하다고 해서 가치 없는 것이 아니고 현실적이라고 해서 가치 있는 것도 아닙니다. 역사든 이야기이든 모든 과거의 기록은 이제부터 우리가 요리해야 할 재료일 뿐입니다. 문제는 우리가 이 재료를 가지고 얼마나 제대로 된 요리를 해내느냐, 즉 현재 우리의 자아와 세계에 관한 지식에 얼마나 의미 있는 해석을 해내느냐 하는 것입니다.

어쩌면 사실이든 허구이든 모든 역사 기록이 그 자체로 가치 있는 것은 아닙니다. 그것은 현재의 우리와 세계를 바라보는 우리의 패러다임에 어떤 식으로든 의미를 가질 때에야 비로소 보물이 되는 것입니다. 그러고 보면 『삼국유사』를 보물로 만드는 것도 결국은 우리에게 달렸다고 할 수 있습니다. 이것은 흥미로운 과제이기도 하지만 현대를 살아가는 우리의 책무이기도 합니다.

2.
『삼국유사』, 어떻게 읽을까?

『삼국유사』를 어떤 방식으로 읽어야 하는가는 쉬운 질문이 아닙니다. 『삼국유사』의 기록이 역사적 사실이라면 우선 사안을 꼼꼼히 고증하고 분석하여 역사적, 사회적 맥락에서 사안의 의미를 밝히는 데에 중점을 두어야 하겠죠. 그러나 『삼국유사』는 역사를 기록하겠다는 목적에서 쓰인 책이 아닙니다. 제목이 의미하는 대로 역사책을 만드는 과정에서 탈락한, 즉 역사적 사실로 선택되지 못한 이야기를 모은 것입니다.

역사책을 만드는 과정에서 탈락했다면 역사책을 만드는 사람의 눈에는 그것이 역사가 아닌 것으로 보였기 때문입니다. 이유는 여러 가지입니다. 현실적으로 일어날 수 없는, 허구로 보였기 때문일 수도 있고 역사를 바라보는 편찬자의 관점과 다르게 사실을 말했기 때문일 수도 있습니다. 『삼국유사』에 들어 있는 이야기는 허구가 가미된 이야기가 많으므로 역사적 사실이라고 부르기에는 망설여지기도 합니다.

그렇다면 분명히 상상력이 추가된 역사적 사실은 무엇이라고 불러야 할까요? 그것은 사실은 아니지만 그렇다고 완전한 허구도 아닙니다. 그리고 상상력이 가미되었다고 해도 그것이 사실과 전혀 관계없는 것도 절대 아닙니다. 세상에 사실을 기록하였다는 그 어떤 기록도 완전히 사실적인 기록은 없습니다. 기록되었다는 것은 이미 기록자에 의해 선택된 것이며 그 과정에서 언제나 그의 주관이 개입되기 때문입니다. 정도의 차이가 있을 뿐 완전히 객관적인 사실이란 세상에 존재하지 않는 법입니다. 그런 이유에서 『삼국유사』의 이야기도 역사로 볼 수 있다는 주장이 있습니다.

그러나 그렇다고 해서 곰이 여자로 변하고, 호랑이가 쑥과 마늘을 먹었다는 진술을 그대로 사실이고 역사라고 주장할 수는 없습니다. 『삼국유사』에는 분명 역사적 사실이라고 부를 만한 이야기도 많지만, 그 자체를 사실로 보기는 어려운 이야기도 많습니다. 상상력이 가미된 역사, 그런 것을 '사화史話'라고 부르기도 합니다. 사실과 허구가 뒤섞인 이야기가 되겠죠. 그렇다면 『삼국유사』가 바로 사화의 대표적인 예가 되겠습니다.

그러나 허구가 섞여 있다고 해서 그것이 사실을 말하지 않는 것은 결코 아닙니다. 그 허구의 내면을 적절히 해석하여 이해할 수만 있다면 그것은 오로지 사실을 기록했다고 하는 어떤 기록보다 훨씬 더 사실, 또는 실체적 진실에 가까울 수 있습니다. 사실을 객관적으로 말했다는 신문기사가 오히려 진실을 더 크게 왜곡하는 경우가 많은 것이 현실입니다.

그러면 그 허구의 내면을 어떻게 파헤쳐야 할까요? 여기 그 방법을 암시하는 재미난 예가 있습니다.

흥덕왕과 앵무새

제42대 흥덕대왕은 826년에 즉위했다. 즉위 후 얼마 지나지 않아 어떤 이가 당나라에 사신으로 갔다가 앵무새 한 쌍을 가지고 왔다. 그러나 오래지 않아 암컷이 죽어 홀로 남은 수컷이 슬피 울어 그치지 않았다. 이에 왕은 사람을 시켜 그 앞에 거울을 놓도록 했다. 새는 거울 속의 모습을 보고 제 짝인 줄 알고 거울을 쪼다가 자기의 모습인 것을 깨닫고는 슬피 울다 죽었다. 왕이 새의 이야기를 노래로 지었다고 하는데 가사는 전하지 않는다.

– 『삼국유사』 기이 제2 흥덕왕과 앵무새

신라 흥덕왕은 826년부터 836년까지 11년을 왕위에 있었습니다. 그런데 『삼국유사』 흥덕왕 조는 위에 보이는 짝 잃은 앵무새 이야기 달랑 하나가 전부입니다. 이것이 바로 『삼국사기』에서는 버려진, 유사遺事 즉 남겨진 이야기인 셈입니다. 짝을 잃고 슬퍼하다가 죽은 앵무새 이야기가 여기 왜 나올까요? 흥덕왕 시대에는 어떤 일이 있었으며 그는 어떤 임금이었을까요? 왜 흥덕왕 조에는 앵무새 이야기 하나만 있을까요?

『삼국사기』 흥덕왕 조를 보면 매우 흥미로운 사실이 발견됩니다. 해

당되는 부분만 옮기면 다음과 같습니다.

즉위 원년 826년 겨울 12월에 왕비인 장화부인이 죽자 추봉하여 정목왕후라 했다. 왕은 사모하는 마음을 잊지 못하여 흥이 없이 지냈다. 신하들이 새로 왕비를 맞아들이기를 청하니 왕이 말하였다. "홀로 남은 새도 짝을 잃은 슬픔이 있거늘 하물며 좋은 부인을 잃고서 어찌 무정하게 다시 장가들 수 있겠는가?" 왕은 신하들의 청을 따르지 않고 시녀들도 가까이 하지 않았다. 주변에는 오직 환관만 둘 뿐이었다.

–『삼국사기』 신라본기 제10

이젠 설명의 실마리가 잡힙니다. 흥덕왕 조의 짝 잃은 앵무새는 바로 흥덕왕 자신이었습니다. 그는 왕위에 오르자마자 부인을 잃고 11년의 재위기간 내내 슬픔에 빠져 있다가 11년 후 왕이 죽어 유언대로 장화왕비의 능에 합장된 임금이었습니다. 짝을 잃고 거울에 비친 자신의 모습을 쪼아대던 앵무새는 바로 흥덕왕 자신의 비유였던 것입니다.

『삼국사기』를 보면 흥덕왕은 확실히 인정이 많고 어진 사람이었던 듯합니다. 나라에 흉년이 들자 자신의 음식을 줄이고 죄수를 사면했다는 기사도 보이고 남쪽 지방을 다니면서 홀아비 홀어미 고아를 방문하고 선물을 주었다는 기사도 보입니다. 또 중국에서 차茶를 가져와 지리산에 심게 하였는데 흥덕왕 때에 차가 크게 성행했다는 기사도 보입니다. 왕 자신이 차를 즐겼을 가능성도 높습니다.

지금 우리의 눈으로 볼 때 흥덕왕 때의 역사적 사실 중 중요한 것은 장보고가 828년 당나라에서 돌아와 병사 1만 명으로 청해진을 설치한 일입니다. 흥덕왕은 원성왕의 장남인 인겸의 아들로서 둘째 형인 언승(41대 헌덕왕)과 함께 장남인 준옹의 아들, 즉 조카인 애장왕을 죽이고 헌덕왕에 이어 왕위에 오른 인물입니다. 그리고 흥덕왕 사후 원성왕의 삼남인 예영의 후손들이 왕권을 놓고 피비린내 나는 혈투를 벌이는 극심한 혼란기가 찾아옵니다. 신라 하대 왕권 쟁패의 시대라고 할 수 있지요. 그러나 그 시대는 당시의 신라 사람들에게는 그렇게 기억되지는 않았나 봅니다. 칼과 피의 대가로 쟁취한 왕위에 오른 그는 놀랍게도 백성들에게는 먼저 죽은 왕비를 끝내 잊지 못하고 슬퍼하다가 결국 그녀와 합장된 왕, 인정 많고 마음 씀씀이가 세심했던 왕으로 그려지고 있습니다.

흥덕왕 때 신라는 어떻게 이해할 수 있을까요? 역사적으로 볼 때 이 시대는 청해진을 기반으로 동북아의 해상 제해권을 장악해 가는 장보고의 시대, 또는 진골 귀족들 사이의 왕권 쟁탈전으로 점철된 혼란의 시대, 망해가는 나라의 시대라고 보는 것이 옳을 겁니다. 그런데 『삼국유사』가 전하는 이야기는 다릅니다. 다정다감하고 차를 즐기던 왕이 다스리던 평화로운 시대, 먼저 세상을 뜬 왕후만을 그리워하던 왕의 시대로 그리고 있는 것입니다. 비록 흉년도 있고 중요해 보이는 사건과 사고도 있었지만 『삼국유사』는 『삼국사기』에서는 버려진 이야기, 흥덕왕의 개인사에 주목한 것입니다. 그리고 그것이 당대 민중의 가장 큰 이야깃거리였으며 그 시대의 진실일 수도 있다는 점을 우리에게 일깨워 줍니다.

흥덕왕 조는 『삼국유사』의 기록을 어떻게 해석하느냐에 대해 우리에게 중요한 깨우침을 제공합니다. 있을 수 있는 이야기이긴 하지만 흥덕왕 대에 중국에 갔던 사신이 앵무새를 가져왔다는 『삼국유사』의 기록을 역사로 보기는 어렵습니다. 그것은 흥덕왕의 인간 됨됨이를 말하기 위해 꾸며낸 것으로 백성들 사이에서 구전되던 이야기였으며, 백성들은 우리의 왕이 바로 그 앵무새와 같은 사람이라고 보았다는 것을 암시합니다. 그리고 『삼국사기』에는 없는 그 사소해 보이는 기록이 우리가 놓치기 쉬운 그 시대의 한 단면을 날카롭게 드러내 보인다는 것이며, 나아가 우리가 역사를 보는 시각을 전면적으로 재고해야 하는 것은 아닌가 하는 문제 제기에까지 이르고 있다는 점입니다.

일연 스님, 『삼국유사』

2장

나라가 세워질 때의 신기한 이야기들

『삼국유사』의 첫째 권인 기이 편에는 고조선을 비롯하여 고구려, 신라, 백제, 가락국의 건국 신화가 실려 있습니다. 백제와 가락국의 건국 이야기는 기이 편의 뒷부분에 있지만 나라의 건국이라는 주제로 함께 묶일 수 있으므로 여기서는 나라가 세워질 때의 신기한 이야기로 함께 소개합니다.

나라의 건국은 다 비슷할 것 같지만, 구체적으로 살펴보면 분명 조금씩 차이가 발견됩니다. 각 나라의 건국 이야기에 어떤 차이가 있는지에 초점을 맞추어 읽는다면 훨씬 흥미로운 독서가 될 것입니다.

1.
고조선

『삼국유사』에서 가장 많은 조명을 받고 또 해석에 있어 가장 많은 논란이 되는 이야기입니다. 단군이 세운 나라를 고조선이라 부르고 그것을 역사의 첫머리에 놓았다는 것 자체가 이미 큰 의미를 지니기 때문입니다. 일연 스님은 이 부분을 오로지 과거의 기록을 인용하여 서술합니다. 다른 이야기들보다 훨씬 자세히 주석을 달고 고증하려는 의도도 엿보입니다. 일연 스님 스스로도 이 이야기의 중요성을 알고 최대한 객관성을 확보하려고 노력한 것이 분명합니다.

『위서』[2]에 이렇게 말하였다.

---

2 북제北齊의 위수가 편찬한 역사서. 지금 전하는 위서는 전체가 다 전하지 않아서 단군에 관한 이야기를 찾아볼 수 없다.

지금으로부터 2천여 년 전에 단군왕검이 있어, 아사달에 도읍을 정하고 새로 나라를 열어 조선이라 불렀으니 중국의 요임금과 같은 시기이다.

『고기』[3]에는 이렇게 말하였다.

옛날에 환인[4]이 있었는데 그 서자 환웅이 자주 천하에 뜻을 두고 인간 세상을 다스리고자 했다.[5] 아버지가 아들의 뜻을 알고 삼위태백산을 내려다보니 인간 세상을 널리 이롭게 할 만하여 환웅에게 천부인[6] 세 개를 주어 인간세상을 다스리게 하였다.

환웅은 무리 삼천 명을 이끌고 태백산 꼭대기에 있는 신단수 아래로 내려왔다. 이곳을 일러 신시라 하고 이 분을 바로 환웅천왕이라고 한다. 그는 풍백, 우사, 운사[7]를 거느리고, 곡식과 생명, 질병, 형벌, 선악 등 인간의 360여 가지 일을 주관하여 세상을 다스리고 교화시켰다.

이때 곰 한 마리와 범 한 마리가 같은 굴속에 살고 있었는데, 환웅에

---

3 『단군고기』라는 책이 있었다고 추측된다. 한 책의 이름이 아니라 그냥 옛 기록이라고 해석하기도 한다.

4 일연 스님은 제석 즉 하느님을 의미한다고 해설하였다. 그런데 현재 전하는 『삼국유사』 정덕본에는 환국桓國으로 되어 있다. 따라서 정덕본에 따라 '옛날에 환국이란 나라가 있었다.'로 해석해야 한다는 주장이 있다. 국國이 인因으로 일제 강점기 때 조작되었다는 주장이다. 실제로 '인'자는 개칠한 흔적이 확연히 보인다. 그러나 환국이란 나라로 해석하면 하느님을 가리킨다는 일연의 주석과 뜻이 통하지 않는다.

5 제석: 하느님. 불교에서 도리천 즉 하늘을 다스리는 분을 가리킨다. 불교 용어이기는 하나 하느님의 의미이다.

6 신의 신령스러운 힘을 나타내는 물건. 흔히 거울, 방울, 칼이라고 한다.

7 바람, 비, 구름을 주관하는 신.

게 사람이 되게 해 달라고 항상 기원하였다. 환웅은 신령스런 쑥 한 심지와 마늘 스무 개를 주면서 말하였다.

"너희들이 이것을 먹고 백 일 동안 햇빛을 보지 않는다면 사람이 될 것이다."

곰은 이것을 받아먹고 21일[8] 동안 금기를 지켜 여자의 몸으로 되었다. 그러나 범은 금기를 지키지 못하여 사람이 되지 못했다. 웅녀는 그와 혼인할 상대가 없어 날마다 신단수 밑에 와서 아이를 갖게 해달라고 기원하였다. 이에 환웅이 임시로 사람으로 변하여 그와 혼인하였더니 이내 잉태하여 아들을 낳았다. 이가 바로 단군왕검이다.

단군왕검은 요임금이 즉위한 지 50년인 경인년에 평양성에 도읍을 정하고 비로소 조선이라고 불렀다. 이후 백악산 아사달로 도읍을 옮겼다. 그곳을 궁홀산이라고도 하고 또는 금미달이라고도 한다. 그는 이곳에서 1500년[9] 동안 나라를 다스렸다. 주나라 무왕이 즉위하던 기묘년에 기자를 조선에 봉하니 단군은 장당경으로 옮겼다가 나중에 아사달로 돌아와 숨어 산신이 되었는데 나이가 1908세였다고 한다.

---

8 원문에는 삼칠일로 되어 있어 논란이 되는 부분이다. 21일로 해석하면 앞에서 100일 동안 금기를 지키라는 환웅의 말과 모순된다. 따라서 3일과 7일을 피하다로 해석하기도 하나, 궁여지책으로 보인다.

9 단군과 그의 후손에 의해 1500년간 고조선이 통치되었다는 의미로 해석한다.

태백산 정상 천황단

당나라 『배구전』[10]에 전하기를 고구려는 본래가 고죽국[11]이었는데 주나라에서 기자[12]를 봉하여 조선이라 하였다. 한나라가 이곳을 다시 세 군으로 나누었는데 이를 현도, 낙랑, 대방이라 불렀다. 『통전』[13]에도 또한 이와 같다.

– 기이 제1 고조선

---

10 당나라 때 사람 배구의 전기.

11 일연 스님은 지금의 황해도 해주라고 해석하였다.

12 은나라 사람으로 주 무왕에 의해 은나라가 망하자 조선으로 도망 와 기자 조선을 건국하였다고 한다. 사마천의 『사기』 「조선열전」을 비롯하여 여러 중국 문헌에 기자의 이야기가 전하지만 내용과 시기가 갖가지여서 국사학계에서는 그 실체를 인정하지 않는다. 평양에는 기자의 묘라고 전해지는 무덤도 있다.

13 당나라 두우가 편찬한 정치 제도에 관한 책.

최초의 나라 고조선

단군조선 조는 일단 『위서』라는 책을 인용하며 시작됩니다. 문제는 이 책이 어떤 책이냐 부터 시작됩니다. 3세기에 편찬된 위나라의 역사서인 『위서』에는 「동이전」이라 하여 우리의 고대사에 관한 기록이 있지만 고조선의 이야기는 전혀 없습니다. 6세기 위진남북조 시대 북제에서 편찬된 『위서』가 현재 전하지 않는 부분이 있어 그곳에 있었는지 추측할 뿐입니다. 결국 현재까지 단군조선이 들어있는 『위서』는 발견되지 않다는 이야기입니다.

어쨌든 『위서』에서 인용된 내용은 2천 년 전 단군왕검이 아사달에 도읍을 정하고 조선이란 나라를 열었다는 간단한 사실입니다. 이것은 다음에 서술되는『고기』의 내용을 입증하여 믿음을 주려는 의도에서 인용된 것입니다.

『고기』에서 인용된 내용은 고조선 기록의 중심을 이룹니다. 내용을 정리하면 다음과 같습니다.

첫째, 하느님의 아들 환인이 신단수 아래에 내려와 '신시'라는 신성한 장소, 신에게 제사 지내는 장소를 열었다.

둘째, 곰과 범이 환웅에게 사람이 되게 해달라고 빌었다.

셋째, 환웅이 곰과 범에게 지킬 것을 알려 주었다.

넷째, 곰은 금기를 지켜 여자가 되었고, 범은 되지 못하였다.

다섯째, 환웅은 사람으로 변하여 웅녀와 혼인하여 단군을 낳았다.

여섯째, 단군은 평양성에 도읍을 정하고 조선이란 나라를 열었다.

일곱째, 1500년간 나라를 다스리다가 기자가 오자 장당경으로 숨었다가 아사달로 돌아와 신선이 되었다.

곰과 범

먼저 주목되는 것은 곰과 범이 무엇을 의미하느냐의 문제입니다. 곰과 범은 곰을 숭배하는 부족과 범을 숭배하는 부족으로, 그리고 환웅을 그들보다 우월한, 하늘에서 내려왔다고 자부하는 부족으로 보고 어딘가에서 이주한 우수한 족이 토착부족과 결합하여 나라를 세우는 것으로 이해하는 것이 가장 일반적인 해석입니다. 하늘에서 내려온 환웅과 굴속에서 살던 곰의 결합, 천신天神과 지신地神의 결합, 그리고 지신족의 동물숭배 특히 곰에 대한 숭배 등으로 해석하는 것으로 주로 초기 연구자들의 의견이었습니다. 우리 민족이 곰을 숭배하는 민족이라든가 나아가 우리 민족을 가리키는 맥족[14]의 '貊'(멧돼지 종류의 야생동물)도 곰과 같은 숭배 대상이었다는 견해입니다. 우리말의 '곰' '검' 혹은 '고마'가

---

14 맥족(貊族): 만주와 한반도에 살던 우리 민족을 가리키는 이름. 그러나 이 이름은 우리가 우리 자신을 부르던 이름은 아니며 중국인이 우리를 부르던 명칭으로 '더러운 돼지 같은 오랑캐' 정도의 뜻으로 우리를 낮추어 부르던 명칭이라는 지적도 있다.

신을 뜻하므로 우리 민족이 곰을 숭배하는 토착 신앙을 갖고 있었다는 견해는 당연한 것으로 받아들여졌습니다.

그러나 여기의 곰이 정말로 동물 곰을 의미하느냐에 대해서는 많은 반론이 제기되었습니다. 단군신화를 비롯한 『삼국유사』에 우리말의 가차[15] 표기가 많듯 '웅'이란 글자도 '곰', '검' 등 신을 뜻하는 우리말을 표기한 단순한 가차가 아니냐는 것입니다. 또 범[虎]도 곰과 같이 신을 의미하는 글자로 쓰였음을 밝혀 결국 이 두 글자에 동물의 의미는 없다는 견해가 등장하였습니다.

실제로 한반도나 만주의 토속 신앙에 호랑이는 산신으로 숭배해도 곰을 숭배하는 경우는 찾기 어렵고, 곰이 용, 즉 물의 신의 의미로 쓰이기도 했다는 점 등이 증거로 제시되었습니다. 또 비슷한 견해로 곰과 범이 두 부족의 이름일 뿐이라는 주장도 있습니다. 곰이 동물이 아니라 '신'을 의미한다는 이 주장도 완전히 정설이 된 것은 아니지만, 이제는 단군신화가 곰이라는 동물을 숭배하는 신앙을 담고 있다는 설명은 의심받고 있습니다. 그러나 어찌 되었든 우월한 문화를 지닌 이주민과 토착 부족이 결합하여 고조선이라는 국가가 세워졌다는 점은 아직도 정설로 인정됩니다.

---

15 가차(假借): 외래어를 한자의 음만 따서 쓰는 방식. 여기서는 우리의 고유어를 한자의 음을 빌어 표기하는 방식을 말한다. 독일獨逸, 파리巴里, 비구니比丘尼 등이 그 예이다.

고조선의 위치

논란이 되는 또 하나는 환웅이 내려왔다는 태백산과 단군이 도읍으로 정했다는 평양성, 아사달이 어디인가라는 고조선의 위치 문제입니다. 일연 스님은 태백산을 묘향산, 평양을 지금의 평양이라고 풀이하였습니다만, 그대로 따르기에는 석연치 않은 점이 있습니다. 특히 이것은 고조선이 어디에 세워졌던 나라인가를 결정하는 대단히 민감한 사안으로 수많은 논증과 주장이 있었습니다. 태백산이 백두산이라는 주장, 백악산과 아사달이 요서지역이며 평양성도 요동지역 지금의 심양 근처라는 주장, 아사달의 '아사'가 아침을 뜻하는 요하 근처 지금의 '조양朝陽'이라는 주장 등이 대표적입니다. 특히 사마천의 『사기』 「조선열전」에 나타난 한나라와 위만조선의 전쟁 과정을 분석하면 위만조선이 요동지역에 있었다는 주장은 상당한 설득력을 지닙니다. 「조선열전」에 묘사된 전쟁 과정은 『전한서』[16]로, 다시 『삼국유사』 「위만조선」에 그대로 인용됩니다.

고조선의 수도 아사달의 위치에 관한 그동안의 주장을 정리하면 4가지로 요약됩니다. 대동강 유역의 평양, 요하 동쪽 요동지역, 요하 서쪽 요서지역, 그리고 고조선의 중심이 요동 지역에서 대동강 유역으로 이

16 전한서(前漢書): 후한 반고(32년~92년)가 지은 전한 시대의 역사서. 기원전 202년 한나라의 건국부터 기원 후 25년 후한의 건국 이전까지의 사건을 기록하였다.

동하였다는 중심지 이동설이 그것입니다. 이 문제는 아직도 치열한 논쟁 중에 있으며 결정적인 문헌이나 유물이 새로 발견되지 않는 한 정설이 확정되기는 어려워 보입니다. 그러나 『사기』에 묘사된 위만조선과 한나라의 전쟁 과정을 보면 위만조선의 왕검성(왕험성)이 있던 곳은 지금의 평양은 분명 아닙니다. 특히 이 기록은 사마천이 살아서 목격한 동시대의 기록이므로 무엇보다 정확한 사실이라고 하면 고조선이 멸망하던 기원전 108년경 한나라와 전쟁이 있던 곳은 지금의 요동 지역이 틀림없습니다. 다만 단군이 건국한 시기는 이로부터 다시 2천여 년이나 전이므로 그 나라가 그 기간 동안 그 지역에서 그대로 이어졌을지는 의문이 남습니다.

신화인가, 역사인가

단군이 기원전 2333년 조선을 건국하였다는 『삼국유사』의 기록은 광복 이후 우리나라의 국사학계에서 대체로 신화로 다루어졌습니다. 단군과 그가 건국하였다는 고조선은 구전되어 오던 신화로서, 고려시대 몽고의 침략으로 우리 민족의 자부심을 높이기 위해 기록되었다는 입장입니다.

국사학계가 이런 입장을 취했던 이유는 여러 가지가 있지만, 가장 결정적인 것은 한반도 지역에서 청동기 문화가 시작되는 것이 기원전 20세기까지 올라가지는 않는다는 것입니다. 청동기시대에 국가가 처음 만들어졌다는 것이 통설이니까요. 한반도에서의 청동기 문화는 기원전 4~5세기, 혹은 빨라야 기원전 7~8세기였다는 것이 통설이었습니다.

그러나 북한은 이미 오래전부터 한반도에서 청동기 시대가 기원전 2000여 년 전에 시작되었다고 주장해 왔으며, 근래에 남한의 여러 청동기 유적지에 대한 방사능 연대 측정 결과도 기원전 15세기 정도로 그 상한선이 올라가면서 분위기가 많이 바뀌었습니다. 그리하여 국사 교과서에서도 단군이야기는 아직도 신화로 보지만, 단군왕검은 당시 지배자의 칭호이며 기원전 2333년 전 환웅 부족이 곰을 숭배하는 부족과 연합하여 고조선을 건국하였다고 기록합니다. 그리고 지역도 요하와 대릉하가 있는 요령 지방과 대동강 유역을 모두 포함하는 것으로 봅니다. 기원전 2333년이라는 연도가 얼마나 정확한 것인가는 아직도 의문의 여지가 있지만, 대체로 기원전 2000년 무렵 고조선이 건국되었다는 것은 사실로 보아도 좋습니다.

단군조선의 의미와 고조선 사회

여러 논란에도 불구하고 단군조선에서 다음 몇 가지는 정설로 받아들여집니다.

첫째, 단군신화는 가장 오래되고 순수한 북방계 건국 신화의 형태를 잘 간직하고 있다는 점입니다. 대개 화려하고 극적으로 꾸며진 신화일수록 후대에 지어진, 혹은 후대에 추가된 내용일 가능성이 높습니다. 단군신화는 건국 신화치고는 건국의 주역이었던 부족의 우월성을 과장하고 강조하려는 요란한 장식이 없이 비교적 소박합니다. 그런 점에서 단군신화는 우리나라에 전해지는 어떤 건국신화보다 오래된 이야기라고 볼 수 있습니다.

또 단군신화는 하늘의 자손임을 내세우는 이주민 집단과 토착민의 연합을 그린 천손강림신화[17]입니다. 이 신화에는 남방계 신화의 특징인 알에서 태어나는 이야기나 배를 타고 바다를 건너오는 이야기가 섞여 있지 않습니다. 단군신화를 제외한 다른 신화들이 모두 난생卵生이나 바다를 건너오는 사람의 이야기를 담고 있는 것과 비교됩니다. 하늘의 자손이 높은 산 정상에 내려온다는 북방계 산악 민족 신화의 순수한 형태를 지니는 것이 바로 단군신화입니다.

둘째, 제정일치[18] 사회의 모습을 보인다는 점입니다. 단군왕검은 제정일치 사회 지배자의 칭호이며 단군은 몽고어의 '탕그리', 우리말의 '당골'의 음을 표기한 것으로 무당의 의미로 봅니다. 왕검은 정치적 지도자인 한자 왕에 신을 뜻하는 우리말 '검'이 붙어 이루어진 말입니다. 따라서 이 말은 고유명사가 아니라 당시 지배자를 가리키는 보통명사이며, 단군이 1500년이나 고조선을 다스렸다는 말도 단군의 후손이 이어 지배

---

17 하늘을 다스리는 신의 자손이 하늘에서 내려와 지상에 나라를 세웠다는 이야기이다.

18 종교적 우두머리인 제사장과 정치적 우두머리가 일치하는 사회. 고대 사회에서는 대체로 종교적 지도자와 정치적 지도자가 동일인인 경우가 많았으며, 후대로 내려오면서 역할이 분리되었다는 것이 정설이다.

했다는 뜻으로 이해됩니다.

셋째, 단군신화는 농경사회를 배경으로 나온 신화라는 점입니다. 환웅이 하늘에서 내려온 곳은 태백산의 정상 나무 아래지만 그가 바람과 구름과 비의 신을 대동하였다는 점에서 이 사회는 수렵사회가 아니라 농경 사회였다고 보입니다. 곰이 인간이 되기 위하여 마늘과 쑥을 먹으며 견뎌야 했다는 점도 당시가 농경사회였음을 암시합니다.

넷째, 단군신화에는 나무숭배 사상이 들어 있다는 점입니다. 환웅은 무리 3천을 거느리고 태백산 정상의 신단수 아래로 내려왔습니다. 여기서 신단수란 신령스런 나무를 의미하며 이것은 하늘에 제사지내는 신성한 제단으로 해석되는데 이것은 서낭당 신앙, 혹은 마을을 지켜주는 신성한 당나무 신앙으로 현재까지도 이어지는 것으로 봅니다. 무속에서는 나무를 하늘과 땅, 사람과 신을 이어주는 신성한 것으로 보는데, 이러한 나무 숭배 신앙의 최초의 모습이 단군신화에 있다고 봅니다.

다섯째, 단군신화는 다른 건국신화와 다르게 이념이 강조되고 인내심과 끈기가 중요시된 신화라는 점입니다. 대개 건국신화는 나라를 세운 지배자의 위대함이나 무력, 뛰어난 능력이 강조되기 마련입니다. 고대국가의 건국이 대개 뛰어난 지도자가 출현하여 부족을 통합하여 이루어지며 이 과정에는 반드시 무력이 개입되기 때문입니다. 또 지배자 혹은 지배 집단의 우월성을 강조하고 광고하여 다른 부족이 그에게 저항할 뜻을 품지 못하도록 하는 것이 건국신화를 만드는 일차적 이유이므로 지배자가 단순히 특별하게 출생했다는 것만으로는 만족하지 못하는 것이 보통입니다.

이렇게 보면 단군신화에는 단군이 하늘의 자손이라는 것, 산신이 되었다는 것 외에 특별한 신적 능력이나 무력은 언급되어 있지 않습니다. 대신 다른 신화에서는 찾아보기 힘든 '홍익인간弘益人間'이라는 이념을 내세워 건국과 통치의 정당성을 설명하고 있죠. 이것은 매우 특별한 것으로 단군신화만의 특징입니다. 그만큼 단군이 평화롭고 문화적인 방법으로 국가를 건설하였다는 뜻이 됩니다.

또 곰 부족과 범 부족 중에 누가 하늘 족과 연합할 것인가를 결정하는 과정도 특이합니다. 보통 이런 선택을 하려면 두 부족이 싸우거나 능력을 다투어 승리하는 부족이 나와야 합니다. 그런데 단군신화는 특이하게도 누가 더 굴속에서 오래 참아내느냐로 결정합니다. 범 부족은 이 시험에서 탈락하게 되는데 누가 더 오래 참느냐는 인내심으로 결정했다는 것이 주목됩니다. 이로 인하여 단군신화에서는 건국의 과정이 피비린내 나는 투쟁 대신 고요한 기다림의 과정이 되고 있습니다.

여섯째, 국가의 건설에 필연적인 지배자의 등장과 계급의 분화를 그리고 있다는 점입니다. 부족이 통합되고 국가가 건설된다는 것은 반드시 승리한 집단과 패배한 집단이 생긴다는 것을 의미합니다. 고조선의 건국에도 하늘 족과 곰 족이라는 승리 집단과 범 족이라는 패배 집단이 등장합니다. 이 이야기 자체가 승리한 집단을 찬양하기 위해 지어진 것이므로 이것은 지배자가 등장하고 지배 계급과 피지배 계급이 분화되는 과정을 그렸다고 볼 수 있습니다.

쉬어가기

공무도하가, 고대사회 한 인간에 관한 보고서

님이여 물을 건너지 마오
님은 기어이 물을 건너셨네.
물에 떨어져 돌아가시니
아아, 이제 나는 어이할꼬.

이 노래는 3세기 중국 진晉나라 때 쓰였다는 『고금주』라는 책에 전합니다. 이 노래는 고조선의 노래라고 일컬어지며, 중국에서는 '공후인'이라는 이름으로 상당한 유명세를 떠고 수백 년 이상 노래되었다고 합니다. 수백 년 뒤 당나라의 이태백까지 공후인을 소재로 한 시를 썼으니 과연 최초의 한류라 할 만한 노래입니다. 사연은 이렇습니다.

조선진이라는 나루터의 뱃사공 곽리자고가 어느 가을날 새벽 강가에 나갔습니다. 서리가 하얗게 내린 강가를 거니는데 저만치에서 머리가 하얗게 센 미치광이 늙은이가 술병을 들고 강으로 뛰어오는 것이 보입니다. 그 늙은이는 곽리자고가 말릴 새도 없이 강으로 뛰어 들어 죽습니다. 뒤이어 그 늙은이의 아내인 듯한 여자가 뛰어와 저 노래를 부르고는 역시 남편을 따라 강으로 뛰어 들어 자살합니다. 아침부터 충격적인 광경을 목격한 곽리자고는 집으로 돌아와 아내 여옥에게 자신이 본 것을 말해 주고 노래를 들려주었습니다. 여옥은 공후라는 악기의 반주에 맞추어

이 노래를 작곡했다고 합니다. 그 노래가 바로 공후인입니다.

참으로 신비롭기 그지없습니다. 우선 이 노래가 정말로 고조선의 노래인지부터 의심스러우며 머리가 하얀 그 늙은이의 정체는 무엇이며 노래의 의미가 무엇인지도 궁금합니다. 이 노래가 고조선 시대의 노래라는 이유는 배경이 조선진이기 때문입니다. 그러나 조선의 나루터라고 해서 꼭 이름이 조선진이라는 법은 없으므로 이 노래는 중국의 노래이며 고조선과는 관계가 없다는 주장도 있습니다. 그러나 중국인들이 조선의 노래라고 알고 불러왔다는데 굳이 우리 노래가 아니라고 할 까닭도 없을 것입니다.

이 노래가 우리의 노래라면 지금 전하는 가사는 한문으로 번역된 것이고 본래는 우리말로 불렸으리라 짐작됩니다. 그런데 이 노래의 주인공인 머리가 하얀 늙은이는 누구일까요? 또 그의 아내는 왜 노래를 부르고 남편을 따라 자살했을까요? 술병을 들고 강으로 뛰어든 머리가 하얀 늙은이에 대해서는 술의 신 디오니소스라는 지적이 있었습니다. 노래를 부른 그의 아내나 작곡을 한 여옥은 음악의 신 뮤즈이고요. 그리고 이 노래는 남편을 사별한 슬픔이 서정적인 노래로 만들어지는 과정, 즉 최초로 서정시가 나타나는 과정을 그리고 있다는 해석도 있습니다.

그러나 이 노래가 고조선 시대, 즉 아주 오래된 최초의 국가 시대에 만들어진 노래란 점을 인정하고 이야기를 그대로 새겨보면 이것은 아주 오래 전 인간의 자살에 관한 보고서입니다. 술병을 들고 강으로 뛰어든 미치광이 늙은이와 그의 아내는 술로도 해결할 수 없는, 그때까지 인간이 경험해 보지 못한 그리고 도저히 해결할 길 없는 갈등에 맞서 결국 자살을 선택한 최초의 반항아가 아닐까요? 처음 국가가 형성되고 계급이 만들어지면서 인간이 부딪히게 된 개인과 사회의 갈등, 이성적으로는 해결할 길 없는 갈등에 맞닥뜨린 인간이 스스로 강에 뛰어드는 충격적인 사건이 그려진 것 아닐까요?

수렵과 농경으로 삶을 이어가던 석기시대라면 인간이 이렇듯 감당할 수 없는 갈등은 일어나지 않았을 겁니다. 개인이 모두 자급자족하는 독립적 생활을 한다면 문제가 발생하더라도 개인의 영역을 넘지는 않을 테니까요. 인간의 힘으로 어쩔 수 없는 뿌리 깊은 갈등이란 국가가 건국되고 사회가 형성되면서 법이 만들어지고, 지배자와 피지배자가 생기고, 규범이 생기고, 해야 할 일, 해서는 안 되는 일이 생기면서 싹튼 것입니다. 그러면서 미치광이 늙은이와 그의 아내와 같은 최초의 자살자가 생겨나게 된 것입니다. 이 노래는 여러 가지로 해석될 수 있지만 고조선이라는 사회의 형성과 그 사회에서 발생한 문제적 반항아의 모습을 그린 것으로 해석될 수 있다는 점에서 흥미롭습니다.

이 해석은 노래를 너무 정치적으로만 본 것이 아니냐는 반론을 받을 수 있습니다. 그러나 다른 해석이 잘못된 것이라는 뜻은 아니며 이런 해석도 가능한 하나의 관점이라는 의미에서 의의가 있습니다. 어쨌든 국가와 사회의 형성이 인간에게 미치는 영향에 대해 생각해 볼 수 있다는 점에서 이 노래의 등장은 흥미를 끕니다.

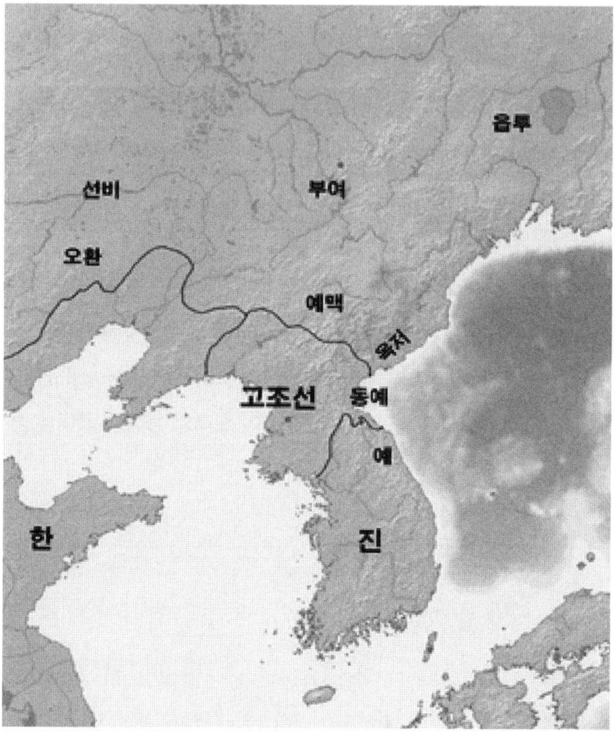

고조선의 영토 지도

2.
위만조선

『삼국유사』「위만조선」조는 『전한서』를 그대로 인용하였는데, 『전한서』는 사마천의『사기』「조선열전」을 그대로 인용한 것이므로 결국 이것은 『사기』「조선열전」과 거의 같습니다. 내용은 크게 두 부분으로, 위만이 조선 땅으로 들어가 위만조선을 세운 이야기와 위만의 손자 우거왕이 한나라의 침략을 막아내다가 결국 망하는 이야기입니다.

『전한서』「조선전」에 이렇게 말하였다. 처음 연나라 때부터 진번조선을 침략하여 차지하고 관리를 두어 요새를 쌓았다. 진나라가 연나라를 멸망시키고 요동군 변방에 이 땅을 예속시켰다. 한나라가 일어나자 이 땅이 너무 멀어서 지킬 수가 없어 옛날의 요새를 다시 고쳐 쌓고 패수를 경계로 하여 연나라에 예속시켰다.

연나라의 왕 노관이 반란을 일으키고 흉노 땅으로 들어가니, 연나라 사람 위만이 망명하면서 무리 1천여 명을 이끌고 동쪽으로 내달아 요새를 나와 패수를 건너 진나라의 옛 땅인 상하장에 정착하였다. 이후 진번조선의 오랑캐와 옛날 연나라와 제나라에서 망명을 해온 자를 복속시켜 왕이 되고 도읍을 왕검에 정했다. 위만은 무력으로 주변의 작은 마을들을 복속시켰는데 진번과 임둔이 모두 복속하여와 땅이 수천 리가 되었다.

위만은 아들에게 왕위를 전하고 이후 손자 우거에 이르렀는데 당시 진번과 진국[19]이 한나라에 글을 올려 천자를 알현하려고 하였으나 우거가 길을 막아 통과하지 못하게 하였다.

기원전 109년 한나라는 섭하를 사신으로 보내 우거를 타일렀는데 우거는 끝까지 천자의 말을 듣지 않았다. 섭하는 교섭에 실패하고 돌아가다 패수에 이르렀는데 그의 마부로 하여금 그를 호송하는 책임자인 조선의 비왕[20] 장을 죽이게 하고 패수를 건너 변방 요새를 지나 한나라로 돌아가 천자에게 보고하였다.

천자가 섭하를 요동의 동부도위로 임명하였다. 그러나 조선은 섭하를 원망하고 습격하여 섭하를 죽였다. 천자는 누선장군 양복을 보내 제나라에서 발해를 지나 조선을 치게 하니 군사는 5만이었다. 또 좌장군 순체로 하여금 요동으로부터 출발하여 우거를 공격하게 하였다. 우거는 군

19 진한, 진국: 진한은 신라를 말하고, 진국은 한강 이남의 작은 부족국가를 말하는 듯하다.

20 조선 왕보다 지위가 낮은 왕을 말한다.

사를 일으켜 험한 곳에서 그들을 막았다.

누선장군은 제나라의 병력 7천을 거느리고 먼저 왕검성에 도착하였는데, 우거는 성을 지키다가 누선의 군사가 적은 것을 알고 즉시 나아가 공격을 하니 누선의 군사가 패해 도망갔다. 양복은 군사를 잃고 산속에 숨어 사로잡히는 것을 면하였다. 좌장군 순체는 패수 서군을 공격했으나 깨지 못하였다. 천자는 두 장군이 불리하게 되자 위산을 시켜 군사의 위력으로 우거를 타이르게 하였다. 우거는 항복하기를 청하고 태자를 보내어 말을 바치겠다고 했다. 태자의 군사 만여 명이 무기를 지니고 패수를 건너려 할 때 위산과 좌장군은 이들이 변을 일으킬까 의심하여 말하였다.

"태자는 이미 항복하였으니 무기를 가져오지 마시오."

태자는 사신이 자기를 속일까 의심하여 패수를 건너지 않고 다시 돌아왔다. 위산이 돌아가 천자에게 보고하자 천자는 위산을 죽였다. 좌장군은 패수 상류에 있는 조선 군사를 격파하고 나아가 왕검성에 이르러 서북쪽을 포위하였다. 누선장군 또한 가서 성의 남쪽에 주둔했다.

그러나 우거가 성을 굳게 지키니 몇 달이 지나도록 함락시킬 수가 없었다. 천자는 전쟁이 오래도록 끝나지 않으므로 전에 제남태수로 있던 공손수로 하여금 가서 정벌하게 하고, 모든 일을 편의대로 처리하게 하였다. 공손수가 와서 누선장군 양복을 체포하고 그의 군사를 합쳐 좌장군의 군사와 함께 왕검성을 급히 공격했다. 이 때 조선의 재상 노인과 한도 그리고 이계의 재상 삼과 장군 왕겹이 모의하여 항복하려 했으나 우거왕이 듣지 않았다. 이에 한도와 왕겹, 노인은 모두 도망가 한나라에 항복하였는데 노인은 길에서 죽었다.

기원전 110년 여름 이계의 재상 삼이 사람을 시켜 우거왕을 죽이고 와서 항복했다. 그러나 왕검성은 함락되지 않았으므로 우거의 대신 성기가 또 반란을 일으켰다. 좌장군은 우거의 아들 장과 노인의 아들 최로 하여금 그의 백성들을 타일러 성기를 죽이도록 하였다. 이로써 마침내 조선을 평정하고 진번, 임둔, 낙랑, 현도의 네 군을 두었다.

– 기이 제1 위만조선

한나라의 침략과 위만조선의 저항

위만조선에서 문제되는 것은 우선 위만이 누구인가 하는 것입니다. 위만은 연燕나라 사람이라고 되어 있지만, 연나라[21]는 진시황에 의해 기원전 222년에 망하였고 기원전 202년 한나라가 세워진 뒤 한나라는 이 지역에 연나라를 다시 세워 통치하였습니다.

그런데 진시황에 의해 망하기 전에 연나라는 기자조선을 복속시켰다는 기록이 있습니다. 그런 이유로 연나라 땅에는 조선의 유민流民[22]들이 흩어져 살고 있었는데 위만은 그들 중에 우두머리 격인 사람이었다고

21 중국 전국시대에 있던 국가로 기원전 222년 진秦나라에 멸망당하였다.

22 망하여 없어진 나라의 백성.

보입니다. 『전한서』에 보면 위만이 1000여 명의 무리를 이끌고 동쪽으로 갈 때 '방망이 상투를 틀고 오랑캐 옷을 입었다'는 기사가 있습니다. 이 기록은 위만이 중국 한漢족이 아니라 조선인이었다는 증거가 됩니다. 일연 스님이 고조선 다음에 위만조선을 놓은 것은 위만이 조선인이고 그가 조선의 유민을 모아 조선을 다시 부흥시킨 것으로 보았기 때문입니다.

매우 상세하게 그려진 전쟁과정은 대단히 사실적입니다. 이것은 사마천이 당대에 있었던 일을 기록한 것을 그대로 옮긴 것이므로 비록 중국 입장에서 쓴 것이긴 하지만 역사적 사실과 거의 일치할 것으로 보입니다. 중국적인 관점만 한 꺼풀 벗겨내어 보면 당시 위만조선의 세력과 전쟁의 실상 등 흥미로운 사실들을 알 수 있습니다. 한 무제[23]는 치세기간 내내 흉노와 전쟁을 했던 인물로 이민족 정복을 통해 한나라의 영역을 최대로 넓힌 황제입니다. 정복 왕답게 그는 장수를 보내 끈질기게 위만조선을 공략합니다.

사건의 발단은 한나라 사신 섭하가 조선에 왔다가 돌아가는 길에 자

23 한 무제(武帝): 기원전 140년~87년, 재위기간 54년. 전한 7대 황제. 절대군주로서 중앙집권적 권력을 확립하고 재정을 확보하기 위한 정책을 실시하였다. 화폐의 통일, 소금과 철의 전매, 상인으로 부터의 재산세 징수, 운수와 무역을 확대하였다. 유학을 국가의 이념으로 정하고 흉노(몽골)와 끊임없이 전쟁을 벌여 한의 영토를 넓혔다. 서쪽으로 통상로를 개척하여 비단길이 개척된 것도 이때이다. 중국의 영토를 크게 확장하고 국가 체계를 완성한 황제로 당나라 태종과 함께 중국의 최대 황금기를 이끈 황제로 칭송된다.

기를 호위하던 조선의 관리를 죽이고 패수를 건너 달아난 데서 시작됩니다. 그 공으로 요동지방의 태수로 임명된 섭하를 조선의 군대가 요동까지 쳐들어가 죽입니다. 그러자 한나라는 누선장군 양복과 좌장군 순체를 보내어 대대적인 정벌 전쟁에 나섭니다. 그러나 양복과 순체는 패배하고 달아나 목숨만 겨우 유지합니다.

한 무제는 다시 위산이란 장군을 보내 우거의 항복을 받으려 합니다. 우거가 항복하겠다는 뜻을 보내온 것으로 되어 있지만 항복하러 오는 우거의 태자가 만 명의 군사를 거느리고 오는 것으로 보아 이것은 거짓 항복이 분명합니다. 결과적으로 위산은 우거에게 속은 것이지요. 우거의 거짓 항복에 속은 일로 위산은 사형 당합니다. 위산이 사형 당하는 것을 본 양복과 순체는 목숨을 걸고 우거를 공격했을 겁니다. 그럼에도 불구하고 우거를 이기지 못하자 무제는 다시 공손수를 보냅니다. 공손수는 양복을 체포하여 죄를 묻고 조선을 공격하는데 공손수도 승리하지는 못합니다. 그러던 중 조선에 내분이 일어나 반란자들이 우거를 죽이고 항복하여 오는 바람에 조선은 평정되고 한은 이곳에 4군을 둡니다.

이 전쟁은 한나라가 승리한 전쟁일까요? 한 무제는 4명의 장수를 차례로 보내 조선을 공략하지만 중국인이 쓴 『사기』에도 한이 이겼다는 말은 보이지 않습니다. 대대적이고 끈질긴 공격치고 결말도 허무합니다. 전쟁에서 이겼다면 승리한 자에게 벼슬을 주고 승리한 장수를 조선의 태수로 임명하는 것이 보통이지만 그런 내용은 하나도 없습니다. 오히려 무제의 명을 받고 공격하던 장수들은 공을 세워 벼슬을 받기커녕 사형당하는 화를 입을 뿐입니다. 『사기』에는 순체와 공손수까지 사형을 당하는 것으로 되어 있습니다. 한나라 장수 중 살아남은 자는 오직 양복하나인데 그도 서인으로 강등됩니다.

결과적으로 조선을 멸하고 4군을 두었다고 하지만 4군의 태수로 누구를 임명했다든가, 어떻게 4군으로 나누었다든가 하는 내용도 하나도 없습니다. 전쟁의 내용이 매우 세세하게 묘사된 데에 비하면 용두사미가 아닐 수 없습니다.

그런 까닭에 한이 조선을 멸하고 4군을 두었다는 이 기록은 매우 의심스럽습니다. 이 4군을 소위 한사군이라고 부르는데 이것이 정말로 있었다고 믿기 어렵습니다. 조선을 공격했던 한의 체면상 결과는 한이 이긴 것처럼, 그리고 조선에 있던 4군데 지명을 4군으로 나누어 지배한 것처럼 서술한 것이 아닌가 합니다. 그동안 당연시 되던 한사군의 실체는 이렇게 근거가 불확실한 것입니다.

여기서 또 하나 주목되는 것은 위만조선의 위치입니다. 처음 섭하가 조선의 비왕을 죽이고 패수를 건너 요새로 들어갔다는 표현을 보면 패수는 왕검성과 중국의 변방 요새 사이에 있는 것이 분명합니다. 또 요동태수로 임명된 섭하를 조선 사람들이 습격하여 죽였다는 기록을 보면 조선의 왕검성과 요동은 거리가 멀지 않았으리라 짐작됩니다.

또 누선장군 양복이 제나라에서 발해를 건너갔다는 기록도 주목됩니다. 제나라는 지금의 산둥반도인데 여기서 발해만을 건너면 요하와 대릉하 지역이지 평양이 아닙니다. 패수는 흔히 대동강을 가리키며 왕검성은 지금의 평양이라고 추정되지만 이 기록을 보면 그럴 수가 없습니다. 평양성은 대동강의 북쪽이며 중국 변방의 요새와는 약 1000km나 떨어져 있습니다. 이 기록을 사실로 인정한다면 위만조선은 요하 근처에 있었던 것이 분명합니다.

일연스님은 단군조선과 위만조선은 자세히 기록하고 기자조선은 고조선 조에서 한 줄로만 간단히 언급하였습니다. 지금 국사학계에서는 대체로 인정하지 않습니다만, 단군조선을 기자가 멸하고 기자조선을 세우고, 위만이 기자조선의 마지막 왕인 준왕을 쫓아내고 위만조선을 세웠다는 설이 있습니다. 『사기』를 비롯한 여러 중국 문헌에 기자는 기원전 1200년경 주나라 무왕이 은나라 마지막 왕인 주왕을 멸할 때의 은나라의 왕족으로서 은이 멸망하자 동쪽으로 가 조선을 다스렸다고 나옵니다. 그리고 이것은 중국이 오래전부터 한민족을 다스렸다는 증거로 거론됩니다.

그러나 기자에 관한 기록은 많은 내용이 추가되고 고쳐지면서 어디까지가 사실인지 분간하기 어렵게 되었습니다. 주 무왕 시절에 기자라는 비범한 인물이 있었다고는 하나 그가 무왕에 의해 조선왕으로 봉해졌다는 사실조차 부풀려진 것일 가능성이 높습니다. 일연스님도 이미 800년 전에 그렇게 생각한 것일까요? 『삼국유사』가 단군조선에 이어 기자조선을 빼고 바로 위만조선을 놓은 것은 그런 점에서 참으로 놀랍습니다.

3.
고구려

『삼국유사』 고구려 편은 완전히 『삼국사기』 「고구려본기」를 인용하고 있습니다. 「고구려본기」는 북부여를 건국한 해모수에 이어 왕위에 오른 아들 해부루가 나라를 동쪽으로 옮긴 일부터 시작되는데, 일연 스님은 이 부분을 떼어내 따로 「동부여」 편으로 만들었습니다. 고구려 조의 이전 이야기가 되겠죠. 이야기는 이렇습니다.

북부여의 왕 해부루 시대 재상 아란불이 꿈을 꾸었습니다. 꿈에 천제가 나타나 북부여의 땅에 당신의 자손이 나라를 세울 것이니 너희들은 나라를 가섭원으로 옮기라고 하였습니다. 아란불이 왕에게 권하여 나라를 옮기고 나라 이름을 동부여라고 하였습니다. 해부루는 늙도록 자식이 없었는데 어느 날 그가 타고 가던 말이 백두산 천지에서 큰 돌을 보고 눈물을 흘립니다. 돌을 치워보자 금빛 개구리 모양의 아이가 있었는데 그가 해부루를 이은 금와왕입니다. 금와왕은 해부루가 궁궐

밖의 여자에게서 낳은 아들이며 해부루가 그를 데려와 왕위를 물려준 것이 아닐까 추측됩니다. 이야기는 북부여가 나라를 옮긴 사연과 부여의 2대왕인 금와왕이 등장하는 두 토막으로 되어 있습니다. 고구려 조는 여기에 이어집니다.

고구려는 곧 졸본부여이다. 누구는 지금의 화주 또는 성주라고 말을 하나 이는 모두 잘못이다. 졸본주는 요동 경계에 있다. 『국사』 「고려본기」에 다음과 같이 되어 있다.

시조 동명성제의 성은 고씨이며 이름은 주몽이다. 이에 앞서 북부여왕 해부루가 동부여로 피해 가 살았는데, 부루가 세상을 떠나자 금와가 왕위를 계승하였다. 금와가 태백산[24] 남쪽 우발수에서 한 여자를 만나 물으니 여자가 말하였다.

"저는 하백의 딸로 이름은 유화라고 합니다. 내가 여러 동생들과 놀러 나왔는데, 한 남자가 나타나 자기는 천제의 아들 해모수라고 하면서 저를 웅신산[25] 아래 압록강 가에 있는 집으로 유인하여 남몰래 정을 통하고 가더니 돌아오지 않았습니다. 부모는 내가 중매도 없이 사람을 따라간 것을 꾸짖으며 마침내 저를 이곳으로 귀양을 보냈습니다."

금와는 이를 이상하게 여겨 그녀를 방속에 가두어 두었더니 햇빛이

---

24 『삼국사기』에는 백두산이라고 해석되어 있다.

25 『삼국사기』에는 웅심산으로 되어 있다. 압록강 근처이므로 역시 백두산으로 추정된다.

비추었다. 몸을 피하자 햇빛이 따라와 또 비추었다. 그로 인하여 임신하여 알 하나를 낳았다. 크기가 닷 되 정도 되었다. 왕은 그것을 버려 개나 돼지에게 주었으나 모두 먹지 않았고, 또 길에 내다 버렸더니 소와 말이 모두 그 알을 피해서 지나갔다. 또 들에 내다버리니 새와 짐승이 덮어주었다. 왕은 그것을 쪼개려고 했으나 깨지지 않아 마침내 유화에게 돌려주었다. 유화가 알을 천으로 싸서 따뜻한 곳에 두었더니 한 아이가 껍질을 깨고 나왔는데 골격과 외양이 영특하고 기이하였다. 나이 겨우 일곱 살에 용모와 지략이 비범하였다. 스스로 활과 화살을 만들어 백번 쏘면 백번 다 맞았다. 나라의 풍속에 활을 잘 쏘는 사람을 주몽이라 하였으므로 이런 이유로 그는 주몽을 이름으로 삼았다.

금와에게는 아들이 일곱이 있었는데 언제나 주몽과 함께 놀았으나 재주가 주몽에 미치지 못하였다. 장남인 대소가 왕에게 말하였다.

"주몽은 사람이 낳은 자식이 아니니 일찍 없애지 않으면 후환이 있을까 염려됩니다."

그러나 왕은 이 말을 듣지 않고 주몽에게 말을 기르게 하였다. 주몽은 곧 좋은 말을 알아보고 일부러 먹이를 적게 주어 마르게 하고, 나쁜 말은 잘 키워 살찌게 하였다. 왕은 살찐 말을 자기가 타고 마른 말은 주몽에게 주었다. 왕의 아들들과 신하들이 주몽을 해치려 하니 주몽의 어머니가 이 사실을 알고 주몽에게 말하였다.

"나라 안 사람들이 장차 너를 죽이려고 하니 너의 재주와 지략으로 어디 간들 살지 못하겠느냐. 그러니 빨리 여기를 떠나라."

그리하여 주몽은 오이 등 세 사람을 벗으로 삼아 도망하여 엄수[26]에 이르러 물을 향해 말을 했다.

"나는 천제의 아들이자 하백의 손자다. 오늘 도망해 가는데 뒤쫓는 자들이 거의 따라오게 되었으니 어찌하면 좋겠는가?"

그러자 물고기와 자라가 다리를 만들어 그들이 건너고 나자 흩어져, 뒤쫓아 오던 기마병은 건너지 못하였다. 주몽은 무사히 졸본주에 도착해 도읍을 정하였다. 그러나 미처 궁궐을 지을 겨를이 없어 비류수[27] 가에 초가집을 지어 살면서 국호를 고구려라고 하였다. 이로써 고高씨를 성으로 삼았다. 이때 나이가 12세였는데 기원전 37년 즉위하여 왕이라 하였다. 고구려의 전성기에는 21만 508호나 되었다."

『주림전』[28] 21권에는 다음과 같이 실려 있다.

옛날 영품리 왕의 계집종이 임신을 하였는데 점쟁이가 점을 쳐보고 말하기를 '귀하여 왕이 될 것입니다.'라고 하였다. 왕이 "내 아들이 아니니 마땅히 죽여야 한다." 그러자 계집종이 말하기를 "기운이 하늘로부터 내려와 임신을 한 것입니다."라고 하였다. 그 아이가 태어나니 왕은 상서롭지 못한 일이라고 하여 돼지우리에 버렸으나 돼지가 입김을 불어주고, 마구간에 버렸더니 말이 젖을 먹여 죽지 않았다. 이 아이가 마침

26 『삼국사기』에는 '엄호수'로 되어 있고 압록강 동북쪽에 있다고 되어 있다.

27 고려사에는 평양 동북쪽에 있다고 되어 있으나 확실치는 않다.

28 당나라 도세가 지은 불교 책이다.

내 부여의 왕이 되었다.

— 기이 제1 고구려

고구려의 건국과 영웅의 탄생

고구려의 건국 이야기는 금와왕이 백두산 아래 우발수라는 곳을 지나다 한 여자를 만나는 데에서 시작합니다. 그녀는 스스로를 하백, 즉 강의 신의 딸이라 하고 해모수를 따라 간 일 때문에 부모에게서 쫓겨났다고 말합니다. 금와가 그녀를 데려다 방에 가두니 햇빛이 그녀를 비추는데 그로 인하여 그녀는 알을 낳게 됩니다. 그리고 여러 역경을 이겨내고 그 알에서 주몽이 탄생합니다.

그런데 해모수, 해부루, 주몽, 단군은 그 관계가 상당히 아리송합니다. 『삼국유사』「북부여」 편에서는 해모수가 천제[29], 즉 하느님이고 그가 하늘에서 내려와 북부여를 세웁니다. 그리고 아들 해부루에게 왕위를 물려주죠. 그런데 여기서 유화의 말을 보면 해모수는 스스로를 천제의 아들이라고 했다고 합니다. 그렇다면 유화가 만났던 해모수는 북부여를 세운 해모수의 아들인지 해모수인지 불분명합니다. 일연 스님이 이곳에 붙인 주석을 보면 『단군기』라는 책에서는 단군이 하백의 딸과 관계를 가져 해부루를 낳았다고 하니, 이것을 기준으로 하면 단군은 곧 해모수

---

29 천제(天帝): 하느님.

압록강

이고 그 아들이 해부루가 됩니다. 해모수의 아들이 해부루라는 걸 인정하고 보면 주몽과 해부루는 형제간이 맞습니다.

『삼국유사』나 『제왕운기』보다 약 100년 정도 먼저 나온 이규보의 『동명왕편』에서는 하백의 딸은 셋이고 유화는 그 중 장녀로 되어 있습니다. 일연 스님은 이것을 근거로 부루와 주몽이 모두 아버지는 해모수이고 어머니는 다른 이복형제라고 결론 내립니다. 유화가 주몽을 낳았으니 해부루를 낳은 여자는 유화의 동생이 되겠죠. 그런데 금와를 해부루가 궐 밖에서 낳아 입양해온 자식이라고 보면 금와 입장에서 주몽은 아버지인 해부루의 동생, 즉 작은아버지가 됩니다. 참으로 알쏭달쏭한 관계가 아닐 수 없습니다.

여기에 단군신화까지 포함하면 이들의 관계는 더욱 복잡해집니다. 단군신화에서는 천제가 환인, 하늘에서 내려온 분은 환웅, 그 분이 낳은 자식이 단군입니다. 해모수가 천제라면 환인이 되고, 하늘에서 내려온 천제의 아들이라면 환웅이 되고, 해부루를 낳은 분이라면 단군이 됩니다. 광개토대왕비에는 주몽이 천제의 아들이라고 하였으니 이에 따르면 주몽의 아버지인 해모수는 천제가 됩니다. 문헌마다 전하는 이야기가 조금씩 달라 혈연관계는 완전히 미궁에 빠집니다. 조상의 혈연관계를 그때그때 다르게 함부로 기록하지 않았다고 가정한다면 해결책은 단 하나, 이들이 동일인이 아니라고 할 수밖에 없습니다. 해모수, 해부루, 단군이 고유명사, 즉 한 개인의 이름이 아니고 보통명사라고 보아야만 모순이 생기지 않습니다.

다시 주몽의 이야기를 따라가 봅시다. 어려서부터 활을 쏘는 탁월한 능력을 갖고 태어난 주몽은 좋은 말을 알아보고 먹이를 주지 않는 방법으로 자기 것으로 만드는 지략까지 갖추었습니다. 『제왕운기』에서는 좋은 말의 혓바닥에 바늘을 꽂아 먹이를 못 먹도록 하는 방법을 썼다고 합니다. 이런 영웅은 반드시 주위의 견제를 받게 되어 있습니다. 대소 형제에게 쫓겨 엄수에 도착한 주몽은 하늘의 도움으로 졸본주에 도착하고 그 곳에 고구려를 세웁니다.

이규보의 『동명왕편』에서는 주몽이 도착한 곳이 비류이고 주몽은 이곳을 다스리고 있던 송양 왕과 능력을 겨룹니다. 송양 왕은 주몽에게 항복하고 그 곳에 주몽이 고구려를 세우는 것으로 되어 있습니다. 그리고 북부여에 남겨 두었던 주몽의 아들 유리가 궁궐 기둥 아래에 아버지가 숨겨 둔 칼을 찾아와 아버지를 만나 2대 유리왕이 되는 이야기까지 이어집니다.

고구려 건국 이야기는 영웅 신화의 틀을 잘 갖추고 있습니다. 영웅 신화는 일반적으로 기이한 탄생, 시련, 극복을 반복하는 이야기의 구조로 되어 있는데 주몽 이야기는 이 틀에 완벽히 들어맞는 이야기입니다. 그만큼 상당한 시간을 두고 사람들에게 전해져 내려오면서 살이 붙었다는 뜻입니다.

주몽 이야기는 천손 강림의 이야기와 난생의 이야기가 결합되어 있고, 주인공의 비범한 능력을 보여주는 여러 이야기가 더해져 있습니다. 그런데 버려진 알을 짐승이 보호해 준다든가, 뛰어난 말을 굶겨 자기가 갖는다든가, 혹은 자라와 물고기가 강에 다리를 놓아 준다든가 하는 이야기들은 주몽 이야기에서만 발견되는 것이 아닙니다. 이런 이야기들은 다른 신화나 전설에도 들어 있는 것들로 이야기가 후대로 전해지면서 조금씩 더해진 것입니다. 그리고 이렇게 전승을 통한 이야기의 누적과정을 거치면서 비로소 영웅이라 부를 수 있는 인물이 탄생하는 것입니다. 자기 나라의 시조에 대한 고구려인의 자부심과 선민의식[30], 이것이 바로

30 스스로가 종교적 혹은 민족적으로 특별한 혜택을 받은 사람들이라고 생각하는 의식

고구려 벽화

주몽 이야기를 만든 원동력입니다. 이것에 의해 오랜 세월에 걸쳐 고구려인에 의해 창조된 자랑스러운 영웅의 이야기가 바로 지금 우리가 만나는 주몽 신화인 것입니다.

4.
신라 시조 혁거세 왕

박혁거세 왕에 의해 신라가 건국되는 이야기입니다. 이야기는 먼저 6 마을의 이름과 위치, 촌장 등을 밝히며 시작합니다. 『삼국사기』「신라본기 제1」에는 조선의 유민이 산골짜기 사이에 나누어 여섯 마을을 이루고 살았다고 되어 있고, 중국 진秦나라 때 사람들이 난을 피해 동쪽으로 건너와 진한 사람과 섞여 살았다고도 되어 있습니다. 『삼국유사』「진한」 조에서도 진한의 노인들이 스스로를 진秦나라에서 망명해 와 마한 동쪽에서 살게 되었다고 한다는 기록이 있습니다. 진한에 속한 경주 지역 마을에 고조선의 유민을 비롯해 여러 부류의 사람들이 살고 있었고 그곳에서 신라가 건국된 것으로 보입니다.

– 전략

기원전 69년 임자년 3월 초하루에 여섯 부의 조상들은 각각 자기 자식을 거느리고 알천의 언덕위에 모여서 의논하였다.

"우리들이 위로 임금이 없이 백성을 다스리므로 백성들이 방자하여 마음대로 하고 있소. 그러니 덕 있는 사람을 찾아 임금으로 삼고 나라를 세워 도읍을 정해야 하지 않겠소."

그리하여 높은 곳에 올라가 남쪽을 바라보니 양산 아래 나정 옆에 번개와 같은 이상한 기운이 땅에 닿아 있었고, 그 곁에 백마 한 마리가 꿇어 앉아 절을 하는 모습이 보였다. 그곳을 찾아가 살펴보니 자줏빛 알 한 개가 있었다. 말이 사람을 보더니 길게 울고는 하늘로 올라가 버렸다. 그 알을 깨어 사내아이를 얻었는데 모습과 거동이 단정하고 아름다웠다.

모두 놀라고 이상하게 여겨 그 아이를 동천에서 목욕시키자 몸에서 광채가 나고 새와 짐승이 춤을 추니 천지가 진동하고 해와 달이 맑아졌다. 그로 인하여 그 아이를 혁거세왕[31]이라고 하였다. 혁거세왕의 위호는 거서간[32]이라고 했다.

---

31 혁赫은 '밝다'의 뜻이며, 박씨의 '박'도 '밝다'의 '밝' 자에서 왔다고 한다. 혁거세 왕이 태어나자 세상을 밝아졌다 하여 이 이름을 갖게 되었다. '밝은 이' 혹은 '세상을 밝게 한 사람'의 뜻으로 해석한다. '불구내'도 '밝은 이'를 소리대로 쓴 것이다.

32 신라 말로 왕의 호칭이라고만 알려져 있다. 『삼국유사』와 『삼국사기』에서는 '귀한 사람'이라는 뜻으로 풀이 하였다. 어원은 혁거세와 같이 '밝다'에서 왔다고도 하고, '서쪽(마한)에서 온 임금'으로 풀기도 하지만 근거가 불충분하다. 한편 '거서'는 '가사'에서 왔으며 '처음' '첫째'의 뜻이라는 설도 있다. '간'은 물론 왕을 뜻하는 고유어이다. 혁거세 왕에게만 거서간을 쓴 이유가 '거서'가 '처음'을 뜻하기 때문이라고 하는데 지금까지는 이것이 가장 논리적인 해석이다.

그때 사람들이 모두 축하하여 말하였다.

"이제 천자가 내려왔으니 당연히 덕이 있는 왕후를 찾아 배필을 삼아야 할 것이다."

이 날 사량리에 있는 알영정 가에 계룡이 나타나 왼쪽의 옆구리에서 계집아이를 낳았다. 얼굴과 모습이 매우 아름다웠으나 입이 닭의 부리와 같았다. 아이를 월성의 북천에서 목욕시키니 부리가 떨어져 나갔다. 그리하여 그 냇물의 이름을 발천이라고 하였다.

남산의 서쪽 기슭에 궁궐을 짓고 성스러운 두 아이를 받들어 길렀다. 사내아이는 알에서 나왔는데 그 알이 바가지와 같았다. 신라 사람들이 바가지를 박朴이라 하는 까닭에 성을 박이라 하였다. 여자아이는 태어난 우물의 이름을 따서 알영이라 이름 지었다.

두 성인이 나이가 열세 살이 되자 기원전 57년에 사내아이를 왕으로 세우고 여자아이를 왕후로 삼았다. 나라의 이름은 서라벌 또는 서벌 또는 사라 혹은 사로라고도 하였다.

처음에 왕이 계정에서 탄생을 하였기 때문에 나라 이름을 계림국이라고도 한다. 이것은 계룡이 상서로움을 나타내기 때문이다. 일설에는 탈해왕 때 김알지[33]를 얻을 때 숲속에서 닭이 울었다고 하여 국호를 고쳐 계림이라 하였다고도 한다. 후세에 신라라고 국호를 정한 것이다.

33 신라 말에 '알지'가 어린 아이를 뜻한다고 한다. 알영은 여자 어린이를 가리키는 말로 볼 수 있다.

박혁거세 왕은 61년 동안 나라를 다스리고 하늘로 올라갔는데, 7일 후 시신이 땅에 흩어져 떨어졌다. 그리고 왕후도 역시 왕을 따라서 세상을 하직하였다고 한다. 나라의 사람들이 이들을 합장하여 장사를 지내려 하자 큰 뱀이 나타나 방해를 하므로 머리와 사지를 제작기 장사지내어 다섯 능을 만들고 능의 이름을 사릉蛇陵이라고 하였다. 담엄사 북쪽의 능이 바로 이것이다. 태자 남해왕이 즉위하여 왕위를 계승하였다.

— 기이 제1 신라 시조 혁거세왕

신라의 건국과 혁거세왕

신라 시조 혁거세왕 조는 출처를 전혀 언급하지 않아 출처를 일일이 밝힌 다른 나라의 이야기와는 구별됩니다. 구전되던 이야기를 적었기 때문일까요? 신라의 이야기는 고려 시대까지도 자세한 이야기가 구전되어 왔었는지 모르겠습니다. 어쨌든 신라의 건국에 대해 『삼국유사』만큼 자세히 그리고 있는 문헌은 없습니다.

여섯 마을 촌장들은 백성들이 방자하다는 것을 이유로 들어 임금이 필요함을 주장합니다. 강력한 왕권이 없어 백성들이 통솔되지 않는다는 것이겠지요. 하여 양산 아래 우물가, 말이 하늘로 올라간 자리에 있는 알을 깨뜨려 아이를 얻습니다. 양산 아래라는 것으로 보아 여섯 부족 중 첫째인 알천 양산촌 출신이 왕이 된 것으로 볼 수 있겠습니다.

그런데 혁거세 왕은 어떤 특별한 능력이 있어 왕으로 추대된 것일까요? 혁거세 왕이 어떤 비범한 능력을 갖고 있다는 말은 없습니다. 그는 매우 아름답고 빛나는 아이였을 뿐입니다. 그는 자신의 힘으로 다른 지역을 정벌해서 나라를 세운 것이 아니라 여섯 마을의 합의에 의해 세워진 얼굴마담 역할이든가, 혹은 순번제로 돌아가는 임금의 단지 첫 번째 순서였을지도 모릅니다. 그래서 특별한 능력이 강조되지 않았을 겁니다.

실제로 『삼국사기』를 보아도 그는 나라를 세운 시조가 당연히 해야 할 영토 확장이나 제도 정비 등 국가 기틀 확립을 위한 정치적 역할을 하지 않습니다. 신라의 국력도 약하고 왕도 강력한 권한을 지니지는 않았다는 의미입니다. 혁거세 왕의 치세 기간은 61년이나 된다지만 그 동안 어떤 일이 있었는지는 전혀 언급되어 있지 않습니다. 2대 남해왕 때 낙랑과 왜적을 물리친 이야기, 3대 유리왕 때 제도를 정비한 이야기 등이 자세히 있는 것과 비교됩니다.

『삼국사기』에 의하면 혁거세왕 때 가장 중요한 사건은 호공을 마한에 사신으로 보낸 일입니다. 이때 마한 왕은 진한과 변한이 마한의 속국인데 조공을 자주 바치지 않는다고 호공을 꾸짖습니다. 호공은 새로운 왕이 겸손하여 자신을 보내어 인사하는 것이라고 당당하게 말하다가 죽임을 당할 위기에 처합니다. 마한의 신하들이 말려 일은 더 커지지 않지만 이로 인하여 마한과 신라는 적대 관계가 됩니다. 후에 마한 왕이 죽자 신라에서는 마한을 정벌하자는 주장이 일어났는데 혁거세 왕은 남의 불행을 이용하는 것은 어질지 못한 일이라고 하며 정벌론을 잠재우고 사람을 보내 문상까지 합니다. 건국 당시 신라의 국력을 짐작할 수 있는 일화입니다.

일연 스님은 혁거세왕이 알에서 태어난 것과 중국에서 온 선도산 성모가 신라의 시조를 낳았다는 서로 다른 이야기를 하나로 통합하기 위해 이 알을 선도산 성모가 낳은 것처럼 설명하고 있습니다. 또 왕비인 알영 부인의 탄생도 선도산 성모와 관련지어 추측하고 있습니다. 그러나 현실적으로 혁거세 왕은 여섯 부족의 합의에 의해 뽑힌 왕이며 왕권도 강력했다고 보이지 않아, 선도산 성모 설은 별도의 이야기로 보입니다.

혁거세왕에 대한 또 하나의 의문은 그분의 승하와 관련된 이야기입니다. 장사를 지낸 왕의 시신이 다섯 토막으로 나뉘어 하늘에서 떨어졌고, 큰 뱀이 장례식을 방해했다는 이야기입니다. 결국 시신을 다섯 개로 나누어 각각 다섯 개의 능에 장사지내게 됩니다. 『삼국사기』에는 물론 없는 내용입니다.

이것은 어떻게 보아야 할까요? 확실한 근거가 있는 것은 아니나 이것은 혁거세왕이 살해당한 이야기라는 주장이 있습니다. 혁거세왕 말년에 반란이 일어났고 그들에 의해 혁거세 왕이 비참하게 죽었으며 장례조차 매우 힘들게 치렀다는 해석이죠. 사실 그럴 가능성은 충분합니다. 문헌상 근거를 찾을 수 없을 뿐이죠. 부족 간의 합의에 의해 세워진 왕의 말년에 새로운 왕을 세우기 위한 왕권 다툼이 일어나는 것은 이상할 것이 없으며 그 와중에 불상사가 생겨 왕이 피살되거나, 아니면 무덤이 파헤쳐졌을 수도 있습니다. 정말일까요? 일연 스님이 적어 놓은 이 기록은 우리에게 혁거세왕과 남해왕 사이에 그런 엄청난 사건이 있었음을 암시하는 것일까요?

신라에서 왕위가 본격적으로 아들에게 이어지는 것은 17대 내물왕(치세 356년~402년) 때부터라고 보고 있습니다. 혁거세 왕으로부터 무려 400년이나 지나서입니다. 2대 남해왕은 혁거세 왕의 자식이라고 단 한 줄로 처리되어 있으며 태자의 탄생과 계승에 관한 어떤 이야기도 보이지 않습니다. 나라를 세운 시조의 아들이라면 적어도 고구려 주몽의 아들 유리가 기둥 아래 숨겨둔 아버지의 칼을 꺼냈던 것처럼 비범한 능력을 보이는 것이 보통 아닐까요? 그리고 그 능력으로 다른 형제들, 혹은 왕권을 노리는 권력자와 싸워 승리하는 것이 보통 아닐까요? 이야기의 논리로는 혁거세왕의 시신이 토막 난 이 이상한 일이 왕위 계승과 관련된 어떤 사건을 암시한다고 보는 것이 충분히 가능합니다.

혁거세왕의 신라 건국에 관한 이야기는 간략하고 소박합니다. 자신들의 건국 시조를 자랑하기 위해 능력을 부풀리거나 덧칠한 흔적도 없습니다. 하늘로 날아간 말이 낳은 알, 그것이 전부입니다. 마한에 복속해 있던 진한, 그리고 그 진한에 속해 있던 지역 중 극히 일부인 겨우 여섯 마을을 다스리던 왕에서 시작되었기 때문일 겁니다. 그렇다면 시작은 미약하였던 작은 나라, 그러나 그 나라가 점점 강해져 결국 자기들 보다 몇 배나 큰 나라인 백제와 고구려를 이기고 삼국을 통일하게 되는 이야기가 바로 신라의 역사입니다. 그리고 그 미약한 시작의 첫 이야기가 바로 혁거세왕의 신화입니다.

나정(신라정)

5.
남부여, 전백제, 북부여

백제사는 크게 세 부분으로 되어 있습니다. 첫 부분에서는 다양한 문헌에 보이는 백제의 지명과 위치를 소개하고 있고, 둘째 부분은 『삼국사기』를 인용하여 백제의 건국과 관련된 이야기를 적고 있습니다. 셋째 단락에서는 『고전기』라는 문헌을 인용하여 백제의 흥망과 여러 가지 에피소드를 소개하고 있습니다. 『삼국유사』 전체에서 백제에 관한 이야기는 이 부분과 「무왕武王」 둘뿐입니다. 고구려도 그렇습니다만, 600여 년을 지속한 왕조의 흥망사가 겨우 몇 개의 에피소드로 처리되어 보는 이로 하여금 슬픔마저 느끼게 합니다. 여기서는 백제의 지명과 위치를 소개한 첫 부분은 생략합니다.

『삼국사기』「본기」에는 이렇게 적혀 있다.

백제의 시조는 온조이다. 그의 아버지는 추모왕인데, 혹은 주몽이라고도 한다. 그는 북부여에서 난리를 피하여 나와 졸본부여에 이르렀다. 그 곳 왕은 아들이 없고 오직 딸만 셋이 있었는데, 주몽을 보고 범상치 않은 인물임을 알고 둘째 딸을 아내로 주었다. 얼마 후 부여의 왕이 죽자 주몽이 왕위를 계승했다. 주몽은 두 아들을 낳았는데 맏아들이 비류이며, 둘째 아들은 온조이다. 그들은 후에 주몽의 태자 유리에게 용납되지 못할까 두려워하여 마침내 오간 마려 등 10여 명의 신하들과 함께 남쪽으로 가니, 많은 백성들도 이들을 따랐다. 드디어 한산漢山에 도착하여 부아악에 올라가 살 만한 곳을 찾아보았다.

비류가 바닷가에 가서 살자고 하니 10명의 신하들이 반대하여 말하였다.

"오직 이 하남 땅이 북쪽으로는 한수를 끼고 동쪽으로는 높은 산에 의지했으며, 남쪽으로는 비옥한 들판을 바라보며, 서쪽으로는 큰 바다로 막혀 있습니다. 자연의 험난함과 땅의 이로움은 쉽게 얻을 수 없습니다. 그러므로 이곳에 도읍을 정하는 것이 마땅하지 않겠습니까?"

그러나 비류는 이 말을 듣지 않고 백성을 나누어 미추홀에 가서 살았다. 온조는 하남 위례성에 도읍을 정하여 열 명의 신하를 보필로 삼아, 국호를 십제十濟라 했다. 때는 기원전 18년이었다.

비류는 미추홀의 땅이 습기가 많고 물이 짜서 편안히 살 수 없으므로 위례성으로 돌아와 보니 그 곳은 도읍이 안정되고 백성들은 편안히 살고 있었다. 이에 부끄러이 여기고 후회하다가 죽었다. 그의 신하와 백성들도 모두 위례성으로 왔다. 백성들이 올 때에 기뻐했다고 하여 나라 이름을 백제라고 고쳤다. 그 계보가 고구려와 마찬가지로 부여에서 나왔으므로 해解를 성으로 삼았다.

성왕 때에 도읍을 사비로 옮기니 지금의 부여군이다.

『고전기』에는 이렇게 적혀있다.

동명왕의 셋째 아들 온조가 기원전 18년에 졸본부여로부터 위례성으로 도읍을 옮겨 왕이라고 일컬었다. 즉위 후 14년 기원전 5년에 도읍을 한산으로 옮겨 389년을 지낸 후 13대 근초고왕 때인 371년에 고구려의 남평양[34]을 빼앗아 도읍을 북한성으로 옮겼다. 105년을 지낸 후 22대 문주왕이 즉위하던 475년에는 도읍을 웅천[35]으로 옮기고 63년이 지난 후 26대 성왕 때에 도읍을 소부리로 옮기고 국호를 남부여라 했다. 31대 의자왕에 이르기까지 120년을 지냈다. 660년 의자왕 즉위 20년 신라의 김유신과 소정방이 백제를 쳐서 평정했다.

백제에는 옛날부터 다섯 부가 있어서 37군, 200여 성, 76만 호로 나누어 다스렸는데 당나라는 그 땅에 웅진 마한 동명 금련 덕안 등 5도독부를 두고, 그 추장들을 도독부의 자사로 삼았으나, 얼마 후에 신라가 그 땅을 모두 합쳤다. 그런 다음 웅주, 전주, 무주 등에 세 주와 여러 군현을 두었다.

---

34 지금의 서울.

35 지금의 공주.

사비성

호암사에는 정사암이란 바위가 있다. 이는 조정에서 재상의 후보들을 선출할 때 뽑힐 사람 3~4명의 이름을 적어 상자에 넣어 바위 위에 올려 두었다가 얼마 후 그 상자를 열어 이름위에 도장이 찍힌 사람을 재상으로 삼았으므로 정사암이라 한 것이다.

또 사비하 가에는 바위가 하나 있는데, 일찍이 소정방이 그 바위 위에 앉아서 물고기와 용을 낚아 내었으므로 바위 위에는 용이 꿇어앉았던 자리가 있다. 그래서 그 바위를 용암이라 한다.

또 고을 안에는 세 개의 산이 있는데 각각 일산, 오산, 부산이라 한다. 백제가 번성하던 때에는 신들이 그 산에 살면서 아침저녁으로 날아다니며 서로 끊임없이 왕래하였다.

사비수 언덕에는 바위 하나가 있는데 10여 명이 앉을 만큼 컸다. 백제왕이 왕흥사에 가서 부처께 예를 드리려 할 때에는 먼저 그 돌 위에서 부처를 향해 절을 하니 그 돌이 저절로 따뜻해졌다 하여 그 돌을 온돌석[36]이라고 한다.

또 사비하 양쪽 언덕은 흡사 병풍 같았으므로 백제왕이 늘 그 곳에서 잔치를 열어 노래하고 춤추면서 즐겼다. 그런 까닭에 이곳을 지금도 대왕포라고 한다.

―후략

― 기이 제2 남부여, 전백제, 북부여

이주와 개척의 역사

백제는 기원전 18년 주몽의 셋째 아들인 온조가 한강 근처 지금의 하남시에 도읍을 정하고 나라를 세운 뒤 475년 문주왕이 지금의 공주로 옮겨갈 때까지 무려 500년 가까이 서울 근교에 있던 나라입니다. 소위 한성백제라고 부르는 시기입니다. 그리고 지금의 공주인 웅천에서 63년, 그리고 공주에서 차로 30분 거리인 부여에서 120년을 더 지속하게 됩니다. 500년이나 도읍이었던 한성에도 분명 수많은 전설과 사연이 있었을 텐데 그 시대 백제의 이야기는 남아 있는 것이 없어 안타깝습니다.

놀라운 것은 성왕이 사비성으로 도읍을 옮기고 나라 이름을 남부여

---

36 지금의 자온대自溫臺.

라고 했다는 점입니다. 백제가 건국된 지 550년이나 지났고 그 사이 도읍도 몇 번이나 옮겼음에도 불구하고 자신의 조상이 저 먼 북쪽 압록강 너머 부여에서 왔다는 계승 의식을 지니고 있었다는 이야기입니다. 같이 부여에서 갈라져 나온 나라인 고구려와 왕이 죽고 죽이는 피비린내 나는 전쟁을 하고 그 세력 다툼에서 밀려 공주로, 다시 사비성으로 왔음에도 불구하고 말입니다. 사비성으로 옮기면서 성왕은 화려했던 조상들의 과거를 되살리고 싶었던 겁니다. 그리고 그 부흥을 위해 오래전 자신의 조상이 속해 있던 나라의 이름을 부활시킨 것이죠. 그리고 그 덕분에 우리는 2천 년 전 만주에 있던 우리 조상의 나라 이름 부여를 한반도 남서쪽 한적한 강변 마을에 지금 가질 수 있게 된 것입니다.

백제의 역사는 건국부터 새로운 땅을 찾아 길을 떠나는 이주移住와 개척의 역사입니다. 형제간의 세력 다툼에서 밀린 비류와 온조는 압록강을 넘고 험한 산과 들을 건너 남쪽으로 내려옵니다. 이해하기 힘든 것은 주몽이 북부여에 남기고 온 유리가 아버지 주몽을 찾아 고구려로 온 것이 주몽이 죽기 불과 다섯 달 전이었다는 것입니다. 그 다섯 달로 인해 역사가 바뀐 것입니다. 아무리 큰아들이라지만 유리는 그 짧은 시간에 이복동생들을 밀어내고 후계자가 된 것이며, 그로 인해 비류와 온조는 사람들을 이끌고 새로운 땅을 찾아 멀고 먼 길을 떠나야 했던 것입니다.

그런데 얄궂게도 백제가 겪어야 할 이주의 운명은 그것으로 끝이 아닙니다. 온조가 정착했던 서울에서 왕을 잃고 그들은 다시 공주로 가야

했고, 또 부여로 옮겨야 했습니다. 백제의 개로왕(치세 455년~475년)은 남하정책을 펴던 고구려 장수왕과의 전쟁에서 전사합니다. 개로왕은 아들이 둘 있었는데 위가 문주왕이고 동생이 곤지昆支입니다. 문주왕은 아버지가 고구려와의 전쟁에서 죽자 사람들을 이끌고 공주로 도읍을 옮겨 백제의 운명을 잇습니다. 백제가 500년 가까이 자리 잡고 있던 한강 유역을 떠나 공주로 옮기게 된 사연입니다. 그런데 그것도 끝은 아니었습니다.

문주왕의 동생 곤지 왕자는 아버지가 죽고 형이 공주로 옮겨 왕위를 이은 후 배를 타고 일본으로 떠납니다. 일본에는 이미 그들의 세력 기반이 있었던 듯합니다. 문주왕과 그의 아들 삼근왕이 모두 반란으로 인해 불과 4년 만에 죽자 일본에 있던 곤지 왕자의 아들이 공주로 건너와 왕위를 이으니 그가 바로 동성왕(치세 479년~501년)입니다. 동성왕이 또 역모로 죽자 일본에 있던 그의 큰아들이 백제로 건너와 왕이 되니 그 분이 바로 무령왕[37](치세 501년~523년)입니다. 그리고 무령왕의 아들 성왕은 도

37 곤지왕자와 무령왕: 『일본서기』에는 개로왕이 죽자 동생인 곤지와 임신 중이던 개로왕의 왕비가 함께 일본으로 도피하던 중 한 섬에서 무령왕을 낳았다고 되어 있다. 『삼국사기』에는 개로왕의 아들이 곤지이고, 곤지의 아들이 동성왕, 동성왕의 아들이 무령왕으로 되어 있어 혈연관계가 조금 다르다. 『일본서기』를 따르면 무령왕은 개로왕의 아들이고, 『삼국사기』를 따르면 무령왕은 개로왕의 증손자가 된다. 그리고 『일본서기』의 기록대로 무령왕이 개로왕이 죽은 뒤 태어난 그의 아들이라면 동생이 있을 수 없으므로 계체왕은 곤지의 아들이어서 무령왕과는 사촌간이 된다. 혈연관계는 다소 불확실하더라도 곤지왕자와 무령왕이 일본에 있었고, 그들이 일본 황실과 혈연관계라는 것만은 분명한 사실로 보인다.

읍을 다시 부여 사비성으로 옮기게 됩니다.

그런데 일본에는 동성왕의 둘째 아들, 즉 무령왕의 동생이 살고 있었습니다. 그 분은 일본에서 왕이 됩니다. 계체왕(재위 507년~530년)이 바로 무령왕의 동생으로, 이로부터 일본의 왕실은 이분의 자식으로 이어집니다. 사실은 그 이전의 일본 왕들도 백제계 이주민으로 추정되지만 계체왕은 그럴 가능성이 더욱 큽니다.

일본의 국보로 지정되어 있는 '인물화상경'이라는 청동 거울에는 '사마斯麻가 남제왕男弟王이 오래 살기를 바라는 마음에 이 거울을 만들어 보낸다.'는 글귀가 새겨져 있습니다. 그런데 무령왕의 이름이 바로 사마였습니다. 무령왕이 동생인 왕에게 거울을 만들어 보낸다는 의미지요. 무령왕과 일본의 계체왕이 형제간이라는 설이 나오게 된 근거입니다. 무령왕과 계체왕의 형제 설은 아직 정설은 아니지만 백제 왕실이 일본으로 가서 왕실을 이루었다는 것까지는 지금은 거의 사실로 받아들여집니다.

참으로 놀라운 이주와 개척의 운명이 아닐 수 없습니다. 그로부터 100여 년 뒤 660년 백제는 사비성에서 결국 패망했지만 그들의 후예는 다시 바다 건너 일본에서 나라를 경영하고 있으니까요. 나당연합군과 싸우던 국가 존망의 위기 상황에서 백제는 일본에 구원병을 요청합니다. 그리고 요청에 응해 일본은 만여 명의 구원병을 보냅니다. 그 군대도 나당연합군에 패하고 말았기는 하지만 백제와 일본의 관계는 그런 관계였던 것입니다.

백제의 전설

일연 스님은 이번에는 『고전기』라는 책을 인용해 사비성 시대 백제의 전설 몇 가지를 추가합니다. 정사암 이야기는 후보자가 정해지면 그 중에서 투표와 같은 민주적인 방식으로 재상을 선출하는 제도입니다. 정사암이라는 일종의 귀족 회의가 있었고 그 회의에서 이름에 도장을 찍어 상자에 넣는 투표가 행해졌던 것으로 보입니다. 백제에 합리적이고 민주적 전통이 있었음을 짐작케 합니다.

백마강 절벽에는 자동 온도조절 바위도 있었나 봅니다. 그런 전설을 만들어 낸 백제 사람들의 따뜻한 마음씨가 느껴지는 이야기입니다. 임금님이 절하던 따뜻한 바위 전설에는 임금에 대한 거리감, 두려움, 권위와 복종이 전혀 없습니다. 당시 사람들이 임금을 이웃집 할아버지 정도로 생각했던 것 아닐까요? 이 전설은 그런 친근한 감정이 아니면 만들어질 수 없는 이야기입니다. 백제 시대의 인심을 암시하는 소중하고 아름다운 전설입니다.

6.
가락국기

가락국기는 크게 김수로왕의 탄생과 가락국의 건국, 석탈해와의 대결, 허황옥과의 결혼, 수로왕 능묘의 신비한 힘 등 네 부분으로 이루어져 있습니다. 체계적으로 전해지는 가락국의 이야기는 우리나라 문헌으로는 『삼국유사』에 담겨 있는 이 가락국기가 유일합니다. 가야는 삼국과 건국 연대가 비슷하고 문화적으로 삼국에 전혀 뒤떨어지지 않았으며 42년 건국부터 562년 멸망까지 500년을 존속했던 나라이므로 근래에는 삼국시대가 아니라 가야까지 포함하여 사국시대라고 불러야 한다는 주장이 나올 정도입니다. 나라는 오래전에 신라에 흡수되어 사라졌으나 우리나라를 대표하는 두 가지, 김해 김씨와 가야금으로 그 흔적은 아직도 뚜렷이 남아 있습니다.

– 고려 문종 때 금관지주사였던 문인이 지었는데 여기에 줄여 적는

다. –

천지가 개벽한 후로 이곳에는 아직 나라 이름도 없었고, 또한 군신의 칭호도 없었다. 이때 아도간, 여도간, 피도간, 오도간, 유수간, 유천간, 신천간, 오천간, 신귀간 등 구간이 있었다. 이 추장들이 백성들을 다스렸는데 모두 100호로 7만 5천명이었다. 이들은 대부분 산과 들에 모여서 살았으며, 우물을 파서 물을 마시고 밭을 갈아 먹었다.

42년 3월 계욕일[38]에 그들이 살고 있는 북쪽 구지봉에서 사람을 부르는 것 같은 이상한 소리가 들렸다. 사람들 이삼백 명이 그 곳에 모였는데 사람 소리 같기도 하지만 모습은 보이지 않고 소리만 들려왔다.

"이곳에 사람이 있는가?"

구간들이 대답했다.

"우리들이 여기 있습니다."

또 소리가 들여왔다.

"내가 있는 이곳이 어디인가?"

구간들이 다시 대답하였다.

"구지봉입니다."

또 소리가 들렸다.

"하늘이 나에게 이곳에 새로운 나라를 세우고 임금이 되라고 명령하

38 액땜을 하는 날로 목욕을 하고, 물가에서 술을 마심. 3월 초로 씨를 뿌리며 풍년을 기원하는 행사로 이해된다.

므로 여기에 내려왔다. 너희들은 산 정상의 흙을 파내며 '거북아, 거북아, 머리를 내어라. 만약 내지 않으면 구워 먹겠다.' 하고 노래를 부르고 춤을 추어라. 그러면 곧 너희들은 대왕을 맞이하여 기뻐 춤추게 될 것이다."

구간들은 이 말에 따라 마을 사람들과 함께 모두 기뻐하며 노래하고 춤추었다. 얼마 후 하늘을 우러러 보니 한 줄기 자주색 빛이 하늘로부터 드리워져 땅에 닿는 것이었다. 줄 끝을 찾아가 보니 붉은 보자기에 금합이 싸여 있었다. 열어 보니 해처럼 둥근 황금빛 알 여섯 개가 있었다. 여러 사람들은 모두 놀라고 기뻐하여 다 함께 백번 절을 했다. 조금 있다가 알을 싸서 안고 아도간의 집으로 돌아와 상 위에 놓아두고 무리는 제각기 흩어졌다.

12일이 지나고 그 이튿날 아침에 마을 사람들이 다시 모여 그 합을 열자, 여섯 개의 알은 어린이가 되어 있었는데 용모가 매우 빼어났다. 아이들을 평상 위에 앉히고 사람들이 모두 절하고 하례하면서 극진히 공경했다. 아이들이 나날이 자라 10여일이 지나자 키가 9척이 되어 은나라 탕왕과 같고, 얼굴이 용과 같은 것은 한나라 고조와 같았으며 눈썹이 8가지 색깔인 것은 요임금과 같았고, 눈동자가 각각 두개인 것은 순임금과 같았다.

그 달 보름에 왕위에 올랐는데 세상에 처음 나타났다고 하여 이름을 수로首露 혹은 수릉首陵이라 했다. 나라를 대가락 또는 가야국이라 하였으니 곧 여섯 가야 중의 하나이다. 나머지 다섯 사람도 각각 다섯 가야국의 임금이 되었다.

가야는 동쪽으로는 황산강, 서남쪽은 창해, 서북쪽은 지리산, 동북쪽은 가야산이며 남쪽은 나라의 끝이 되었다. 수로왕은 임시로 궁궐을 세우게 하고 거처하였는데, 질박하고 검소할 따름이니 지붕의 이엉을 자르지 않았으며, 흙으로 만든 계단은 겨우 세 자였다.

즉위 2년 43년 정월에 왕이 말하였다.

"내가 도읍을 정하려 한다."

그리고 임시 궁궐의 남쪽 신답평에 가서 사방의 산악을 두루 바라보다가 신하들을 돌아보고 말했다.

"이 땅은 여뀌잎처럼 좁지만 아름다워 16나한[39]이 살만 한 곳이다. 더구나 하나에서 셋을 이루고 셋에서 일곱을 이루므로 일곱 성인이 살 만한 곳이다. 여기에 근거하여 국토를 개척하면 참으로 좋지 않겠느냐?"

이에 1500보 둘레의 외성과 궁궐과 전당 및 여러 관청의 청사와 무기고 곡식 창고를 지을 터를 마련한 뒤에 궁궐로 돌아왔다. 나라 안의 장정과 장인들을 불러 모아 그 달 20일에 성곽을 쌓기 시작하여 3월 10일에 공사를 끝냈다. 궁궐과 사옥은 농한기를 이용하여 그해 10월에 비로소 시작하여 44년 2월에 이르러 완성되었다. 좋은 날을 가려 새 궁으로 옮겨가서 모든 정사를 다스리며 서무에도 부지런하였다.

39 현세에서 불법을 지키는 16명의 불제자.

이때 완하국[40] 함달왕의 부인이 아기를 가져 달이 차자 알을 낳았는데 그 알이 변하여 사람이 되니 이름을 탈해라 했다. 탈해가 바다를 따라 가락국에 왔는데 키는 세 자이고, 머리 둘레는 한 자가 되었다. 그는 기뻐하며 대궐로 나아가 수로왕에게 말했다.

"나는 왕위를 빼앗으러 왔소."

이에 왕이 대답했다.

"하늘이 나에게 명하여 왕위에 올라 장차 나라를 안정시키고 백성들을 편안하게 하라 하였으니 감히 천명을 어기고 너에게 왕위를 줄 수 없으며, 또한 감히 나의 나라와 백성들을 너에게 맡길 수도 없다."

탈해가 말하였다.

"그렇다면 술법으로 겨룰 수 있겠소?"

수로왕이 그렇다고 말하였다.

곧 탈해가 변해서 매가 되자, 왕은 독수리가 되었다. 또 탈해가 참새가 되니 왕은 변해서 새매가 되었다. 극히 짧은 순간에 일어난 일이었다. 탈해가 원래의 모습으로 돌아오자 왕도 또한 본래 모습으로 돌아왔다. 이에 탈해가 엎드려 항복하여 말하였다.

"술법을 다투는 마당에 매가 독수리에게, 참새가 새매에게서 잡히기를 면한 것은 성인께서 죽이기를 원치 않는 어짊을 지니셨기 때문입니

40 완하국(琓夏國): 『삼국유사』 탈해왕 조에는 용성국으로 나온다. 왜倭 동북쪽 1000리에 있는 나라 이름이라고 나온다. 일본이라고 본다.

다. 제가 왕과 왕위를 다투어 이기기는 어렵겠습니다."

탈해는 왕께 하직하고 교외의 가까운 나루터로 가서 중국 배가 오가는 물길을 따라 떠났다. 왕은 그가 머물러 있으면서 반란을 일으킬 것을 염려하여 급히 수군을 실은 배 5백 척을 보내어 추격하게 했다. 탈해가 계림의 영토 안으로 달아나므로 수군은 모두 돌아왔다. 그러나 이 기사는 신라의 것과는 많이 다르다.

48년 7월 27일에 구간 등이 조회할 때 왕에게 아뢰었다.

"대왕께서 내려오신 후로 아직 좋은 짝을 구하지 못했습니다. 신들의 딸 중에서 가장 좋은 사람을 뽑아 궁중에 들여 왕비로 삼게 하시기 바랍니다."

왕이 말했다.

"짐이 이곳에 내려옴은 하늘의 명령이었다. 짝을 찾아 왕후를 삼는 것도 역시 하늘의 명령이 있을 것이니 그대들은 염려하지 말라."

왕은 유천간에게 명하여 가벼운 배와 날랜 말을 주어 망산도에 가서 기다리게 하고, 신귀간에게 명하여 승점에 가도록 했다. 그때 바다 서남쪽에서 붉은 돛을 단 배가 붉은 기를 휘날리며 북쪽으로 오고 있었다. 유천간 등이 먼저 망산도 위에서 횃불을 올리니 사람들이 육지로 내려와 급히 뛰어왔다. 승점에 있던 신귀간이 이를 보고는 대궐로 달려와 왕께 이 사실을 아뢰었다. 왕은 이 이야기를 듣고 매우 기뻐했다. 구간 등을 보내어 목련으로 만든 키를 잡고 계수나무로 만든 노를 저어 그들을 맞이하여 대궐로 모셔오게 했다.

배를 타고 온 왕후가 말했다.

"나는 그대들과 본디 모르는 사이인데 어찌 감히 경솔히 따라갈 수 있겠는가?"

유천간 등이 돌아가서 왕후의 말을 전달했다. 왕은 그 말을 옳다고 여기고 유사를 데리고 행차하여 대궐 아래 서남쪽으로 60보쯤 되는 산 기슭에 장막을 쳐서 임시 궁전을 만들어 놓고 기다렸다. 왕후는 산 밖의 별포 나루터에 배를 대고 육지로 올라와 높은 언덕에서 쉬었다. 그리고 자기가 입었던 비단 바지를 벗어 산신에게 폐백으로 바쳤다. 이때 왕후를 따라온 잉신 두 사람이 있었는데 그 이름은 신보, 조광이었고 그들의 아내는 모정, 모량이라고 했으며, 또 노비까지 있었는데 모두 합하여 20여 명이었다. 가지고 온 비단과 비단옷과 비단 옷감, 금 은 주옥과 구슬로 만든 패물 등은 이루 다 기록할 수 없을 만큼 많았다.

왕후가 수로왕이 계신 곳에 가까이 오니 왕은 친히 나아가 맞아 함께 장막 궁전으로 들어갔다. 잉신 이하 모든 사람들은 계단 아래에서 뵙고 즉시 물러갔다. 수로왕은 유사에게 명하여 잉신 부부를 데려오라 하고 말했다.

"사람마다 방 하나씩을 주어 편안히 머무르게 하고 노비들은 한 방에 5–6명씩 들게 하라."

그리고 그들에게 난초로 만든 음료와 혜초로 만든 술을 주고, 무늬가 있는 자리에서 자도록 했으며, 옷과 비단과 보화까지 주고는 많은 군인들이 그들을 보호하게 했다.

수로왕이 왕후와 함께 침전에 들자 왕후가 조용히 말했다.

"저는 아유타국[41]의 공주인데 성은 허許씨이고 이름은 황옥黃玉이며, 나이는 16세입니다. 본국에 있던 금년 5월에 부왕과 모후께서 저에게 말씀하시기를 '우리가 똑같이 어젯밤 꿈에 하늘의 상제를 뵈었는데, 상제께서 가락국 왕 수로는 하늘이 내려 왕이 되게 한 신령스럽고 성스러운 분이다. 새로 나라를 세웠는데 아직 배필을 정하지 못했으니, 그대들은 공주를 보내 배필이 되게 하라는 말을 마치고 하늘로 올라 가셨다. 꿈을 깨었는데 상제의 말이 아직도 귓가에 생생하니 너는 지금 곧 우리와 작별하고 그곳으로 떠나라' 하셨습니다. 그래서 저는 배를 타고 멀리 신선의 대추를 구하고, 하늘로 가서 하늘나라의 복숭아를 찾아 이제 모양을 가다듬고 감히 임금님의 얼굴을 가까이 하게 되었습니다."

왕이 대답했다.

"나는 태어나서부터 신성하여 공주가 멀리서 올 것을 미리 알았으므로 왕비를 맞으라는 신하들의 청을 따르지 않았소. 이제 현숙한 공주께서 이렇게 스스로 오셨으니 못난 나에게는 참으로 다행이오."

드디어 혼인하여 두 밤을 지내고 또 하루 낮을 지냈다. 그리고 그들이 타고 왔던 배를 돌려보냈는데 뱃사공이 모두 15명이었다. 이들에게 각각 쌀 10석과 베 30필씩을 주어 본국으로 돌아가게 했다.

---

41 인도에 있던 고대의 왕국, 혹은 태국, 중국에 있던 왕국이었다는 설도 있다.

– 중략

189년 3월 1일 왕후가 세상을 마치니, 나이는 157세였다. 나라 사람들은 마치 땅이 무너진 듯 슬퍼하며 구지봉 동북쪽 언덕에 장사 지냈다. 그리고 왕후가 백성들을 자식처럼 사랑하던 은혜를 잊지 않으려고, 왕후가 처음 배에서 내린 도두촌을 주포촌이라 하고, 비단 바지를 벗은 언덕을 능현이라 했으며, 붉은 기를 단 배가 들어온 바닷가를 기출변이라 했다.

잉신[42] 천부경 신보와 종정감 조광 등은 가락국에 온지 30년 만에 각각 두 딸을 낳았는데 그 후 그들 부부는 12년 뒤에 세상을 떠났다. 그밖에 하인들은 가락국에 온 지 7~8년이 지났으나 자식을 낳지 못하고 오로지 고향을 그리워하는 슬픔을 안고 세상을 떠나갔으니 그들이 거처하던 방은 텅 비어 아무도 없었다.

왕후가 세상을 떠난 후 왕은 매일 몹시 슬퍼하다가 25년이 지난 199년 3월 23일에 세상을 떠났으니 나이는 158세였다. 나라 사람들은 마치 부모를 잃은 듯 슬퍼함이 왕후가 돌아가시던 때보다 더했다. 대궐의 동북쪽 평지에 빈궁을 세웠는데 높이가 한 길이며 둘레가 300보인 빈궁을 세워 장사지내고 수릉왕묘라 했다. 아들 거등왕으로부터 9대손인 구형왕까지 이 묘에 배향하고, 매년 정월 3일과 7일, 5월 5일, 8월 5일과 15일

42 시집 갈 때 따라가는 시녀.

에는 정결하게 제사를 지내 대대로 끊어지지 않았다.

신라 제30대 법민왕 원년 661년 3월 어느 날 왕은 조서를 내렸다.

"가야국 시조의 9대손 구형왕이 우리나라에 항복할 때 데리고 온 아들 세종의 아들인 솔우공의 아들 서운 잡간의 딸 문명 황후께서 나를 낳으셨다. 그러므로 시조 수로왕은 나에게는 15대조가 된다. 그 나라는 이미 망했으나 묘는 아직 남아 있으니 종묘에 합하여 계속하여 제사를 지내도록 하라."

이에 사자를 옛터에 보내어 묘에 가까운 좋은 밭 30경을 제사를 마련할 토지로 삼고, 왕위전이라 불렀으며, 본토에 부속시켰다. 수로왕의 17대손 갱세가 조정의 뜻을 받들어 그 밭을 관리하여 매년 명절이면 술과 단술을 만들고 떡과 밥, 다과 등 여러 가지 음식을 갖추어 제사를 지냈다. 제삿날은 거등왕이 정한 연중 5일을 그대로 지켜 정성 어린 제사가 지금까지 전해진 것이다.

거등왕이 즉위한 199년에 임시로 제사지내는 방을 설치한 후부터 구형왕 말까지 330년 동안 제사는 항상 변함이 없었다. 그러나 구형왕이 왕위를 잃고 나라를 떠난 후부터 661년에 이르는 120년 동안에는 가끔 제사가 빠지기도 했다. 아름답도다! 문무왕이여, 조상을 받들어 끊어졌던 제사를 다시 지내니 효성스럽기도 하여라.

신라 말기에 충지라는 자가 있었다. 금관성을 쳐서 빼앗고 성주장군[43]이 되었다. 아간 영규라는 사람이 장군의 위세를 빌어 종묘의 제사를 빼앗아 함부로 제사를 지냈는데, 단오날 제사를 지내던 중 까닭 없이 대들보가 무너져 깔려 죽었다. 이에 성주장군이 혼자 중얼거렸다.

"다행히 전세의 인연으로 성왕이 계시던 성의 제사를 드리게 되었다. 그러므로 마땅히 내가 영정을 그리고 향과 등으로 바쳐 신하된 은혜를 갚아야 하겠다."

그리고 3척의 비단에 영정을 그려 벽 위에 모시고 아침저녁으로 촛불을 키고 공손히 받들었다. 그런지 3일 만에 영정의 두 눈에서 피눈물이 흘러 땅 바닥에 괴었는데 거의 한 말이나 되었다. 장군은 너무도 두려워 그 영정을 모시고 사당으로 가서 불태우고 즉시 수로왕의 직계 자손인 규림을 불러 말했다.

"어제도 상서롭지 못한 일이 있었는데 어찌하여 이런 일이 거듭 일어나는 것일까? 이는 틀림없이 내가 영정을 그려 공양하는 것이 불손하여 사당의 영령이 진노하신 것이다. 영규가 이미 죽었고 나도 몹시 두려워 영정을 이미 불태웠으니 반드시 신의 벌을 받을 것이다. 그대는 왕의 직계 자손이니 전에 하던 대로 제사를 지내는 것이 좋겠다."

규림이 대를 이어 제사를 받들더니 나이 88세에 세상을 떠났다. 그 아들 간원경이 아버지를 이어 제사를 받들었다. 단오날 제사 때 영규의 아들 준필이 또 미친 증세가 일어나 사당에 와서 간원경이 차려놓은 제물을 치우고, 자기의 제물을 차려 제사를 지내더니 술잔을 세 번 올리

43 신라말기에 지방호족이 지방을 무력으로 점령하고 스스로를 일컫던 칭호.

구지봉

기도 전에 갑작스레 병이 나서 집에 돌아가서 죽었다.

옛사람의 말에 이런 것이 있다.

"분수에 넘는 제사는 복을 받지 못하고 오히려 재앙을 받는다."

전에는 영규의 일이 있었고, 후에는 준필의 일이 있으니 이것은 이들 부자를 두고 한 말이 아니겠는가?

또 도둑들이 사당 안에 금과 옥이 많다는 소문을 듣고 도둑질하려고 왔다. 도둑들이 처음 사당에 이르자, 몸에 갑옷을 입고 투구를 쓰고 활과 화살을 가진 한 용사가 사당 안에서 나오더니 사방을 향해 빗발치듯 화살을 쏘아 도둑 7, 8명을 맞혀 죽였다. 도둑들은 모두 달아나 버렸다.

며칠 후 도둑들이 다시 왔는데 길이가 30여 자에 눈이 번개 같은 커다란 구렁이가 사당 옆에서 나와 8, 9명을 물어 죽였다. 겨우 살아남은 도둑들도 모두 엎어지면서 도망갔다. 이로 보아 능원 안팎에는 반드시 신물이 있어 지켜준다는 것을 알았다.

– 후략

–기이 제2 가락국기

수로왕의 탄생과 구지가

일연 스님이 기록한 가락국기는 주석에 밝혀져 있는 대로 오직 한 책을 요약 한 것으로 되어 있습니다. 일연 스님의 시대에 이미 가락국에 대한 기록이 그 책 하나 외에는 거의 없었기 때문입니다. 그런데 일연스님이 밝힌 11세기 초 고려 문종 때 옛 가야 땅인 금관주지사를 지낸 분은 누구이며 그 분은 어떻게 가락국의 역사를 쓸 수 있었을까요? 작자는 물론 이름조차 전하지 않는 책, 그 책은 지어진 지 200년밖에 지나지 않은 일연 스님의 시대에 이미 책명과 작자의 이름마저 사라진 것이 아닐까요? 어쨌든 우리가 지금 간략하게나마 가락국의 역사를 알 수 있는 것은 오로지 이 이름 없는 작자의 덕분입니다.

김수로왕의 탄생 설화는 신라 박혁거세왕 설화와 여러 모로 비슷합니다. 하늘에서 내려왔음을 은근히 암시하는 장치, 자줏빛 줄이 등장하고 그 자리에 있던 알에서 어린아이가 탄생합니다. 혁거세 설화와 마찬

가지로 비범한 용모가 강조될 뿐 특별한 능력, 특히 무력이 보이지 않습니다. 선진 문물을 지닌 이주민 집단에서 왕이 나온 것으로 보입니다.

설화에 삽입된 노래 구지가는 일반적으로 수로왕이 왕위에 오르는 대관식에서 쓰인 의식의 노래로 설명됩니다. 땅을 파며 노래한다고 하므로 노동요로 해석하거나 신령스런 임금을 맞이하므로 무속巫俗의 노래로 보기도 합니다. 그러나 이 노래의 성격이 무엇인가는 그리 큰 문제는 아닙니다. 주목되는 것은 이 노래의 어떤 요소가 당시의 사람들에게 그토록 흥미롭게 받아들여졌던가 하는 점입니다.

이 노래는 신라에까지 전해지고 600년이나 살아남아 재창작됩니다. 「수로부인」 조에 보이는 신라 성덕왕(재위 702년~737년) 때의 '해가海歌'가 바로 그것입니다. 단순히 거북이를 협박하여 임금을 내놓으라는 주술적 노래라면 그것이 그런 생명력과 전파력을 지닐 수 있었을까요? 대관식에 쓰였던 따분한 의식의 노래가 그렇게 생명력을 지닐 수 있었을까요? 노동요나 무가로 해석하더라도 이 노래의 질긴 생명력은 설명되지 않습니다.

그런 점에서 거북이의 머리를 남성의 성기性器로 보고 이 노래가 남녀의 성관계를 묘사했다고 보는 견해가 설득력을 갖습니다. 누구나 한 번 들으면 재미가 나서 따라하게 되는 노래였으므로 600년이나 살아남을 수 있었던 것입니다. 수로가 임금의 이름이기도 하지만, 당시의 사람들은 수로를 성적 의미로 받아들였을 가능성이 큽니다. 그러고 보면 의미심장하게도 수로왕의 '수로首露, 머리를 내어놓다' 뿐만 아니라 수로부인의 '수로水路, 물이 지나는 길'도 여성의 성기를 연상시키는 묘한 느낌이 듭니다.

이 노래는 확실히 인간의 본능적 욕망인 성에 관한 유쾌한 상상과 금기시 된 사물, 성기를 과감히 드러내는 적나라한 표현으로 오랜 시간 선풍적인 인기를 끌었던 민요입니다. 그럴 듯한 다른 해석들을 제치고 이 단순하면서도 원초적인 해석이 오히려 이 노래의 본질을 가장 정확히 본 것이라는 강한 확신이 드는 이유는 그것이 태초부터 노래가 있었던 이유를 가장 잘 설명해 주기 때문입니다.

탈해와의 대결

왕위에 오른 수로왕에게 첫 번째 도전자가 등장합니다. 역시 알에서 태어났다고 알려진 탈해입니다. 탈해는 스스럼없이 궁궐로 들어와 왕위를 빼앗으러 왔다고 당당하게 밝힙니다. 신라에서 왕이 될 때도 그랬지만 여기서도 탈해는 참으로 독특한 인물입니다. 신라에서는 거짓말로 남의 집을 강탈하고 결국 왕의 지위까지 오르는데 성공하지만, 여기서도 뻔뻔한 태도로 왕위를 빼앗으려 합니다.

그러나 그는 권모술수에는 능했을지 모르지만 수로왕만큼의 덕을 지니지는 못했나 봅니다. 수로왕과의 도술 대결에서 참담히 패배하고 배를 타고 신라로 도망가고 마니 말입니다. 그가 얼마나 믿지 못할 사람이었는지 수로왕은 탈해가 정말 신라로 가는지 부하들을 보내 감시하기까지

합니다.

탈해가 가락국으로 온 것이 신라에서 왕위에 오르기 전인지 후인지는 알 수 없습니다. 혹 수로왕의 권위를 강조하기 위해 일부러 탈해와의 대결 장면을 지어 넣었는지도 모릅니다. 그러나 신라로 돌아가는 탈해를 감시하기 위해 수로왕이 5백 척의 배까지 띄워 쫓는 걸 보면, 탈해가 신라의 왕이 된 후에 군사를 이끌고 가락국에 쳐들어온 사건을 기록한 것일 수도 있습니다. 아니면 탈해가 3대 유리왕과의 왕위 쟁탈전에서 패한 후 가락국 정벌에 나선 것일 수도 있습니다.

5백 척의 배를 내어 탈해를 끝까지 쫓은 것을 보면 탈해가 가락국에 온 것이 군사적 침략이었을 가능성은 분명 있습니다. 신라 쪽에는 그런 기록이 없어 일연스님조차도 이 이야기는 신라의 기록과 차이가 있다고 하며 의심하긴 하지만 신라에서 왕위 쟁탈전에 패한 탈해가 가락국을 넘본 것이라는 해석은 꽤 그럴 듯하게 들립니다.

바다를 건너 온 여인

이야기는 수로왕의 결혼으로 이어집니다. 가야의 역사에서 가장 많은 논란을 간직한 대목입니다. 가야의 여자와 결혼을 서두르자는 신하들의 청을 물리치고 수로왕은 하늘이 자신을 위해 점지해둔 여자가 올 것이라고 예언하고 신하를 시켜 들어오는 배를 맞이하도록 합니다. 과연 왕의 예언대로 여인이 탄 배가 나타납니다. 왕은 왕비를 맞이하여 3

박 4일의 밀월여행 기간을 가집니다. 수로왕의 결혼 과정은 대단히 자세히 그려집니다. 왕비가 데려온 신하와 부인의 이름부터 하인의 수, 그리고 그들에 가져온 물건, 그들에 대한 수로왕의 배려 등에 이르기까지 지나치다 싶으리만치 세세하게 그려집니다.

그녀는 자신을 아유타국의 공주라고 하고 성은 허씨 이름은 황옥이라고 밝히는데 아유타국이 고대 인도의 중부에 있던 아요디아 왕국을 가리킨다는 충격적인 주장이 나오면서 문제는 시작됩니다. 수로왕릉에 보이는 두 마리 물고기 무늬, 즉 쌍어문이 인도 아요디아 지방에서 지금도 흔히 발견되며 허황옥이 항해 중에 풍랑을 이기기 위해 싣고 왔다는 바사석탑의 돌이 우리나라에는 없는 인도에서 발견되는 돌이라는 주장도 있습니다.

대단히 흥미로운 주장이기는 하나 이 주장은 4세기경 중국을 통해 고구려 신라 순으로 불교가 전래되었다는 기존의 학설을 완전히 뒤집는 것이고, 김해 김씨의 시조가 인도계라는 결론에까지 도달하는 것입니다. 허 왕후가 1900여 년 전 인도에서 온 공주라는 주장은 당시의 항해술로 인도에서 한반도까지 오는 것이 거의 불가능하며 믿기 어렵다는 의견이 많습니다.

허 왕후 능의 비석을 보면 그녀에게 보주태후普州太后란 직명이 붙어 있는데 보주는 중국의 양자강 상류에 위치한 사천성 안악현의 옛 이름이라고 합니다. 지금도 그곳에서는 '보주'라는 옛 이름이 많이 사용되고 있다고 합니다. 따라서 허 왕후는 중국 남부의 사천성에서 양자강을 따라 내려온 후 서해 바다를 건너 가락국으로 왔을 것이라는 주장이 있습니다. 혹은 허 왕후의 선조가 본래 인도 아요디아 왕국 출신인데 중국 남부 사천성으로 이주하였다가 허 왕후 대에 다시 가야로 왔을 가능성도 없지는 않습니다. 어쨌든 허 왕후가 중국 남부에서 출발했다는 설은 인도 출발설보다는 더 설득력 있는 것으로 받아들여집니다.

가락국기에 그려진 이야기의 논리로 보면 수로왕은 허 왕후가 가야로 올 것을 미리 알고 있었고 도착 즉시 그녀와 결혼합니다. 따라서 두 사람이 전부터 이미 아는 사이가 아닌가 하는 의심도 생깁니다. 혹시 수로왕 자신도 중국에서 들어온 이주민은 아니었을까요? 정황상 그럴 가능성도 충분히 있습니다. 사실은 가야의 지배층이 북방의 유목민족, 그중에서도 특히 흉노족이라는 설도 있습니다. 또 가야가 일본을 비롯한 남방 계통과 북방 계통 등 여러 이주민이 거쳐 간 지역이라는 설도 있습니다. 가야가 있던 한반도 남부는 동아시아 해상 교통로의 중심에 있으므로 그럴 가능성도 있습니다. 따지고 들수록 미궁에 빠지는 것이 가야의 역사입니다.

허 왕후의 출신지에 대해서는 인도, 중국 외에 일본설, 태국설, 한반도 북부설 등도 있습니다. 다만 정확한 물증이 없으므로 이 모든 주장은 가설에 불과합니다. 허 왕후의 출신지가 어디인가는 사실 역사학에서는 그렇게 중요한 문제는 아닙니다. 인도일 수도, 태국일 수도, 혹은 중국이나 일본이나 한반도 북부일 수도 있겠지만, 그것이 한반도 남부 해안 지방에 있었던 이 고대 연맹체 국가의 비밀을 푸는 만능열쇠는 아닙니다.

가야가 있던 경남 해안지방에서 지금도 발견되는 유물들은 가야가 일찍부터 바다를 통해 외래의 문물을 접하였고 그로 인해 이른 시기부터 철기문화와 금속 세공 문화, 그리고 세련된 토기 문화를 지녔다는 사실을 말해줍니다. 한반도에 국가가 형성되기 시작하던 이른 시기부터 외래인의 왕래가 빈번했던 지역, 그래서 규모나 국가의 물리적 힘에 비해 훨씬 세련된 문화를 지녔던 작은 연맹체 국가의 집합, 그것이 현재 우리가 분명히 말할 수 있는 가야의 실체입니다.

죽은 뒤 더욱 신령스런 수로왕

허 왕후는 189년 3월 1일 157세로, 수로왕은 199년 3월 23일 158세로 세상을 떠납니다. 고대인의 평균 수명이 현대인의 반도 되지 않는다는 것을 고려하면 그 분들은 300세를 넘게 살았다는 이야기입니다. 그들도 이 기록을 보는 후대인이 믿지 못할 것을 염려해서인지 돌아가신 날짜까지 정확히 밝히고 있습니다. 수명은 고대인에게 있어 가장 확실한 초능력의 기준이었을 겁니다. 이 기록은 그 두 분의 초인적 능력에 대한 가야 사람들의 믿음의 크기를 대변합니다. 158세는 그 분들에 대한 당대인의 존경심의 크기라고 보면 틀림없습니다.

주목되는 것은 허 왕후와 함께 왔던 사람들이 대개 가야에 잘 적응하지 못하고 쓸쓸히 고향을 그리워하며 죽었다는 기록입니다. 그래서 그들이 묵었던 궁궐이 텅 비었다는 이야기까지 적어놓고 있습니다. 이것은 이주민들이 비록 가야의 귀족이기는 했지만 토착민과 조화를 이루며 원만하게 정착하지 못했음을 암시합니다.

『삼국유사』「가락국기」 끝에는 가야가 망할 때까지 수로왕의 대를 이은 아홉 왕들에 대한 간략한 연대기가 실려 있습니다. 이 연대기에는 9대 왕인 구형왕 때 신라 진흥왕의 침공으로 멸망하기 전까지 단 한번 신라와의 전쟁 기록이 나옵니다. 그러나 이 지역이 백제와 신라의 중간에 위치한 완충지대이며, 왜倭의 출입도 빈번하였고, 가야가 강력한 왕권을 지닌 고대국가로 성장하지 못했다는 점까지 고려하면 이 작은 연맹체 국가의 역사는 전혀 평화롭지 못했을 겁니다. 그리고 그럴수록 탈해의 침공을 물리친 초대 임금 수로왕에 대한 향수와 그리움은 컸으리라 짐작됩니다.

수로왕이 죽은 후의 기록은 모두 그의 능과 사당이 얼마나 신령스런 힘을 지니고 있었느냐에 집중되어 있습니다. 신라에 흡수된 이후 문무왕이 사당과 제사를 복원하는 데서부터 이야기는 시작됩니다. 물론 문무왕의 외가, 즉 어머니인 문희와 외삼촌 김유신의 집안이 가야국 왕실의 직계 자손이므로 그리 한 것이겠지요. 수로왕 사당을 함부로 건드린 사람들은 모두 화를 당합니다. 대들보가 무너져 죽고, 병 걸려 죽고, 활 맞아 죽고, 구렁이에 물려 죽고 화를 입은 사람이 많기도 합니다. 그러나 이 기록은 신라 시대에 수로왕의 사당이 그만큼 대우받지 못했다는 뜻도 됩니다. 이미 흡수되어 사라진 작은 소국을 건국한 시조의 무덤이

각별히 대접받기는 어려웠기도 했을 겁니다. 그럼에도 불구하고 김수로 왕은 여전히 사람들에게 두려움과 존경심의 대상이었음을 알 수 있습니다.

쉬어가기

신라시대 임금의 호칭

거서간 | 신라 시대 왕, 존경받는 자를 가리키는 말. 어원이 확실치 않아 설이 여럿이다. 혁거세 한 분만 이 호칭을 썼다. '거서'가 '가서'에서 온 말로 '첫째'를 뜻한다는 주장이 가장 설득력이 있다.

차차웅 | 김대문은 무당을 가리키는 신라 말에서 왔다고 한다. 현재의 '중'도 여기서 유래했다고 한다. 남해왕 한 분만 이 호칭을 썼으므로 '둘째'를 가리키는 말이었다는 주장도 있다.

이사금 | 치아가 많은 사람이 현명하다고 한 데서 나왔다고 한다. '임금'이라는 단어의 어원이 되었다고 한다. 3대 유리이사금부터 16대 흘해이사금까지 이 호칭을 사용하였다. 그러나 이사금의 어원이 정말 치아의 개수에서 왔는지는 확실치 않

다. 치아의 개수 이론을 부정하면 확실한 정설이 아직 없다.

마립간 | 품계를 의미하는 궐표(말뚝)에서 유래했다고 한다. 또는 '마립'이 '마루', 즉 꼭대기, 우두머리를 뜻하는 말에서 왔다고도 한다. 우두머리 설이 현재로서는 가장 유력하다. 17대 내물마립간부터, 실성, 눌지, 자비, 소지 등 다섯 임금에게 이 호칭을 사용했으며 22대 지증왕 대부터 '왕'을 사용했다. 내물마립간부터 김씨의 세습이 이루어졌으며 일반적으로 이때부터 신라에서 왕의 권한이 강력해졌다고 본다.

3장

떠오르는 해, 신라 상대

여기서는 신라 4대 탈해왕부터 28대 진덕여왕까지의 이야기를 묶습니다. 『삼국사기』에서는 신라 상대를 혁거세부터 진덕여왕까지 그리고 중대를 태종 무열왕부터 시작하는 것으로 구분하였는데 지금 역사학에서도 대체로 그 구분법을 따릅니다. 진골 계급으로서 처음 왕위에 오르는 분이 태종 무열왕이기 때문입니다. 그러나 그것은 임금의 출신 계급이 성골이냐 진골이냐에 기준한 것입니다. 일반적으로 국가의 성립과정을 중심으로 하면 법흥왕, 진흥왕까지를 고대국가 체계를 완성한 시대로 봅니다. 여기서는 기존의 구분을 따라 진덕여왕까지를 해가 떠오르는 시대, 상대로 묶습니다.

1.
제4대 탈해왕

탈해왕은 신라 초기 임금 중에서 성격이 가장 뚜렷한 인물입니다. 전해지는 이야기도 다양하고 의미심장하며 여러 가지로 다르게 해석될 가능성도 많아 흥미로운 인물입니다. 이야기는 모두 네 토막으로 이루어져 있습니다. 탄생 이야기, 호공의 집을 빼앗은 이야기, 하인을 혼내준 이야기, 이름의 유래와 장례 이야기 등입니다. 이 외에도 남해왕 대에 있는 유리왕(노례왕)과의 왕위 쟁탈 이야기, 가락국기에 있는 수로왕과의 왕위 쟁탈 이야기, 그리고 김알지 편에 있는 김알지 탄생 이야기까지 탈해와 관련된 이야기는 『삼국유사』의 여러 곳에서 발견됩니다. 대체로 남과 왕권이나 세력을 걸고 싸우는 이야기라는 공통점이 발견됩니다. 그만큼 여기저기서 문제를 많이 일으킨 인물로 볼 수 있으며, 또 그만큼 치열하게 살아간 인물로도 볼 수 있습니다. 왜 그는 이렇게 여러 번 싸워야 했을까요?

탈해이사금이 남해왕 때 가락국의 바다로 배를 타고 와서 닿았다. 수로왕이 신하와 백성들과 북을 치고 두드리면서 환영하고 그 곳에 머무르게 하려고 했으나 배는 급히 달아나 계림의 동쪽 하서지촌 아진포에 이르렀다.

이때 포구에 아진의선이라는 혁거세왕 때의 고기잡이 할멈이 있었다. 그가 배를 바라보면서 말했다."본래 이 바다 가운데에 바위가 없는데 어찌해서 까치가 모여서 울고 있을까?"

배를 끌어당겨 살펴보니 까치가 배 위에 모여 있었고 배 안에는 길이가 스무 자에 너비가 열세 자나 되는 궤 하나가 있었다. 노파는 그 배를 끌어다가 나무 숲 아래 매어두고 이것이 흉한 일인지 길한 일인지를 몰라 하늘을 향해 기도하였다. 잠시 후 궤를 열어보니 단정하게 생긴 사내아이가 있었고 일곱 가지 보물과 노비도 가득하였다. 7일 간 잘 대접하였더니 사내아이가 말하였다.

"저는 본래 용성국 사람입니다. 우리나라엔 일찍이 28용왕이 있었는데 모두 다 사람에게서 태어나, 대여섯 살 때부터 왕위에 올라 백성을 가르쳐 성명을 바르게 하였습니다. 여덟 품의 계급이 있으나 선택하는 일이 없이 고루 왕위에 올랐습니다. 이때 저의 아버지인 함달파 왕이 적녀국의 딸을 왕비로 삼았는데 오래도록 아들이 없어 기도를 하여 7년 만에 커다란 알 한 개를 낳았습니다. 이때 대왕은 신하들을 모아 묻기를 '사람이 알을 낳은 것은 고금에 없는 일이니 좋은 일은 아닐 것이다.' 하고 궤를 만들어 나를 그 안에 넣고 일곱 가지 보물과 노비들을 함께 배에 실은 후에 바다에 띄워 보내며, '아무 곳이나 인연이 있는 곳에 닿아 나라를 세우고 집을 이루어라.' 하고 기원하였습니다. 그러자 문득 붉은 용이 나타나 배를 호위하고 여기까지 오게 된 것입니다."

말을 끝내자 그 아이는 지팡이를 짚고 노비 둘을 데리고 토함산 위에 올라가 돌집을 지어 그 곳에서 7일 동안 머물면서 성 안에 살만한 곳이 있는가를 바라보았다. 성 안에 마치 초승달 모양으로 된 봉우리가 보이는데 그 생김새가 오래 살만한 곳이었다. 이에 내려와 그 곳을 찾아가 보니 바로 호공의 집이었다. 이에 지략을 써서 몰래 숫돌과 숯을 그 집 주변에 묻어놓고 다음날 아침 그 집 문 앞에 가서 말했다.

"이 곳은 나의 조상이 대대로 살던 집입니다."

호공이 그렇지 않다 하여 다투었으나 시비를 가리지 못하므로 관가에 고했다.

관가에서 동자에게 물었다.

"무슨 증거로 그 집을 너의 집이라 하느냐?"

"나의 조상은 대장장이였는데 잠시 이웃 마을에 간 동안에 그가 빼앗아 살고 있는 것입니다. 땅을 파서 조사를 해 보십시오."

땅을 파보니 과연 숫돌과 숯이 나왔으므로 이에 그 집을 빼앗아 살게 되었다. 이때 남해왕은 탈해가 지혜로운 사람임을 알고 맏공주를 그의 아내로 삼게 하니 그가 곧 아니부인이었다.

하루는 탈해가 동악에 올랐다가 내려오는 길에 하인 백의에게 물을 떠 오게 하였다. 백의는 물을 떠서 가지고 오다가 중도에서 자기가 먼저 마시려 하였는데 물그릇이 입이 붙어 떨어지지 않았다. 탈해가 꾸짖자 백의가 맹세를 하였다.

"앞으로는 가까운 곳이든 먼 곳이든 먼저 마시지 않겠습니다."

그제야 물그릇이 입에서 떨어졌다. 이후로 백의는 탈해를 두려워하여 감히 속이지 않았다. 지금 동악에 우물 하나가 있어 세상 사람들이 요내정이라 부르는데 이것이 바로 그 우물이다.

노례왕이 세상을 떠나자 57년 6월에 탈해가 왕위에 올랐다. 옛날에 자기 집이라 하여 남의 집을 빼앗았다는 이유로 하여 성을 석昔씨라고 하였다. 혹은 까치 때문에 상자를 열었기 때문에 까치 작鵲자에서 새 조鳥를 떼고 석昔씨로 성을 삼았다고도 한다. 그리고 궤를 열어서 알을 깨고 나왔기 때문에 이름을 탈해라고 했다고 한다.

왕위에 오른 지 23년만인 79년에 세상을 떠나 소천구에 장사를 지냈다. 왕이 죽은 후 왕의 귀신이 명령하기를, "내 뼈를 조심해서 묻어라"고 했다고 한다. 머리뼈의 둘레가 석 자 두 치가 되고 몸통뼈의 길이는 아홉 자 일곱 치나 되었다. 치아가 하나로 엉킨 듯 했으며 뼈마디는 모두 이어져 천하에 짝이 없는 장사의 골격이었다. 뼈를 부수어서 소상 조각을 만들어 대궐 안에 안치하자 또 귀신이 말하기를, "내 뼈를 동악에 두어라." 하였다. 그래서 그 곳에 모시게 되었다. 이런 말도 있다. 탈해왕이 승하한 뒤, 27대 문무왕 대인 680년 3월 15일 밤 문무왕의 꿈에 매우 위엄 있고 용맹스러워 보이는 한 노인이 나타나 "나는 탈해왕이다. 내 뼈를 소천구에서 파내 소상을 만들어 토함산에 두어라."고 했다. 왕이 그 말대로 해서 지금까지 국가에서 제사를 끊임없이 지냈으니 이를 동악신이라고 한다.

— 기이 제1 제4대 탈해왕

신비의 인물 탈해

탈해는 경주 동남쪽 해안가 작은 포구인 아진포 출신입니다. 경주 출신 귀족이 아니라 변두리 해안가에서부터 세력을 키워 경주로 진출한 것으로 볼 수 있지요. 해안가 출신이긴 하나 어부 노릇을 하다가 세력을 키워 서울로 진출했다고 보기는 어려우므로 외국에서 이주해 온, 철을 다루는 능력을 갖춘 집단의 우두머리일 가능성이 큽니다. 철을 다루는 능력에 특히 주목한 것은 나중에 호공의 집을 빼앗을 때 자신의 조상이 대장장이였다고 말한 것이 전혀 근거 없는 거짓말이 아닐 가능성이 있어서입니다.

논란이 많기는 하나 어쨌든 그는 경주의 박씨 집단과는 구별되는 바닷가 출신의 새로운 집단인데, 무시할 수 없는 세력을 이루었기 때문에 남해왕은 그들의 대표인 탈해를 사위로 삼고 대보라는 국무총리급의 벼슬을 준 것으로 보입니다. 그 집단을 인정하지 않을 수 없었다는 이야기가 됩니다. 그리고 탈해는 결국 신라의 4대 왕으로 오르게 됩니다. 변두리 해안가에서 이렇게 세력을 키웠다는 것 때문에 그들은 선진문물을 가지고 바닷길을 통해 신라로 이주해 온 집단으로 추정됩니다. 그런데 그들은 어디서 온 것일까요?

탈해는 자신을 용성국의 왕자로서 알에서 태어났으며 용의 호위를 받으면서 신라로 왔다고 하지만, 그것은 그의 조상의 이야기일 수도 있습니다. 용의 호위를 받으며 신라로 오고 나라 이름에도 '용'이 들어있는 것 등을 근거로 탈해가 용 토템족 출신이라는 의견도 있습니다. 용성국은 왜의 동북쪽 천리 되는 곳에 있다는 『삼국사기』와 일연 스님의 설명을 근거로 탈해를 일본에서 온 이주민으로 보는 것이 일반적이긴 합니다만, 탈해가 신라로 왔던 기원후 8년 무렵에 일본에 선진 문물이 있었다고 보기 어렵기 때문에 탈해의 출신지를 다른 곳에서 찾으려는 시도가 많았습니다.

『삼국사기』에는 탈해가 스스로를 '다파나국' 출신이라고 말합니다. 『삼국사기』에는 용성국이란 말은 나오지 않습니다. 또 탈해의 아버지가 함달파 왕이라고 했는데, 이 다파나와 함달파 등이 고대 인도어라는 주장이 있습니다. 가락국의 허 왕후처럼 탈해도 인도 출신이라는 주장입니다. 그러나 이름이 아무리 비슷하더라도 인도에서 왔다는 주장을 그대로 받아들이기는 어렵습니다. 한편 용성국이 전국시대 연나라에 있었다는 주장도 있습니다. 중국 동북쪽에서 발달된 철기 문명을 지닌 종족이 남쪽으로 이동해 왔다는 추정입니다. 그럴 가능성은 충분히 인정되지만 이것도 확실한 물증은 없습니다. 결국 탈해는 발달된 철기 문명을 지닌 이주민 집단이었다는 정도로 정리할 수밖에 없습니다.

호공과 탈해

아진포에 도착한 탈해는 바로 노비를 데리고 토함산에 오릅니다. 돌로 된 집을 만들고 7일간 경주를 살펴본 후 호공의 집으로 갑니다. 집 주위에 숯과 숫돌을 묻고는 그 집이 대장장이였던 자기 조상의 집이라고 우겨 집을 빼앗습니다. 그야말로 희대의 사기꾼인 셈이죠. 그런데 이것은 정말 역사적 사실이었을까요? 아무리 그럴듯하게 들려도 이것을 사실로 받아들일 수는 없습니다. 경주에서 이미 오랜 시간 최고층 귀족으로 살아온 사람의 집을 시골 어린애가 숯을 가지고 사기를 쳐서 빼앗는다는 건 말이 되질 않습니다. 이것은 탈해가 호공을 대신하여 경주의 세력가로 등장하게 되었다는 것을 암시하는 이야기입니다.

그런데 이 이야기에 등장하는 호공도 알고 보면 탈해만큼 신비한 구석이 있는 인물입니다. 호공은 『삼국사기』를 보면 혁거세왕 38년 기원전 20년 혁거세왕의 신하로 마한에 사신으로 갑니다. 신라가 마한의 속국인데 조공을 바치지 않는다고 꾸짖는 마한 왕에게 대들다가 죽을 위기를 겪기도 합니다. 『삼국사기』에서는 죽을 위기에서 살아온 호공에 대해 다음과 같이 덧붙입니다.

> 호공은 그 종족과 성씨가 확실치 않다. 본래 왜倭국 사람으로 처음에 박을 허리에 차고 바다를 건너왔기 때문에 호공이라 칭하였다.
>
> ─ 『삼국사기』 신라본기 제1

놀랍게도 호공을 왜국 출신이라고 합니다. 그런데 기원전 20년 혁거세왕 시대의 호공과 탈해 시대의 호공이 같은 사람인지는 확실치 않습니다. 『삼국유사』를 보면 탈해가 왕위에 오른 해가 57년이고 그 3년 뒤인 60년 김알지를 처음 발견하여 탈해왕에게 보고한 사람도 호공이기 때문입니다. 『삼국사기』에는 호공이 김알지를 발견한 것이 탈해왕 9년, 즉 65년으로 되어 있어 그때 호공의 나이는 어림잡아 100세가 넘습니다. 이것들이 다 사실이라면 호공은 한 사람이 아니라 가문을 가리키는 것으로 2대나 3대에 걸쳐 신라의 최고위층을 차지하고 있는 이주민 가문으로 볼 수 있습니다.

여러 기록을 참고하면 호공은 일본에서 온 이주민 출신으로 신라의 최고위급 벼슬, 지금의 국무총리 역할을 한 것으로 이해됩니다. 그렇다면 탈해가 호공의 집을 빼앗은 것은 왕의 최측근의 자리를 탈해가 대신하게 되었다는 뜻이 됩니다. 그리고 탈해는 남해왕의 사위까지 되니 단순히 정치적인 고위층일 뿐만 아니라 혈연관계까지 맺은 왕족이 되는 것입니다. 물론 호공이 정말 일본에서 온 사람이냐는 의심됩니다만, 호공은 왕족 박씨도 아니고 경주 토착 세력인 6부[44]의 촌장 출신도 아니면서 자신의 능력으로 귀족 서열 1위가 된 사람입니다. 그리고 그런 의미에서 그는 탈해보다 먼저 탈해와 같은 길을 걸은 사람입니다. 어쩌면 탈

44 신라의 6부: 알천 양산촌, 돌산 고허촌, 무산 대수촌, 자산 진지촌, 금산 가리촌, 명활산 고야촌의 여섯이며 이 여섯 마을에서 신라가 시작되었다.

해는 그를 모델로 삼아 출세하게 되었는지도 모릅니다. 그리고 탈해가 첫 번째로 한 일이 바로 그를 꺾고 그의 자리를 차지하게 된 것이죠.

하인을 혼내주다

어느 날 토함산에 오른 탈해는 하인을 시켜 물을 떠오게 합니다. 먼 길을 걸어 물을 떠오던 하인은 목이 마르기도 했을 겁니다. 떠오던 물바가지에 입을 댔다가 바가지가 입에서 떨어지지 않아 탈해에게 톡톡히 혼이 나고 이후로는 절대로 먼저 물을 마시지 않겠다는 약속을 하게 되지요. 탈해의 신기한 능력을 말하는 재미난 일화이긴 하나 너무 코믹하다는 생각이 듭니다. 현 임금의 사위이며 곧 임금이 될 존귀한 분이 자신의 신비한 능력으로 겨우 하인이나 혼내주었다니 말입니다. 능력을 과시하려면 조금 더 스케일 크게 국가의 영토를 넓히거나 만백성이 우러러볼 만한 그런 일을 해야 하지 않겠습니까?

어쨌거나 탈해에게는 초기 임금들에게서 보이는 신성함은 전혀 없습니다. 그는 신화의 주인공인 신적인 인물이 아니라 완전히 현실 속의 인물입니다. 그가 보이는 능력이란 남을 속이는 얕은 술수일 뿐입니다. 하늘에서 내려온 신인 임금의 말 한마디로 하늘이 모든 일을 도와주어 해결되는 신화의 시대에서 책략과 거짓이 난무하는 인간의 시대로 변한 것입니다. 그의 등장은 이러한 시대의 변화를 의미합니다.

탈해의 이 설화는 조금 다르게 해석될 여지도 있습니다. 탈해의 부하

중에 탈해를 거역한 인물이 있었고 그 반란을 탈해가 진압한 사건으로 해석하는 것입니다. 같은 이주민 집단에서 탈해를 따돌리고 그보다 먼저 경주로 진출하려는 사람이 있었고 탈해가 그를 제압한 일이 있었던 것은 아닐까요? 물론 그럴 가능성도 있습니다만 큰 의미를 두기는 어렵습니다.

노례왕과 탈해왕

남해왕이 죽은 후 태자인 노례는 대보인 탈해에게 왕위를 이으라고 합니다. 탈해는 노례에게 떡을 깨물어 이가 많은 사람이 왕위를 잇자고 말합니다. 시험해 보니 노례가 이가 많아 왕위를 잇게 됩니다. 이 일로 인하여 왕을 '이사금'이라고 부르게 되었다고 하지요. 그리고 이사금이란 말은 변하여 '임금'이 됩니다.

그러나 이 일도 사실이라고 단정 짓기는 어렵습니다. 이 일화는 이사금이라는 단어의 유래를 꿰어 맞추기 위해 후대에 지어진 것일 가능성이 큽니다. 이런 것을 민간어원설이라고 합니다. '행주치마'가 임진왜란 행주산성의 전투에서 왔다는 설명이나, '도루묵'이 임진왜란 때 선조가 이 생선을 먹어보고 '도로 묵이라고 해라'고 해서 도루묵이 되었다는 설명이 그렇습니다. 도루묵의 어원을 설명하기 위해 선조 임금이 피난 가서 '묵'을 먹었고, 맛이 좋아 '은어'라고 부르라고 했다가, 전쟁이 끝나고 환궁하여 다시 먹어보니 맛이 없어 '도루묵'이 되었다는 일화가 생긴 것과 같습니다.

그러나 도루묵은 '돌+묵'에서 왔고 '돌'은 '돌배' '돌상어' '돌붕어' '돌전복' 등에서 발견되는 말로 '품질이 떨어지는'이란 뜻을 가진 말입니다. 도루묵은 질이 안 좋은 '묵어'입니다. 선조 임금의 그럴듯한 일화는 후에 지어진 이야기입니다. 이사금도 어원은 따로 있는데 사람들이 '이사금', '잇금'을 쉽게 연상되는 치아의 개수와 관련짓게 된 것이죠. 그리고 이 민간어원을 뒷받침하기 위해 첫 번째 이사금인 노례에게 그런 일화가 만들어진 것입니다. 김대문조차도 그런 속설을 따른 것이고요. 다만, '이사금'의 경우 아직까지 본래의 어원을 정확히 알 수 없어 반박하지 못했을 뿐입니다.

아주 오래 전 고대 사회이므로 이빨의 수로 임금을 정했을 수도 있겠다는 생각은 순진한 믿음입니다. 귀족과 평민이 있고 지배자와 피지배자가 있는 국가에서 그런 일은 있을 수 없습니다. 두세 번의 역전은 있었지만 박 씨에서 석 씨로, 다시 김 씨로 임금 자리가 이어졌다는 것은 세 씨족의 세력이 그 순서대로 융성과 몰락을 겪었다는 뜻입니다. 결국 내물왕 때부터 김 씨의 세습이 확고히 이루어진 것은 박, 석 두 씨족이 몰락했기 때문이며, 김 씨 가문의 세력이 나머지 두 가문을 확실히 눌렀기 때문입니다.

탈해와 노례는 남해차차웅이 죽은 뒤 후계자 자리를 놓고 대립했을 것입니다. 노례는 남해차차웅의 아들이고 탈해는 사위지만 탈해가 밀려난 것은 세력이 아직 노례에 미치지 못했거나 이주민으로서 왕위에 오를 준비가 덜 되었기 때문일 것입니다. 우호적인 분위기에서 양보가 이루어졌을 가능성은 낮습니다. 뭔가 그럴 수밖에 없었던 사정이 탈해에게 있었던 것이죠. 사정이야 어쨌든 그로 인해 탈해는 34년을 기다려 62세에 즉위합니다. 당시로서는 상상할 수 없을 만큼 오래 산 것인데 왕위에 올라 또 23년을 살았다고 합니다.

탈해는 왕위에 올라 호공을 대보로 임명하고 정치를 펼치는데, 그의 치세 기간은 그리 평화롭지 못합니다. 탈해에게 집을 빼앗긴 바로 그 호공입니다. 『삼국사기』를 보면 탈해 시대 신라는 여러 번 백제의 침공을 받아 성을 빼앗깁니다. 왜倭와 화친을 맺고 사절을 교환했다는 기록도 보이는데 몇 년 뒤 왜인의 침략으로 장수가 죽고 패했다는 기록도 보입니다. 말년에는 아찬 길문이란 자를 보내어 가야를 침공하여 성공하기도 합니다. 탈해의 시대 후기는 매년 전쟁의 기록이 있을 정도로 어지러운 시대였습니다. 그리고 그 와중에 새로운 세력, 김씨 집단의 세력이 커가던 시대이기도 했습니다.

김알지의 출현

『삼국유사』에는 탈해왕 바로 다음에 '김알지' 편을 따로 떼어 배치하였습니다만, 때는 탈해이사금 때의 일입니다.

60년 8월 4일 호공이 밤에 월성 서리를 가다가 시림에서 크고 밝은

빛이 나오는 것을 보았다. 하늘에서 땅까지 자줏빛 구름이 걸치고 구름 속에는 황금 궤가 나뭇가지에 걸려 있었다. 그 궤에서 빛이 나오고 있었고 나무 밑에는 흰 닭이 울고 있었다. 호공이 이 장면을 그대로 왕에게 아뢰었다.

왕이 친히 숲에 가서 궤를 열어 보니 사내아이가 누워 있다가 바로 일어났다. 마치 혁거세의 고사와 같으므로 그 아이를 알지라 하였다. 알지는 신라 말로 아이를 뜻한다. 왕이 아이를 안고 궁으로 돌아오니 새와 짐승들이 따라오며 기뻐하고 춤추며 뛰어 놀았다.

왕이 길일을 택하여 태자로 책봉했으나 후에 알지는 파사왕에게 자리를 물려주고 왕위에 오르지 않았다. 그는 금궤에서 나왔다 하여 성을 김씨라 하였다. 알지는 세한을 낳고, 세한은 아도를 낳고 아도는 수류를 낳고, 수류는 욱부를 낳고, 욱부는 구도를 낳고 구도는 미추를 낳았다. 미추가 왕위에 오르니 신라의 김씨는 알지에서 시작된 것이다.

–『삼국유사』 기이 제1 김알지

김알지의 탄생 이야기만 소박하게 그려져 있습니다. 계림의 숲에서 빛나는 밝은 빛을 따라 가보니 황금 궤가 있었고 그 안에 아이가 있었다는 이야기입니다. 하늘이 내린 고귀한 인물 정도의 의미 외에 특별한 것은 없습니다. 탈해가 그를 바로 태자로 책봉하는 것을 보면 탈해는 그 세력을 끌어들여 자신의 왕권을 강화하려 한 것으로 보입니다. 경주 계림에서 세력을 키우고 있는 또 다른 이주민 집단인 김씨 가문과 연합함으로써 왕권의 안정을 꾀한 것입니다.

이주민 출신으로 변두리 해안가를 근거지로 하는 탈해로서는 나중에 그들이 더 큰 위협이 되더라도 일단은 그렇게 해서라도 왕권을 안정시킬 수밖에는 방법이 없었을 것입니다. 김씨 가문으로서도 세력을 유지하고 더 키우기 위해서는 석씨 왕조와 연합하는 것이 최선의 선택이었을 터이고요. 결국 이 연합은 서로의 필요에 의해 윈윈 전략으로 맺어진 가문과 가문의 협력인 셈입니다. 그 연합의 중재자 역할을 과거 탈해에게 집을 빼앗겼던 호공이 맡고 있다는 점이 흥미롭습니다.

죽어도 죽지 않은 탈해왕

탈해는 치세 23년 만에 죽습니다. 소천구라는 곳에 장사 지냈는데 탈해왕의 혼령이 나타나 당신의 뼈를 파내어 소상을 만들라고 합니다. 혼령의 지시에 따라 소상을 만들어 토함산에 안치하여 토함산의 신이 되었다고 합니다. 소상은 중앙아시아에서 시작된 불교 조각입니다. 부처님의 조각상을 만드는 방법 중의 하나지요. 중앙아시아의 석굴에서 많은 부처님의 소상이 발견되었습니다.

소상을 만들려면 먼저 뼈대를 만들어 세우고, 몸통에 새끼줄 등을 감고 그 위에 짧게 자른 짚을 섞어 반죽한 점토를 붙여 대략의 모양을 만듭니다. 그리고 소량의 운모와 종이를 섞은 점토로 덧붙이고 색을 칠해 완성합니다. 손가락 등 가늘고 섬세한 부분은 철사를 심으로 쓰거나 나무로 만들기도 합니다. 탈해의 경우에는 점토에 뼛가루를 섞어 만들었을 것입니다.

그런데 탈해왕의 뼈를 가지고 소상으로 만들었다는 것은 이해하기 힘든 이야기입니다. 그때는 불교가 전래되기 전이며, 왕의 뼈를 가지고 그의 형상을 소상으로 만들었다는 것도 전에 없던 일입니다. 탈해 이후로도 이렇게 소상으로 만들어진 임금님은 없습니다. 『삼국사기』에는 경주 북쪽 양정 언덕에 장사 지냈다고 간단히 서술되어 있을 뿐입니다. 그런 까닭에 탈해왕의 소상은 그가 토함산의 산신이 되었다는 점을 분명히 하기 위해 민간에서 만든 전설로 보입니다. 그가 아진포에서 나와 경주로 진출할 때에 돌집을 만들고 7일간 머물었던 바로 그 토함산의 산신이 되어 지금도 그 산을 지키고 있다는 신라 사람들의 믿음이 만든

토함산 동악

이야기인 것입니다.

탈해 이전 이후 어떤 임금도 그처럼 산신이 되었다는 분은 없습니다. 유독 그만이 죽은 후에도 산신으로 머물며 사람들 주변에 남아 있는 것입니다. 나중에 삼국을 통일한 문무왕이 죽은 후 나라를 지키는 동해의 용이 되겠다고는 했지만, 사람들의 믿음 속에 산신이 되어 살아 있는 임금은 없습니다. 토함산은 경주 사람들이 늘 오르내리는 생활 속의 산입니다. 그만큼 탈해가 경주 사람들에게 다른 임금들과는 다른 친근하고 가까운 존재로 받아들여졌다는 이야기입니다. 무엇이 탈해를 그렇게 만들었을까요? 탈해와 다른 임금의 차이는 무엇일까요?

탈해는 본래 왕족이 아니었습니다. 경주에서 멀리 떨어진 바닷가 촌구석에서, 그것도 부모는 누군지 알 수 없고 고기잡이 할멈 손에서 키워진 미천한 아이였습니다. 그 보잘 것 없는 아이가 커서 경주로 진출하더니 결국에는 왕위에까지 오릅니다. 출신은 미천하였으나 오로지 자신의 지혜 하나로 왕위에까지 오른 입지전적인 인물, 탈해는 바로 그런 인물이었던 것입니다.

서민들의 꿈과 희망을 오롯이 대변하는 인물, 탈해는 바로 그런 대표적 인물이었기 때문에 그들에게 여느 왕과는 다른 대접을 받을 수 있었던 것입니다. 그리고 자신의 야망을 이루기 위해 좌충우돌하며 살았기 때문에 그의 생애는 여느 왕보다 치열한 투쟁의 연속이었습니다. 그리고 죽어서도 죽지 않고 신라 사람들 곁에 살아 있는 산신으로 남아 있을 수 있었던 것입니다. 바로 이것이 탈해 이야기의 의미입니다.

2.
연오랑 세오녀

이야기 자체는 짧고 단순합니다만, 이야기가 담고 있는 여러 가지 가능성과 상징성 때문에 대단히 중요하게 다루어지는 설화입니다. 이야기는 이렇습니다. 동해안 바닷가에 살던 부부가 차례로 일본으로 가서 왕과 왕비가 됩니다. 그런데 그들이 일본으로 가자 신라에서는 해와 달이 빛을 잃어 버립니다. 왕은 일본으로 사신을 보내 그들이 돌아올 것을 청하지만 연오는 아내가 짜놓은 비단을 주어 사신을 돌려보냅니다. 사신이 돌아와 그 비단으로 하늘에 제사를 지내자 해와 달이 다시 빛을 찾았다는 이야기입니다.

제8대 아달라왕이 즉위한 4년 157년에 동해의 바닷가에 연오랑과 세오녀라는 부부가 살고 있었다. 어느 날 연오랑이 바닷가에서 해조를 따고 있던 중 갑자기 바위 하나가 연오랑을 태우고 일본으로 가버렸다. 일

일월지(해달못)

본 사람들이 연오랑을 보고 말하였다.

"이 사람은 보통 사람이 아니다."

그리하여 그들의 왕으로 삼았다. 세오녀는 남편이 돌아오지 않자 괴이하게 여기고 찾아다니다가 남편이 벗어놓은 신발을 발견하였다. 신발이 있는 바위에 올라가자 바위는 다시 그 전처럼 세오녀를 태우고 갔다. 일본 사람들이 이를 보고 놀라서 왕께 아뢰고 세오녀를 왕에게 바쳤다. 이렇게 부부가 다시 만나고 세오녀는 귀비가 되었다.

이때 신라에서는 해와 달이 빛을 잃었다. 일관이 왕께 아뢰었다.

"해와 달의 정기가 우리나라에 내려왔었는데 지금 일본으로 가버렸기 때문에 이러한 괴변이 일어난 것입니다."

왕이 일본에 사신을 보내 두 사람에게 돌아오라고 하자 연오랑이 말하였다.

"내가 이 나라에 온 것도 하늘이 시킨 일이니 지금 어찌 돌아갈 수 있겠습니까? 허나 나의 비가 짠 고운 비단이 있으니 이것을 가지고 하늘에 제사를 지내면 될 것입니다."

그리고 그 비단을 주었다. 사신이 돌아와서 임금께 아뢰고 그 말대로 제사를 지냈더니 해와 달이 그 전과 같이 빛을 찾았다. 그 비단을 임금의 창고에 잘 간직하여 국보로 삼고 그 창고를 귀비고라 하였다. 또 하늘에 제사를 지낸 곳을 영일현 또는 도기야라고 하였다.

일본으로 간 부부

이 이야기는 일단 해와 달에 얽힌 설화입니다. 조금 확대한다면 해와 달의 탄생, 즉 천지창조로까지 읽을 수 있지요. 이 이야기를 해와 달이 탄생한 유래를 설명하는 설화로 읽는 것은 무엇보다 우리나라에 전하는 해와 달의 창조 설화가 많지 않기 때문입니다. 굳이 찾자면 호랑이를 피해 하늘로 올라간 오누이가 해와 달이 되었다는 '해와 달이 된 오누이' 설화가 있고, 무당의 노래 중에 해와 달의 창조 신화가 있기는 하지만 이것들만으로는 아쉽기 때문에 연오랑과 세오녀 이야기를 그런 종류로 보려는 것입니다.

이 이야기를 해와 달의 신과 연관 짓는 또 하나의 근거는 이들 이름에 공통적으로 들어간 까마귀 오烏자에 있습니다. 고구려에서는 다리가 셋 달린 까마귀, 삼족오三足烏가 해 속에 살고 있다는 믿음이 있었습니다. 삼족오는 고구려뿐만 아니라 중국과 동아시아 일대에 널리 퍼져 있었던 믿음으로 보이는데, 우리나라에서는 고구려 고분 벽화에서 많이 발견되었습니다. 태양을 상징하는 삼족오의 '오'자가 이들 부부의 이름에 들어 있다는 것 때문에 이들 부부를 태양을 의인화한 것으로 보는 것입니다. 그러나 신라의 유물이나 다른 설화에서는 삼족오의 흔적을 전혀 찾을 수 없어 연오랑과 세오녀가 정말 삼족오와 관련이 있다고 단정하기는 어렵습니다.

또 연오랑 세오녀 설화는 신라와 일본의 관계를 알려주는 자료로도 주목을 끌었습니다. 신라 사람이 일본으로 가 왕이 되었다는 이 이야기를 두고 그들이 일본 역사에서 누구인가에 대한 관심부터 일본 신화와의 유사성 등이 주로 거론되었습니다. 일본의 전설적인 여왕 히미코가 신라에서 건너간 사람이라는 주장이 대표적입니다. 『삼국사기』 아달라왕 조에는 173년 왜국 여왕 비미호가 사신을 보내왔다는 기록이 있습니다. 이 비미호가 바로 일본의 전설적인 여왕이며 무당인 히미코이고, 그는 신라에서 건너간 사람이고 그 이야기의 신라 버전이 연오랑 세오녀라는 추론입니다. 그러나 이것은 어디까지나 추론이며, 설사 그렇다고 해도 큰 의미는 없습니다. 이것은 그냥 흥미로운 가설, 그 이상은 아닙니다.

또 연오랑 세오녀는 일본의 설화와 유사하다는 점에서 주목되었습니다. 일본의 『고사기』에 따르면 신라의 왕자인 아메노히보코가, 늪가에서 잠자던 여인이 햇빛을 받아서 낳은 구슬을 빼앗았는데 이 구슬이 여인으로 변하여 그녀를 아내로 삼았습니다. 아메노히보코가 그 아내를 구박하자 그녀가 고국인 일본으로 가버리고 아메노히보코도 그녀를 찾아 일본으로 왔다고 합니다. 신라인 부부가 바다를 건너 일본으로 왔고 그들이 해와 관련되었다는 점에서 이것이 연오랑 세오녀 설화의 일본판 버전이라는 주장이 있습니다.

또 일본의 건국 시조신이며 태양신인 아마테라스오미카미의 일화에도 연오랑 이야기와 비슷한 부분이 있습니다. 아마테라스가 동굴로 들어가 세상이 캄캄하게 되자 여러 신이 모여 굿을 하여 그녀를 다시 나오게 하는 부분은 확실히 연오랑 이야기를 떠올리게 합니다. 그러나 그렇다고 해서 일본의 천지창조 설화와 연오랑 이야기를 직접 연관 지을 수는 없습니다. 세계 각국의 신화나 민담은 유사한 것들이 너무 많아서 유사성을 찾기 시작하면 끝이 없습니다. 유사성보다는 오히려 차이점에 이야기의 본질이 있다고 하는 것이 더 진실에 가까이 가는 방법일 것입니다.

연오랑 세오녀의 이야기를 자꾸만 확대해석 하는 것은 뜬구름 잡기와 같습니다. 아무리 그럴듯한 그림을 그려낸다 해도 알맹이 없는 빈껍데기에 지나지 않습니다. 아달라왕의 시대는 이미 신화의 시대라고는 볼 수 없습니다. 이 이야기의 의미를 상징적으로 해석할 수는 있겠지만, 이것을 최초의 신화인 천지창조 신화의 조각이라고 보기에는 이미 너무 역사적이고 사실적인 측면이 강합니다.

이야기의 논리를 다시 짚어 보면 그들은 천문을 관측하는 일관이거나 해와 달에 제사지내는 제사장이거나 종교적 지도자, 무당일 가능성이 가장 큽니다. 그들이 평범한 부부가 아니었음은 틀림없습니다. 한 부부의 도일이 나라 전체에 큰 영향을 미쳤고 그로 인해 왕이 일본으로 사신까지 보낸 것을 보면 말입니다. 바닷가에 산 것을 보면 귀족계급은 아니었을 겁니다. 귀족이 아니면서도 신라에 꼭 있어야만 하는 사람이라면 무당이 1순위가 되겠죠.

아달라왕 4년 157년에 그들 부부가 무슨 연유에선지 일본으로 갔고, 그로 인해 하늘에 변고가 생겼습니다. 아니면 그들 부부의 도일로 인해 아달라왕이 어떤 정치적 어려움에 부딪쳤을 수도 있습니다. 그 시대 무당이 의사의 역할을 겸했었다는 점을 떠올리면 그들 부부가 일본으로 떠났을 즈음 신라에 전염병이 크게 번진 것은 아닐까 하는 생각도 듭니다. 또는 병충해나 기상이변으로 농사에 큰 지장이 생겼을 수도 있습니다.

해가 빛을 잃었다는 기사를 상징적 의미로 해석하면 반란이 일어난 것으로 읽을 수도 있습니다. 예나 지금이나 해는 임금님을 상징합니다. 따라서 해가 두개가 되었거나 빛을 잃은 것은 모두 임금님에게 큰 변고가 생긴 것이고 그 첫 번째 가능성은 반란이 됩니다. 그리고 반란과 더불어 백성들에게 신망이 도탑던 무당 부부의 도일로 인해 인심이 흉흉해졌을 수도 있습니다. 반란은 군사력으로 진압 가능하겠지만 흉흉해진 인심은 군사력으로는 돌릴 수 없는 것이므로 일본으로 사람을 보내 그들을 데려올 수밖에 없습니다. 그리고 그들이 돌아오지 않는다면 아쉬운 대로 그들 부부가 건네 준 징표, 비단이 흉흉해진 인심을 되돌리는 데에 도움이 될 수 있었을 것이며, 그것도 아니라면 인심을 수습하기 위해 그들이 비단을 보내왔다고 꾸며댔을 수도 있었을 것입니다.

흥미롭게도 『삼국사기』 아달라왕 조에는 이러한 추리를 가능케 하는 사건들이 여럿 기록되어 있습니다. 관련되는 기록만 뽑아보면 다음과 같습니다.

7년 여름 4월에 폭우가 내려 알천 물이 넘쳐 민가가 떠내려갔다. 금성 북문이 저절로 무너졌다.

8년 가을 7월에 해충이 번져 곡식을 해쳤다. 바다에 물고기가 많이 죽었다.

11년 봄 2월에 용이 경주에 나타났다.

12년 겨울 10월에 아찬 길선이 반역을 도모하다가 발각되자 죽을 것이 두려워 백제로 달아났다.

17년 가을 7월 서울에 지진이 일어났고 서리와 우박이 내려 곡식을 해쳤다.

18년 봄에 곡식이 귀하여 백성이 굶주렸다.

19년 봄 2월에 경주에 전염병이 크게 번졌다.

20년 여름 5월에 왜국 여왕 비미호가 사신을 보내왔다.

21년 봄 정월에 흙비가 내렸다. 2월에는 가뭄이 들어 우물이 말랐다.

– 『삼국사기』 권 제2 신라본기 제2 「아달라이사금」

이 모든 변고와 반란은 우연한 것일까요? 아니면 언제나 있었던 흔한 일일까요? 이런 일들이 아달라왕 대에만 있었던 일은 사실 아닙니다. 『삼국사기』에는 각종 기상이변이나 변고가 흔히 보입니다. 그러나 그렇다고 해서 연오랑 세오녀 이야기를 사회적 사건으로 해석하는 것이 불가능한 것은 아닙니다. 꼭 어느 한 가지 해석만을 고집할 필요는 없으며 여러 가지 가능성을 다 열고 조금 더 개방적인 자세로 바라볼 필요가 있다는 것입니다.

연오랑 세오녀 이야기를 당대의 사회적 사건과 관련지어 바라보더라도 신비롭기는 마찬가지입니다. 1900여 년 전 신라에서 일본으로 떠난 부부의 이야기는 아직도 여러 가지 궁금증을 자아냅니다. 그들이 왜 일본으로 갔는지, 혹시 왜적이 침입하여 강제로 납치되어 간 것은 아닌지, 아니면 아달라왕과의 어떤 갈등 때문에 떠난 것은 아닌지, 그리고 그들이 일본으로 가서 어떻게 왕이 될 수 있었는지, 아니면 그들이 간 곳이 정말 일본인지까지 이야기에는 참으로 많은 의문이 담겨 있습니다.

연오랑 세오녀 이야기는 경상도 지역에서는 널리 알려져 구전되어 오던 이야기임이 분명합니다. 영일현과 일월지라는 연못의 유래담이기도 하고, 아직도 그곳에는 도기야라는 당시 지명의 흔적이 남아 있기 때문입니다. 어쩌면 이 이야기는 일연 스님 시대까지도 구전되었을지 모릅니다. 이 이야기는 일연 스님보다 200년 앞서는 고려 시대 박인량의 『수이전』에도 전한다고 하나 현재 남아 있는 것은『삼국유사』가 유일합니다. 지명의 유래담에 얽혀 전하는 부부의 이야기, 바닷가에서 해초를 따며 살았음에도 해의 빛을 좌우할 만한 힘을 가졌던 그들의 이야기는 숱한 궁금증과 함께 우리를 신비한 시간여행에 빠져들게 하는 묘한 힘마저 가지고 있습니다.

3.
미추왕과 죽엽군

이 이야기는 미추왕이 죽은 후 일어난 신령스런 일을 그리고 있습니다. 미추왕이 왕으로서 한 일은 전혀 언급하지 않으면서 사후에 그가 신라를 지키는 호국의 역할을 하였다는 기록만 있는 것이 특이합니다.

제13대 미추이질금은 김알지의 7세손으로 대대로 높은 벼슬을 하였고 성스러운 덕이 있었으므로 이해왕[45]으로 부터 물려받아 왕위에 올랐다. 왕위에 오른 지 23년 만에 승하하였는데 능은 흥륜사의 동쪽에 있다.

제14대 유리왕 때에 이서국 사람들이 금성을 쳐들어 왔다. 신라에서는 크게 군병을 일으켜 막으려고 했으나 장기간 대적할 수는 없었다. 그

45 미추왕 이전인 12대 임금. 『삼국사기』에는 첨해왕이라고 되어 있다.

때 갑자기 귀에 대나무 잎을 꽂은 이상한 군사가 나타나 도와주었다. 신라의 병사와 힘을 합쳐 적을 무찔렀는데 적이 물러간 후에 그들이 어디로 갔는지 알 수가 없었다. 다만 대나무의 잎이 미추왕의 능 앞에 쌓여 있는 것을 보고 그때서야 선왕이 음덕으로 도와주었음을 알았다. 그로 인하여 이 능을 죽현능竹現陵이라고 하였다.

제37대 혜공왕 때인 779년 4월에 김유신공의 무덤에서 갑자기 회오리바람이 일어났다. 바람 속에 한 사람이 준마를 타고 나타났는데 그 모습이 장군과 같았다. 또 갑주를 입고 무기를 든 40여 명의 군사가 그 뒤를 따라서 죽현능으로 들어갔다. 잠시 후 능 안에서 진동과 우는 듯한 소리가 들리고 통곡을 하는 소리도 들렸다. 그 말은 이러했다.

"신은 평생 환란을 구제하고 삼국을 통일한 공이 있었습니다. 이제 혼백이 되어서도 나라를 지켜 재앙을 없애고 환란을 구제하는 마음은 조금도 변함이 없습니다. 지난 경술년에 신의 자손이 아무런 죄도 없이 죽음을 당하였으니 그것은 임금과 신하가 저의 공을 생각하지 않은 것입니다. 신은 이제 다른 곳으로 멀리 가서 다시는 나라를 위하여 힘쓰지 않으렵니다. 왕께서 허락하여 주십시오."

미추왕이 대답하기를

"나와 공이 이 나라를 지키지 않는다면 저 백성들은 어찌 되겠소? 공은 예전처럼 힘써주시오."

김유신이 세 번을 청하였으나 왕은 세 번 다 허락하지 않으니 회오리바람은 곧 돌아갔다.

혜공왕이 이 소식을 듣고 두려워하여 대신 김경신을 보내어 김유신공의 능에 가서 사죄를 하고 밭 30결을 취선사에 내리어 명복을 빌게 하였다. 그 절은 김유신공이 평양을 토벌한 후에 복을 빌기 위해 세운 절이다.

미추왕의 혼령이 아니었더라면 김유신공의 노여움을 막지 못했을 것이므로 나라의 사람들이 그 덕을 기리어 삼산과 함께 제사지내기를 게을리 하지 않고 제사의 차례를 오릉의 위에 두어 대묘라고 불렀다.

– 기이 제1 미추왕과 죽엽군

대릉원

나라를 지키는 영령 미추왕

미추왕은 김알지의 7대 손으로 김씨 가문에서 나온 첫 임금입니다. 석탈해가 4대 임금이었지만, 5대부터 8대까지는 박혁거세의 후손이 왕위에 올랐다가 9대 벌휴왕 때 다시 석씨 가문으로 왕위가 와서 12대 첨해왕까지 석씨 가문이 임금 자리를 잇다가 13대에 미추왕이 김씨 가문에서 처음으로 왕위에 오릅니다. 그리고 14대부터 16대까지는 다시 석씨가 왕위를 잇고 17대 내물왕 이후로 김씨 가문에서 계속 임금을 내게 됩니다.

미추왕은 11대 조분왕의 사위로 세력을 키우다가 조분왕의 동생 첨해왕이 후손이 없이 죽자 왕위에 오릅니다. 그러나 첨해왕에서 미추왕으로의 승계는 순탄하지 않았던 듯합니다. 『삼국사기』에는 첨해왕이 갑자기 병이 나서 죽고, 나라 사람들이 미추를 왕으로 추대했다고만 되어 있습니다. 미추왕이 죽은 후에는 다시 조분왕의 맏아들 유례에게 왕위가 이어지는 것을 보면 석씨 집안에서 왕위를 이어가는 중간에 사위인 미추가 한번 왕위에 올랐던 것입니다.

*** 3세기 초 미추왕 시대 왕위 계보**

10 내해왕(석씨)→11 조분왕(석씨)→12 첨해왕(석씨)→13 미추왕 →14 유례왕(석씨)

(내해왕의 사위) (조분왕의 동생) (김씨, 조분왕의 사위)

아들 우로 (조분왕의 사위)

미추왕과 석우로

내해왕, 조분왕, 첨해왕, 미추왕으로 이어지는 시대에는 외적의 침입이 무척 잦았습니다. 이 시대 왜적의 침입을 물리치는 데에 가장 큰 공을 세운 석우로란 장군이 있었습니다. 우로는 내해왕의 아들이며 조분왕의 사위로 미추와는 동서지간이 됩니다. 우로는 3세기 경 신라 사람으로는 유일하게 『삼국사기』「열전」에 등장하는 인물입니다. 석씨 가문 사람으로도 유일하게 열전에 이름을 올린 사람입니다. 상당히 비중이 큰 인물이라는 뜻입니다. 『삼국유사』에는 전혀 등장하지 않지만 미추왕 때를 이해하기 위해서는 빼놓을 수 없는 인물입니다. 『삼국사기』「열전」을 기초로 그의 이야기를 재구성하면 이렇습니다.

내해왕의 아들인 우로는 내해왕이 죽을 당시 태자였지만 나이가 어려서, 왕위는 사위인 조분왕이 계승합니다. 조분왕 시대 대장군이 된 우로는 감문국, 현재의 경북 김천을 정복해 신라 땅으로 만들고 왜병의 침입을 여러 차례 물리쳐 큰 전공을 세웁니다. 특히 조분왕 4년 왜적의 침입 때 우로는 화공火攻을 써 왜적을 궤멸시키는데 이 일은 백성들에게 두고두고 이야깃거리로 남습니다.

조분왕 말년에 우로는 최고 관등인 이벌찬이 되고, 병마사를 겸직합니다. 조분왕이 죽기 2년 전 고구려의 침입 때도 우로는 군사를 이끌고 맞서 싸웁니다. 이때 우로가 병사를 위로하고 몸소 장작을 피워 따스하게 해주어 병사들이 감격했다고도 합니다. 또 사량벌국, 지금의 경상도 상주 지방에서 일어난 반란을 평정하기도 합니다. 수많은 전쟁에서의 승리와 따뜻한 인간미로 우로는 백성들에게 전설적인 영웅으로 추앙된 인물이었습니다.

그런데 조분왕이 죽은 후 내해왕의 아들이며 조분왕의 사위이기도 한 우로를 제치고 조분왕의 동생인 첨해왕이 왕위에 오릅니다. 그때까지 전쟁터에서 세운 공으로 보나 백성들의 신망으로 보나 또 왕위 계승 서열로 보나 당연히 왕위는 우로에게 돌아가야 했으나 왕위는 조분왕의 동생인 첨해왕이 차지합니다. 이 계승 과정이 순조로웠는지 아닌지는 알 수 없으나, 어쨌든 왕위에 오른 첨해왕 입장에서 우로는 자신의 왕권을 위협하는 껄끄러운 존재였음이 틀림없습니다.

그런데 첨해왕 때에 왜국의 사신을 접대하는 자리에서 우로는 농담으로 "조만간 왜국의 임금을 염전에서 일하게 하고 왕비를 부엌에서 일하는 여자로 삼겠다."는 말을 합니다. 이 말을 전해들은 왜왕이 화가 나 신라를 침범하는데 우로는 자신이 말조심을 하지 않아 환란이 생겼으므로 자신이 해결하겠다고 왜군의 진지에 혼자 들어갑니다. 왜군은 우로를 붙잡아 불태워 죽이고 일본으로 돌아갑니다.

그런데 첨해왕 입장에서 보면 우로의 죽음은 왕권을 위협하는 가장 큰 정적이 사라진 것입니다. 우로의 죽음에 첨해왕이 어느 정도 관련되었는지는 확실히 알 수 없으나 책임이 전혀 없지는 않았을 것입니다. 그것은 첨해왕의 계략이었을까요? 계획적인 것은 아니라 해도 우로가 죽도록 내버려 두었다는 의혹은 충분히 살 만합니다.

이런 이유로 해서 우로와 동서지간으로 가장 가까웠던 미추가 우로를 죽인 책임을 물어 첨해왕을 몰아내고 왕위에 오른 것이 아닐까 추측됩니다. 미추가 나라 사람들에게 지지를 받아 왕위에 올랐다는 기록은 영웅 우로의 비참한 죽음으로 첨해왕에 대한 백성들의 불만과 우로에 대한 그들의 그리움을 배경으로 왕위에 올랐다는 것을 의미하는 것입니다. 첨해왕이 갑자기 죽고 나라 사람들이 미추를 왕으로 추대했다는 『삼국사기』의 기록은 이런 배경이 있었음을 암시합니다. 석씨 가문에서 왕위를 이어 가던 중간에 김씨인 미추가 갑자기 왕위에 오를 수 있었던 것도 이런 사정이 있던 것이 아닐까 추측하는 이유가 됩니다.

미추왕 대에 다시 왜국의 사신이 신라에 옵니다. 홀로 남은 우로의 부인은 왕의 허락을 받고 왜국의 사신을 접대하여 술에 취하게 한 후 측근을 시켜 불태워 죽여 남편의 원수를 갚습니다. 그 남편에 그 아내입니다. 그리고 미추에게 거두어진 우로의 어린 아들은 50여 년 후에 석씨 가문에서 마지막으로 왕위에 오르니 그가 신라 16대 임금인 흘해이사금입니다.

나라를 지키는 영령

「미추왕 죽엽군」 조는 두 개의 이야기로 이루어져 있습니다. 두 이야기가 모두 『삼국사기』에도 나오는 것인데 의미가 심상치 않습니다.

하나는 미추왕 바로 다음 대인 유리왕 대에 경상북도 청도군 이서면에 있었다고 추정되는 이서국이 경주를 공격해 왔을 때의 일입니다. 소국의 침략이었으나 신라가 쉽게 물리치지는 못했나 봅니다. 나라가 위기에 처했을 때 귀에 댓잎을 꽂은, 정체를 알 수 없는 군대가 나타나 적을 무찌르고 사라집니다. 미추왕의 능 앞에 댓잎이 쌓여 있어 미추왕의 혼령이 도와준 것을 알게 되었다는 이야기입니다.

『삼국사기』 유례왕 조에 이 이야기는 그대로 나옵니다. 유례왕 때에도 왜적의 침입이 여러 번 있었습니다. 왜적의 침입에 견디다 못한 유례왕은 백제와 동맹을 맺고 바다를 건너 왜국으로 공격해 들어가려 하였으나 신하들의 반대로 실행에 옮기지 못합니다. 그러던 중 유례왕이 죽기 1년 전 이서국이 침략해 온 것입니다.

이 이야기는 표면적으로는 미추왕의 능이 죽현릉이라고 불리게 된 유래를 설명합니다. 그러나 뒤집어 보면 유례왕 때 외적의 침입이 많았고 그 침략을 능히 막아낼 만큼의 국력이 못 되었고, 미추왕이 그만큼 사람들에게 영웅시되고 있었다는 의미가 됩니다. 왜 하필 미추왕이었을까요? 우선은 미추왕이 김씨 가문의 첫 임금이었다는 점, 시조는 김알지이지만 실제로 김씨 가문의 세력을 크게 키운 임금으로서 김씨 가문의 대표자로 떠받들어졌던 사람이기 때문입니다. 아울러 그가 신라 초기 혼란스러운 시대 왜적에 맞서 신라인의 자존심을 세워준 인물로 기억되었기 때문입니다.

미추왕의 두 번째 이야기는 그가 죽은 지 500년이나 지난 혜공왕 때의 이야기입니다. 『삼국사기』 「열전」 김유신 조의 마지막 대목에도 같은 이야기가 수록되어 있습니다만, 『삼국유사』의 기록이 더욱 구체적입니다. 『삼국사기』 「열전」의 김유신 조 끝에는 그 글이 김유신의 후손 장청이 편찬한 김유신 전기 10권에서 신빙성이 있는 내용만 간추린 것이라고 되어 있습니다. 따라서 김유신의 혼령이 미추왕의 능을 찾아갔다는 이야기는 민간에서 전해 내려오던 김유신 전설의 하나였고 그것이 살아남아 『삼국유사』와 정사에까지 기록된 것임을 알 수 있습니다.

이야기의 요점은 김유신이 자신의 후손이 억울하게 죽은 것에 대해 미추왕을 찾아와 하소연 했다는 것입니다. 김유신이 하소연 하는 경술년의 일이란, 혜공왕 6년 770년 대아찬 김융이 반역을 도모하다가 사형에 처해진 일을 말하는 듯합니다. 김융이 김유신의 후손인지는 확실치 않으나 경술년이 정확하다면, 이 사건을 지칭하는 것이 틀림없습니다.

혜공왕 대는 신라 하대의 혼란기로 접어드는 때입니다. 혜공왕은 무열왕 김춘추의 후손 중 마지막 왕으로 내물왕 계 김양상과 김경신의 반란으로 왕비와 함께 피살된 비극의 주인공입니다. 그의 시대는 김양상의 반란 이전에도 여러 번의 반란이 있었고 비극적 최후를 암시하는 수많은 징조들도 나타났었습니다. 한마디로 사회 분위기가 매우 뒤숭숭한 혼란기였던 것입니다.

『삼국유사』의 이 기록은 혜공왕 대의 혼란과 뒤숭숭한 민심을 반영하는 이야기입니다. 그때까지도 전설적인 영웅이었던 김유신의 후손인, 김융이 석연치 않은 역모 사건에 휘말려 죽임을 당하고 그 억울함을 김유신이 전 시대의 왕인 미추왕에게 하소연한다는 이야기인 겁니다. 이것은 분명 당대 사람들에게 구전되던 전설이고, 김유신과 함께 미추왕이 신라를 위기에서 구원할 가장 믿음직스런 영웅으로 받들어졌음을 의미합니다.

김유신은 가야 출신이고 미추왕은 경주 김씨의 시조에 해당하는 인물로 혈연관계는 전혀 없으며, 두 사람이 살던 시대도 400년이나 차이가 납니다. 그럼에도 불구하고 김유신이 미추왕을 찾아간 것은 당대의 사람들에게 김유신과 함께 미추왕이 동급의 영웅으로 존경받았다는 사실을 반증하는 것입니다.

그런데 왜 미추가 신라 사람들에게 영웅의 하나로 인정되었을까요? 김유신이야 신라의 삼국 통일 과정에서 빛나는 공을 세운 인물로 당연히 신라 천년을 통 털어 사람들에게 가장 많은 이야깃거리를 제공한 인물이 틀림없지만, 왜 미추가 김유신의 하소연을 받아줄 만한 윗사람으로 그려진 것일까요? 왜 김유신의 매부 태종 무열왕이나 삼국을 통일한 문무왕이 아니라 미추왕이 그 자리를 차지한 걸까요? 단순히 김씨의 첫 임금이라는 이유만으로 그런 위치를 차지한 것은 아닐 겁니다.

그것은 미추왕이 신라의 초기 어려웠던 시절 억울하게 죽은 영웅 우로를 복권시키고 왜적에게 복수하여 신라인의 자존심을 세워준 임금으로 사람들의 가슴에 아로새겨졌기 때문은 아닐까요? 그리하여 그는 정사에서는 특별한 업적을 남긴 것이 없지만, 야사에서는 잊을 수 없는 영웅으로 민중들에게 기억되었기 때문 아닐까요? 김유신이 자신과는 하등 상관없는 미추왕을 찾아가 자신의 억울함을 하소연 했다는 이야기는 죽은 지 수백 년이 지난 그때까지도 사람들이 미추왕을 어떻게 생각했는지를 알려주는 흥미로운 증거입니다.

4.
내물왕과 김제상

박제상은 역사상 가장 널리 알려진 충신입니다. 그는『삼국유사』『삼국사기』에 모두 등장할 뿐 아니라, 망부석의 전설로 구전되어 오기도 하고, 심지어『일본서기』에까지 기록된 인물로 의심할 여지없는 충성과 절개의 대명사로 신격화되었습니다. 그러나 실존했던 한 인간이 이렇게 전설이 되다 보면 미화와 과장은 피할 수 없습니다.

특히『삼국유사』에 보이는 박제상의 기록은 극적인 효과를 최대로 하기 위해 세련되게 꾸며진 한편의 소설과 같습니다. 분명히 일정 부분 사실에 근거를 둔 것이기는 하나 극적 효과를 위해 사실의 일부는 누락시키고, 일부는 상상력을 가미한 것입니다. 굳이 어디까지가 사실인지 따져야 할 필요가 있을까 할 수도 있지만, 위대하다고 하는 인물일수록 사실 확인은 중요합니다. 사실에 근거하지 않은 미화와 과장은 날조와 백지 한 장 차이이기 때문입니다.

제17대 내물왕 36년 390년 왜왕이 보낸 사신이 와서 말하였다.

“저희 임금이 대왕께서 신성하다는 말을 듣고 신을 시켜 백제가 지은 죄를 대왕께 아뢰도록 하셨습니다. 원하옵건대 대왕께서는 왕자 한 분을 보내어 우리 임금에게 성심을 보이시기 바랍니다.”

이에 왕은 셋째 아들 미해를 왜국에 보냈다. 이때 미해의 나이가 열 살이어서 말과 행동이 아직 익숙지 못하였으므로 내신인 박사람을 부사로 삼아 함께 보냈다. 왜왕이 이들을 억류하여 30년 동안이나 보내지 아니하였다.

눌지왕 3년 419년 고구려 장수왕의 사신이 와서 말하였다.

“우리 임금이 대왕의 아우 보해가 지혜와 재주가 뛰어나다는 말을 듣고 서로 가깝게 지내기를 원하여 소신을 보내어 간청하라고 하였습니다.”

왕은 이 말을 듣고 매우 다행스럽게 생각하고, 이로 인하여 화친을 하기로 하고 아우 보해에게 고구려로 가도록 명하고 내신 김무알을 보좌로 삼아 함께 보냈다. 장수왕도 이들을 억류하고 돌려보내지 아니하였다.

눌지왕 10년 426년 왕이 신하들과 나라 안의 여러 호걸들을 모아 잔치를 베풀었다. 술이 세 순배 돌고 음악이 시작되자 왕이 눈물을 흘리면서 여러 신하에게 말하였다.

“옛날 아버님께서는 성심으로 백성들의 일을 생각하셔서 사랑하는 아들을 동쪽의 먼 곳으로 보냈다가 다시 못 보고 돌아가셨고 내가 왕위에 오른 후에는 이웃나라의 군사가 강하여 전쟁은 그칠 날이 없었는데 고구려가 화친을 맺자고 말했으므로 나는 그 말을 믿고 아우를 고구려에 보냈소. 그런데 고구려 역시 아우를 붙잡아 놓고 보내지를 않고 있으니, 내 아무리 부귀를 누린다 하여도 일찍이 하루라도 이 일을 잊고 울지 않는 날이 없었소. 만일 두 아우를 만나보고 함께 선왕의 제사를 지내게 된다면 반드시 그 사람에게 은혜를 갚겠소. 누가 이 계책을 이룰 수가 있겠소?"

이 말을 듣고 신하들이 말하였다.

"이 일은 결코 쉬운 일이 아닙니다. 반드시 지혜와 용맹을 겸비한 사람이어야 합니다. 신들의 생각으로는 삽라군의 태수로 있는 제상이라면 가능할 것입니다."

이에 왕이 제상을 불러서 묻자 그는 두 번 절하고 아뢰었다.

"신이 듣건대 임금에게 근심이 있으면 신하는 욕을 당하고, 임금이 욕을 당하면 그 신하는 죽어야 한다고 하였습니다. 만일 일의 어려움과 쉬운 것을 따져서 행동한다면 이는 충성되지 못한 것이며, 죽고 사는 것을 생각하여 행동한다면 이는 용기가 없다고 할 것입니다. 신이 비록 어리석으나 명을 받들어 가겠나이다."

왕은 그를 매우 가상히 여겨 술을 나누어 마시고 손을 잡아 작별했다.

제상은 왕 앞에서 명을 받고 바로 북해로 길을 달려가 변장을 한 다음 고구려로 들어갔다. 보해가 있는 곳으로 가 함께 탈출할 날짜를 5월

15일로 정한 다음 먼저 고성의 수구에 묵으며 기다렸다. 약속한 날이 다가오자 보해는 병을 핑계로 며칠 동안 조회에 나가지 아니 않다가 밤을 틈타 도망하여 고성의 바닷가에 이르렀다. 고구려왕이 이를 알고 수십 명의 군사를 보내 뒤쫓게 하였다. 추격하는 군사가 고성에 이르러 따라 붙었으나 보해가 고구려에 있을 때 늘 주위 사람들에게 은혜를 베풀었기 때문에 군사들은 그를 불쌍히 여겨 모두 화살촉을 뽑고 쏘아서 죽지 않고 돌아올 수 있었다.

눌지왕은 보해를 보자 미해의 생각이 더욱 간절하여 한편 기쁘고 한편으로는 슬퍼 눈물을 흘리며 주위 사람들에게 말을 하였다.

"마치 몸에 팔이 하나만 있고 얼굴에 눈이 하나만 있는 것 같소. 비록 하나는 얻었으되 하나는 없는 그대로이니 어찌 마음이 아프지 않겠소."

제상은 이 말을 듣고 두 번 절하여 하직하고 말에 올랐다. 집에 들르지 않고 바로 길을 떠나 율포 바닷가에 이르렀다.

제상의 아내가 이 소식을 듣고 말을 달려 율포에 도착하였으나 남편은 벌써 배를 타고 있었다. 그 아내가 제상을 간절히 부르자 제상은 다만 손만 흔들어 보일 뿐 배는 멈추지 않았다. 그는 왜국에 도착하여 거짓말을 하였다.

"계림의 왕이 아무런 죄도 없이 제 부형을 죽였으므로 도망을 하여 온 것입니다."

왜왕은 이 말을 믿고 제상에게 집을 주어 편안히 살 수 있게 하였다.

제상은 늘 미해를 모시고 해변에 나가 놀았다. 그리고 물고기와 새와 짐승을 잡아서 왜왕에게 바쳤다. 왜왕은 매우 기뻐하여 조금도 그를 의심하지 않았다.

아침 안개가 자욱하게 낀 날 새벽 제상이 미해에게 말했다.

"지금 빨리 떠나십시오."

미해가 말했다.

"그러면 같이 갑시다."

제상이 말했다.

"신이 만일 같이 떠난다면 왜인이 알고 쫓아올 것입니다. 신은 이 곳에 남아서 추격을 막겠습니다."

미해가 말했다.

"지금 그대는 나에게 아버지나 형과 같은데 어찌 나 혼자만 돌아가겠소."

제상이 말하였다.

"신은 공의 목숨을 구하여 대왕의 심정을 위로할 수 있다면 그것으로 만족할 뿐입니다. 어찌 살기를 바라겠습니까?"

말을 마치고 술을 따라 미해에게 드렸다. 이때 계림 사람 강구려가 왜국에 와 있었는데 그를 미해에게 딸려 호송하게 하였다.

제상은 미해의 방에 들어가서 이튿날 아침까지 있었다. 이튿날 주변 사람들이 방에 들어와 보려 하였으나 제상이 밖으로 나와 막으며 말하였다.

"미해공이 어제 말을 타고 사냥하느라고 병이 깊어 아직 일어나지 못하셨소."

드디어 저녁이 되자 좌우의 사람들이 이상히 여겨 다시 물었다. 제상이 말하였다.

"미해공은 떠난 지가 이미 오래 되었다."

좌우의 사람들이 왜왕에게 달려가 이를 고했다. 왕이 기병을 시켜 그 뒤를 쫓게 하였으나 따라잡지 못하였다. 왜왕이 제상을 가두고 말했다.

"너는 어찌하여 몰래 너희 나라 왕자를 보냈느냐?"

제상이 대답하였다.

"나는 계림의 신하이지 왜국의 신하가 아니오. 나는 단지 우리 임금의 소원을 이루게 했던 것뿐인데 어찌 당신에게 말하겠소."

왜왕은 노하여 말했다.

"너는 이미 나의 신하가 되었는데도 감히 계림의 신하라고 말하니 반드시 오형[46]을 모두 쓸 것이되, 만약 왜국의 신하라고 말을 한다면 후한 녹을 줄 것이다."

제상이 대답하기를,

"차라리 계림의 개나 돼지가 될지언정, 왜국의 신하는 되지 않겠다.

46 오형(五刑): 고대 중국의 다섯 가지 형벌, 피부에 먹물로 글씨를 새겨 넣는 벌, 코를 베는 벌, 발뒤꿈치를 베는 벌, 성기를 자르는 벌, 목을 베어 죽이는 벌.

차라리 계림의 형벌을 받을지언정 왜국의 벼슬은 받지 않겠다."

왜왕이 노하여 제상의 발바닥 가죽을 벗기고 갈대[47]를 베어 그 위를 걷게 하였다.

왜왕이 다시 물었다.

"너는 어느 나라 신하인가?"

제상이 대답했다.

"나는 계림의 신하다."

왜왕은 쇠를 달구어 그 위에 제상을 세워 놓고 말했다.

"너는 어느 나라 신하인가?"

"나는 계림의 신하다."

왜왕은 제상을 굴복시키지 못할 것을 알고 목도라는 섬에서 불에 태워 죽였다.

미해는 바다를 건너오자 먼저 강구려를 시켜 나라에 알리게 했다. 눌지왕은 놀라고 기뻐서 백관들에게 명하여 굴헐역에서 맞이하게 하였다. 왕은 아우 보해와 더불어 남쪽 교외에 가서 맞이하였다. 대궐로 들어와 잔치를 베풀고 죄수들을 풀어 주었다.

제상의 아내를 국대부인으로 봉하고 그의 딸을 미해공의 부인으로 삼았다.

사람들이 이렇게 말하였다.

---

47 지금 갈대에 붉은 색이 있는 것을 사람들은 제상의 피라고 한다.

"옛날 한나라 신하인 주가가 형양에 있다가 초나라 군사에게 잡힌 일이 있다. 이때 항우가 주가에게 말하기를, '네가 만일 내 신하가 되면 만호후에 봉 하겠다' 하였으나 주가는 꾸짖으며 굴복하지 않고 항우에게 죽임을 당했다. 제상의 충성심은 주가에 비해 못하지 않다."

처음 제상이 떠날 때에 제상의 부인이 뒤를 따라갔으나 만나지 못하고 망덕사 문 남쪽의 모래밭에 주저앉아 오랫동안 드러누워 울부짖었는데, 이로 인해 그 모래밭을 장사長沙라고 하며, 친척 두 사람이 그 부인을 부축하고 돌아오는데 부인이 두 다리를 뻗치고 일어서지 않았다. 그래서 그 곳을 벌지지라고 한다.

박제상 사당

오랜 뒤에도 부인은 남편을 사모하는 마음을 이기지 못하여 세 딸을 데리고 치술령에 올라가 왜국을 바라보며 통곡하다가 죽어 치술신모가 되었다. 지금도 사당이 있다.

– 기이 제1 내물왕과 김제상

충절의 의미

내물왕에서 눌지왕에 이르는 4세기 말에서 5세기 초까지 신라는 백제나 고구려에 비해 국력이 크게 약했습니다. 이 시대 갈등의 축은 백제와 고구려였습니다. 백제는 남하하는 고구려에 맞서 가야, 왜와 동맹을 맺고 한강 유역에서 고구려와 일진일퇴의 공방을 벌이고 있었습니다. 신라로서는 백제와 왜의 세력에 맞서기 위해 고구려와 연합해야 했습니다. 사실은 대등한 연합이라기보다 신라가 고구려에 조공을 바치는 관계였죠. 고구려와 백제 입장에서 신라는 확실히 한 수 아래의 국가였습니다. 그런 신라를 확실히 제압하는 방법이 바로 인질 외교였던 것입니다. 신라는 고구려와 왜 양쪽에 다 인질을 보내고 양쪽 눈치를 보며 안전을 도모해야 하는 약소국 입장이었습니다.

내물왕 부자와 실성왕 사이에는 심각한 갈등이 있었습니다.[48] 내물왕

---

48 실성왕과 눌지왕의 갈등: 실성왕이 고구려 사람들을 시켜 눌지를 죽이려고 한 일은 『삼국유사』「실성왕」 조에도 간단히 소개되어 있다. "실성왕은 눌지가 덕망이 있음이 못마땅하여 그를 해치려고 고구려 군사를 청해 거짓으로 눌지를 맞이하도록 했다. 그러나

은 왕위에 있을 때 실성왕을 고구려에 인질로 보냈었습니다. 실성은 늘 그 사실을 원망하였으며 그 보복을 하기 위해 고구려에서 돌아와 왕이 된 후 고구려 사람들에게 내물왕의 아들 눌지를 죽여 달라고 하였습니다. 고구려 사람들이 눌지를 좋게 보고 죽이지 않자, 눌지를 제치고 왕위에 오른 실성은 내물왕의 아들이자 눌지의 동생인 미사흔(미해)과 복호(보해)를 고구려와 왜에 볼모로 보내버립니다. 내물왕의 왕자 눌지는 실성이 왕위에 오른 지 16년 만에 그를 죽이고 빼앗겼던 왕위를 되찾습니다. 그리고 실성왕이 볼모로 보냈던 자신의 두 동생을 찾고 싶어 했던 것입니다.

왕들 사이의 이러한 갈등관계와 볼모의 배경은 김제상 조에는 깨끗하게 지워져 있습니다. 왕들 사이의 이러한 왕권 다툼은 박제상을 충신으로 부각시키는 데에는 군더더기에 불과했기 때문이겠죠. 갈등은 내물왕이 왕권 강화를 위해 미추왕의 사위로서 상당한 세력가였던 실성을 고구려에 볼모로 보내는 데서부터 시작된 것입니다.

박제상은 먼저 고구려로 가서 볼모로 있던 복호를 빼내옵니다. 『삼국유사』에는 박제상이 변장을 하고 고구려로 가서 밤을 틈타 고성에서 배를 타고 탈출한 것으로 되어 있습니다. 그러나 『삼국사기』에는 박제상

고구려 사람들은 눌지에게 현명한 행실이 있음을 보고 창을 거꾸로 하여 실성왕을 죽이고 눌지를 왕으로 삼고 떠났다." 고구려 사람들이 실성왕을 죽였다는 점에서 『삼국사기』와 조금은 차이가 있지만, 눌지와 실성왕 사이의 갈등과 왕위 다툼에 고구려가 깊숙이 개입되었다는 것은 동일하다.

이 사신으로 고구려로 가서 고구려왕을 만나 다음과 같이 말했다고 합니다.

신이 듣건대, 이웃 나라를 사귀는 도리는 성의와 믿음뿐입니다. 볼모를 교환하는 것은 춘추시대에도 없었으니 진실로 말세의 일입니다. 지금 우리 임금의 사랑하는 동생이 고구려에 머문 지 10년이 되어 우리 임금이 늘 마음아파 하고 그리워하고 있사오니 만약 대왕께서 은혜롭게 돌려보내 주신다면 대왕께서는 소 아홉 마리에서 털 하나 잃는 것과 같은 것이며 저의 임금이 대왕께 받은 은덕은 헤아릴 수 없을 만큼 클 것이니 대왕께서는 생각해 주십시오.

– 『삼국사기』 권 제45 열전 제5 「박제상」

고구려는 신라에 비해 대국이라는 자긍심이 있었습니다. 당시 고구려는 백제와 전쟁 중이었으며 신라로부터는 조공을 받는 동맹 관계였습니다. 외교적 방법만으로도 충분히 인질을 돌려받을 수 있었다는 겁니다. 금은보화를 선물로 가지고 가서 장수왕에게 바치고 위와 같이 말했다면 해결이 그리 어렵지는 않았을 것입니다. 실제로 장수왕은 이 말을 듣고 순순히 복호를 돌려보냅니다.

그런데 『삼국유사』에는 박제상과 복호가 밤에 몰래 배를 타고 탈출한 것으로 되어 있습니다. 더구나 추격해 온 고구려 병사가 복호를 죽이지 않으려고 화살촉을 빼고 활을 쏘았다는 재미있는 사실까지 더해져 있습니다. 이 대목은 고구려에 대한 좋은 감정이 작용한 결과입니다. 특히 이어지는 왜왕의 행동과 비교한다면 이 대목은 고구려를 좋게 그리려는 의도가 분명히 있는 것입니다. 고구려를 계승했다고 자부하던 고려 시대의 의식이 작용하여 만들어진 이야기가 틀림없습니다.

왜국에 볼모로 있던 미사흔을 탈출시키는 것은 분명 쉽지 않은 일이었을 것입니다. 왜는 백제와 동맹관계였고 신라와 일시적으로 화친을 맺은 적도 있지만 대체로 늘 신라를 침공하던 적국이었으니까요. 박제상은 신라에서 도망쳐 왜국으로 왔다는 자신의 말을 믿게 하기 위해 미사흔과 자신의 가족을 옥에 가두게 합니다. 왜왕은 박제상의 말이 진실인지 알아보기 위해 신라에 염탐꾼을 보내 몰래 알아보기까지 합니다. 그리고 신라를 침공하는 선두에 박제상을 세우려 합니다. 이 이야기 역시 『삼국유사』에는 나오지 않습니다.

대신 『삼국유사』에는 미사흔을 탈출 시키고 난 뒤 왜왕이 박제상을 심문하는 장면이 아주 실감나게 그려져 있습니다. 왜왕과 박제상의 대담은 마치 희곡처럼 극적으로 그려져 있습니다. 박제상은 왜왕의 신하라고 한마디만 하면 살 수 있음에도 불구하고 그 말 한마디를 안 하고 버티다 죽습니다. 이 대목도 『삼국사기』에는 없는 내용입니다. 『삼국사기』에는 왜왕이 박제상을 목도라는 섬으로 귀양 보냈다가 태워 죽였다고만 간단히 서술되어 있습니다. 박제상의 장엄한 항거와 죽음은 확실히 감동적입니다만, 냉정히 보면 이것은 박제상의 충의와 절개를 강조하기 위한 장치일 뿐입니다.

또 박제상 부인이 아이들을 데리고 치술령에 올라가 왜국을 바라보며 통곡하다 죽었고 치술령의 신모가 되었다거나 치술령에서 남편을 기다리다가 바위가 되었다는 전설 역시 『삼국사기』에는 전혀 언급되어 있지 않습니다. 이것 역시 박제상의 행동을 더욱 감동적으로 만들고 비극성을 강조하기 위한 장치입니다.

그런데 박제상은 현대적인 의미에서 의로운 사람이라고 불러도 좋은 걸까요? 사실 박제상이 한 일은 왕을 위해 왕의 동생을 구출해온 것입니다. 왕 개인을 위해 목숨을 바친 것이지요. 문제는 박제상의 사건 이후 신라와 왜의 관계는 매우 악화된다는 데에 있습니다. 본래 왜와 신라는 적지 않은 인적 물적 교류가 있었고 평화로운 때도 있었지만, 박제상의 사건 이후 신라와 왜는 계속 적대적인 관계로 남습니다.

엄밀히 보면 그는 전쟁을 막는 데에 공헌한 것도, 백성들의 삶이 나아지는 데에 공헌한 것도 아닙니다. 왕과의 개인적 친분으로 그의 혈육을 찾아준 은인임은 분명하지만 사회 전체에 공헌한 것은 거의 없습니다. 오히려 더욱 참혹한 전쟁이 잦아지는 원인이 되었을 뿐입니다. 박제상은 신라 이후 어느 왕조에서나 대표적인 충신으로 강조되었지만, 사실 그는 지배자의 입맛에만 맞는 인물입니다. 전제 왕조의 지배자 입장에서는 가장 강조하고픈 인물임이 틀림없지만 피지배자 입장에서도 그런 것은 아닙니다.

왕에게는 가장 충성스런 신하였으며, 그의 강한 의지와 용기는 높이 살 수 있겠지만 그를 의로운 인간의 대명사로 불러도 좋을지는 의심스럽습니다. 그의 행위는 선행이었을까요? 남을 위해 자신을 희생한 것이라면 분명 선행이 될 수 있을 것입니다. 그러나 그 행동의 목적이 왕 개인의 이익이었다면, 그래서 국가 전체적으로는 오히려 더 안 좋은 결과를 불러왔다면 그를 위인으로 부르고 존경하는 것은 망설여집니다.

왕이 동생에 대한 그리움이 아무리 사무치더라도 국가의 외교적 관계와 국제 관계를 생각한다면 좀 더 참으면서 외교적으로 해결하는 것이 좋았을 겁니다. 박제상이 했던 극단적인 방법은 국제관계에서는 전쟁을 불사하지 않고는 절대 생각할 수 없는 일입니다. 물론 애초에 인간을 볼모를 삼는다는 것이 폭력적 수단이기는 하지만 그것으로 평화와 안정이 보장된다면, 그리고 인간 역사에서 실제로 그보다 훨씬 잔혹한 일이 많았음을 생각한다면 눌지왕과 박제상의 결단은 당장의 감정에만 치우친 잘못된 판단이었습니다. 박제상을 의로운 인간으로 본다 하더라도 그의 이야기는 여러 가지 정황을 참고하며 읽어야 합니다. 분명 그의 이야기는 전제 왕권에 의해 의도적으로 강조되었을 가능성을 염두에 두어야 합니다.

또 하나, 『삼국사기』의 박제상이 왜 『삼국유사』에는 김제상으로 되어 있는 걸까요? 왜 깐깐하게 검증하고 주를 달던 일연 스님이 박제상을 김제상으로 쓰면서 아무런 설명도 없는 걸까요? 다음에 나올 지증왕 때의 장군 이사부도 『삼국유사』에는 김씨가 아니라 박씨 박이종으로 나오는 것으로 보아 당시에는 남자도 어머니의 성씨를 받아 불리기도 했다는 사실을 알 수 있으며, 특히 『삼국유사』는 모계의 성을 받아 부르는 방식을 많이 따르고 있다는 점도 알 수 있습니다.

박제상 이야기의 후일담에서 가장 재미있는 것은 그의 아내가 모래밭에서 우는 것을 친척들이 부축하여 올 때 다리를 뻗치고 일어나지 않아서 그 곳을 벌지지伐知旨라고 불렀다는 것입니다. 벌지지는 우리말 '뻗치다'를 한자로 적은 것으로 보입니다. '다리를 뻗치다'라는 말이 신라시대까지 거슬러 올라간다니 참으로 놀랍습니다.

5.
거문고 갑을 쏴라

현재까지도 전해지는 세시풍속인 정월 대보름의 유래입니다. 비처왕 때 왕비와 승려의 간통 사건을 그린 이야기입니다. 반역을 미리 막은 사건이라고도 할 수 있습니다. 그런데 간통을 알게 된 과정이 매우 신비롭습니다. 이 이야기에 숨어 있는 의미는 무엇일까요?

제21대 비처왕 10년 488년에 왕이 천천정에 행차하였다. 이 때 까마귀와 쥐가 와서 울고 쥐가 사람말로 말하였다.

"이 까마귀가 가는 곳을 따라가라."

왕이 기마병에게 명하여 까마귀를 따라가도록 하였다. 기마병이 남쪽의 피촌에 이르러 보니 돼지 두 마리가 싸우고 있었다. 이것을 한참 구경하다가 까마귀가 간 곳을 놓치고 길에서 배회하고 있었다. 이때 한 노인이 연못에서 나와 글을 바쳤는데 겉봉에 이렇게 쓰여 있었다.

"이것을 열어보면 두 사람이 죽고 열어보지 않으면 한 사람이 죽을 것이다."

기마병이 돌아와 비처왕에게 봉투를 바치니, 왕이 말하였다.

"두 사람이 죽는 것보다 열어보지 않고 한 사람이 죽는 것이 낫겠다."

일관이 아뢰었다.

"두 사람은 서민이오, 한 사람은 왕을 말하는 것입니다."

왕이 그 말이 옳다고 여겨 열어보니 이렇게 쓰여 있었다.

"거문고 갑을 쏴라!"

왕이 궁에 돌아와 거문고 갑을 쏘았다. 그 속에는 내전에서 분향수도를 하던 중이 비빈과 은밀하게 간통을 하고 있었다. 이에 두 사람은 사형을 당했다.

이때부터 나라의 풍속에 해마다 정월 상해, 상자, 상오일[49]에는 모든 일을 조심하고 함부로 행동하는 것을 삼갔다. 그리고 정월 15일을 오기일烏忌日이라고 하여 찰밥으로 제사를 지냈는데 이 풍속은 지금까지도 민간에서 행해지고 있다.

신라 말로는 이것을 달도[50]라고 하니 이것은 슬퍼하고 근심하며 모든 일을 금한다는 뜻이다. 노인이 나온 연못을 서출지라고 한다.

—기이 제1 거문고 갑을 쏴라

49 상해(上亥), 상자(上子), 상오일(上午日): 정월에 첫 번째 해일亥日, 자일子日, 오일午日을 가리킨다.

50 달도(怛忉): 정월 초하루를 뜻하는 '설'을 한자로 적은 것이다.

서출지

신라의 불교와 토속 신앙

신라에 언제 어떻게 누가 불교를 전했는가는 지금까지 많은 연구가 있었습니다. 그 중 대표적인 것이 일연 스님의 견해로, 흥법 편의 「아도가 신라 불교의 기초를 놓다」 조에서 일연 스님은 눌지왕 때(417년~457년) 고구려에서 신라에 온 승려 묵호자가 처음 신라에 불교를 전한 것으로 결론지었습니다. 아도는 고구려 사람으로, 어려서 출가하고 열여섯 살 때 위魏나라에 가서 공부한 후 소수림왕 4년 374년 고구려로 돌아온 사람입니다. 눌지왕 때 고구려를 통해 북방 불교가 신라에 전래되었다는 것은 지금까지도 가장 유력한 설입니다.

이 설에 따른다면 신라 불교는 눌지왕 대, 신라와 고구려의 교류가 활발하던 때 수입되어 약 100년간 세력을 확장하다가 법흥왕(재위 514년~540년) 때 이차돈의 순교로 공인된 것입니다. 법흥왕 대에는 이미 불교를 인정하지 않을 수 없을 만큼 많은 사람들이 믿었기 때문에 공인된 것이라면, 눌지왕과 법흥왕 사이의 백년은 불교의 세력이 확장되는 기간으로서 신라의 토속 신앙과 세련된 선진 문화인 불교가 부딪히고 갈등을 일으키던 기간입니다.

「거문고 갑을 쏴라」는 바로 이 갈등을 그린 이야기로 이해할 수 있습니다. 때는 비처왕 10년 그러니까 눌지왕 때로부터 약 50여 년의 세월이 흐른 뒤의 이야깁니다. 이야기는 쥐가 사람의 말을 하고, 까마귀와 돼지도 조연으로 등장하며, 연못에서 노인이 나타나 수수께끼와 같은 글을 전해 주는 등 매우 황당하게 시작됩니다. 그러나 거문고의 갑을 쏘라는 수수께끼와 같은 글은 결국 반역을 막기 위한 신령의 도움이었음이 밝혀집니다. 그 글의 의미를 해석하는 역할은 점을 치는 일관이 맡고 있습니다. 왕비와 간통한 파계승의 반역 음모를 적발하여 그들을 죽이고 나라의 평화는 지켜집니다. 그리고 정월 대보름의 찰밥 먹는 풍속이 이 일에서 유래된 것임을 밝힙니다.

이 이야기의 의미는 무엇일까요? 이것은 표면적으로는 신령의 도움으로 반역을 예방하였다는 이야기지만, 그 이면에는 불교의 확산을 막으려는 토속 신앙 진영의 공격과 불교 흠집 내기가 담겨 있습니다. 이 이야기는 토속 신앙 진영이 폭로한 파계승의 간통과 반역이라는 가장 자극적인 스캔들인 것입니다. 그러고 보면 연못에서 나온 노인과 일관은 토속 신앙을 상징하는 인물로서의 이미지가 더욱 확실해집니다.

그러나 이 이야기를 토속신앙과 불교의 종교적 갈등을 상징하는 것으로 해석하는 것은 지나친 확대해석일 수도 있습니다. 위서가 아닌지 의심받기는 하지만 『화랑세기』에는 소지왕(비처왕) 부인의 간통 사건이 자세히 그려집니다. 소지왕의 부인 이름은 선혜이고 같이 죽은 승려의 이름은 묘심이며 그 둘 사이에는 오도라는 딸이 있었다고 합니다. 이 오도는 최초의 화랑인 위화랑과의 사이에서 옥진과 금진이라는 두 딸을 낳고 그들은 법흥왕의 후궁이 되며 그 중 금진은 구리지라는 남자와 결혼하여 진흥왕 시대 최고의 화랑으로 존경받았던 사다함을 낳는 것으로 기록되어 있습니다. 『화랑세기』의 기록을 따른다면 이것은 종교의 갈등과 함께 그 시대의 자유로웠던 풍속을 그린 것으로 볼 수도 있습니다.

6.
지철로왕

지증왕 시대 두 가지 간단한 이야기가 담겨 있습니다. 왕의 커다란 성기와 울릉도 정벌 이야기입니다. 그런데 왕의 성기가 매우 컸다는 이 괴상한 이야기에도 숨은 뜻은 있습니다. 왜 커다란 성기가 그 시대 가장 중요한 이야기가 되었던 걸까요?

제22대 지철로왕의 성은 김씨이며 이름은 지대로 또는 지도로이다. 시호는 지증이라고 하였는데 시호[51]는 이때부터 시작하였다. 신라 말로 왕을 마립간이라고 한 것도 이 왕 때부터이다. 왕은 500년에 왕위에 올

51 시호(諡號): 임금이 죽은 후 그의 업적을 기려 올리는 이름이다. 조선 시대에는 왕뿐 아니라 왕비와 왕족 그리고 정2품 이상의 관리에게도 부여하였다. 중국 주나라에서부터 시작된 제도로 이것의 목적은 선악을 구별하여 후대에 권장과 징계를 전하기 위한 것이었으며, 한번 정해지면 새로 정할 수 없었다. 우리나라에서는 법흥왕이 아버지에게 봉한 지증智證이 처음이다.

랐다. 왕은 음경의 길이가 한 자 다섯 치가 되어 배필을 구하기가 어려웠다. 그래서 사신을 전국에 보내어 배필을 구하였다. 어느 날 사신이 모량부 동로수 아래에 이르렀을 때, 개 두 마리가 북만큼 큰 똥 덩어리를 양쪽에서 물고 다투는 것을 보았다. 마을 사람들에게 물으니 한 소녀가 말했다.

"모량부 상공의 딸이 빨래를 하다가 숲속에 숨어서 눈 것입니다."

사신이 그 집을 찾아가보니 그 여자의 키가 일곱 자 다섯 치나 되었다. 이 사실을 왕께 아뢰었더니 왕은 수레를 보내어 그 여자를 궁중으로 불러들여 황후로 삼았다. 여러 신하들이 모두 이를 경하하였다.

또 아슬라주 동해 바다에 순풍을 타고 이틀 걸리는 거리에 우릉도가 있었는데, 둘레가 2만6천7백30보였다. 섬에 사는 오랑캐들은 바닷물이 깊은 것을 믿고 교만하여 신하 노릇을 하지 않았다. 왕은 이찬 박이종에게 명하여 그곳을 정벌하게 하였다. 박이종은 나무로 사자를 만들어 큰 배에 싣고 그들을 위협했다.

"너희가 항복을 하지 않으면 이 짐승을 풀어 놓겠다."

섬의 오랑캐는 두려워서 항복을 하였다. 왕은 이종에게 상을 내리고 그 주의 우두머리로 삼았다.

– 기이 제1 지철로왕

울릉도

독도

지증왕 조는 두 개의 이야기만 간단히 소개되어 있습니다. 첫 번째는 그가 성기가 너무 커서 배필을 구할 수 없었고, 전국에서 적당한 여자를 찾다가 모량부 촌장의 딸이 체격이 장대하여 그녀를 짝으로 맞이했다는 이야기입니다. 두 번째는 이찬 박이종으로 하여금 울릉도를 정벌토록 하였는데, 꾀를 써서 인명 손실 없이 성공적으로 정벌했다는 이야기입니다. 특히 두 번째 울릉도 정벌 이야기는 독도가 임자 없는 섬이 아니라 우리가 신라 시대부터 그곳을 우리의 영토로 하였다는 증거로 거론되는 이야기입니다.

『삼국유사』 지증왕 조는 이렇게 간단히 두 개의 이야기로 되어 있지만, 그는 신라의 국력을 크게 키우고 신라를 진정한 고대 국가답게 체제를 정비한 임금입니다. 신라[52]라는 국호를 정한 것도 지증왕 때이고, 마립간을 버리고 왕이란 칭호를 처음 사용하였으며, 임금이 죽은 후 부여되는 시호가 처음 사용된 것도 지증왕부터입니다. 또 순장 제도를 폐지하고, 소를 이용하여 농사를 짓기 시작한 것도 이때부터라고 하며, 석빙고를 만들고, 큰 배를 제작한 것도 이때라고 합니다. 전국을 주, 군, 현으로 나누어 정비하고 울릉도를 정벌한 것도 이때입니다.

재위 15년 간 이렇게 많은 일을 하였는데, 왜 여기에는 괴상한 결혼 이야기와 울릉도 정벌 두 개의 이야기만 있을까요? 그리고 성기가 너무

---

52 『삼국사기』에는 "신新은 덕업을 새로이 한다는 뜻이고 라羅는 사방을 모두 포함한다는 뜻이 있다"고 설명되어 있다. 이전에 신라를 사라斯羅, 사로斯盧 등으로 부르다가 지증왕 때에 신라로 국호를 정하였다.

커서 결혼할 여자를 구하기 힘들었다는 것은 무슨 의미일까요? 『삼국사기』를 보면 지증왕은 64세에 왕위에 오릅니다. 따라서 지증왕이 왕위에 오른 뒤에 배필을 구했다는 이 이야기는 사실이 아닙니다. 왕위에 오르기 훨씬 전에 그는 모량부 촌장의 딸 박씨 연제부인과 결혼하였을 것입니다.

이 이야기는 지증왕 자신도 체격이 컸지만, 특히 부인인 박씨 연제부인이 체격이 매우 컸기 때문에 생긴 이야기로 보입니다. 왕비가 기골이 워낙 장대한 여자였다는 것이 당시에는 큰 화제 거리였고, 지증왕의 성기가 컸다는 것은 부인의 체격 때문에 생긴 소문으로 이해하는 것이 합리적이며, 그것이 아니라면 이 커다란 체격은 상징적인 의미를 갖는 것으로 해석해야 합니다.

이것은 모량부 촌장이던 박씨 가문의 세력이 크게 성장하였고 그 가문이 지증왕의 왕위 등극에 큰 역할을 하였다는 뜻으로 읽을 수 있습니다. 그런 점에서 왕비의 체격이 매우 컸다는 것은 그녀 가문의 세력이 매우 강했음을 말하는 상징적 표현이며, 그들의 엄청난 체격은 곧 그 시대에 와서 왕권이 크게 강해졌음을 상징하는 이야기입니다. 처가의 힘을 빌려 왕위에 오르긴 하였지만 지증왕은 강력한 왕권을 바탕으로 울릉도를 정벌하였으며 그의 아들 법흥왕은 신라를 고대국가의 체제를 갖춘 나라로 만들 수 있었습니다. 이런 업적에도 불구하고 그의 신체적 특징이 가장 중요한 이야기가 된 이유는 처가 세력의 힘과 그의 강력한 왕권이 그의 시대에는 가장 중요한 이야깃거리였기 때문일 겁니다.

박이종이 사자 인형을 이용하여 울릉도를 정벌한 이야기는 『삼국사기』에도 똑같이 등장합니다. 다만 주인공이 박이종이 아니라, 내물왕의 4세손 이사부로 되어 있죠. 이사부는 지증왕에서 진흥왕 대에 걸친 신라의 대표적인 장수로, 「열전」에도 등장하는 유명한 인물인데 내물왕의 자손이므로 당연히 김씨입니다. 그러나 『삼국유사』에는 모친의 성을 따 박이종으로 부른다는 것도 흥미롭습니다. 이사부의 신라 발음은 '잇부'이고 이끼 태(苔) 자를 써 '태종'으로 부르기도 하며 『일본서기』에는 이질부예지(利叱夫禮智)로 나오기도 합니다만, 왜 박이종이 되었는지 정확한 이유는 아직도 모릅니다.

느지막이 왕위에 올랐지만 강력한 왕권을 수립하고 여러 가지 개혁정책을 실시하였으며 변경을 확대하여 영토를 늘린 임금, 분명 위대한 임금의 대열에 끼일 만도 하였지만, 해괴하고 코믹한 결혼 이야기가 그를 대표하는 이미지가 된 이유는 무엇일까요? 모량부 박씨 가문을 대표하는 그의 부인 연제부인 박씨가 상당한 권력을 지니고 있었고 지증왕 때의 정치가 상당 부분 그녀가 직접 관여한 것이었다는 것은 이제 거의 사실로 인정됩니다. 그렇다면 지증왕의 커다란 성기 이야기는 마누라에게 잡혀 살던 인간, 공처가를 희화화한 이야기일 수도 있고, 어쩌면 정반대로 그의 능력을 칭송한 이야기일 수도 있습니다. 어쩌면 그는 정말 희대의 공처가였던 것은 아닐까요?

7.
원종이 불법을 일으키고 염촉이 몸을 바치다[53]

법흥왕 때 있었던 이차돈의 순교는 권 제3 흥법 편에 있습니다. 기이 편에는 법흥왕이 아예 등장하지 않습니다. 법흥왕은 27년이나 왕위에 있었지만 『삼국사기』를 보아도 이차돈의 순교 이야기가 대부분을 차지하고 있습니다. 법흥왕은 율령을 반포하고 금관가야를 신라에 편입시킨 왕입니다. 율령은 형법과 행정적 법규로서 이것을 선포했다는 것은 고대 국가 체제의 완성을 의미하며, 가야를 복속시킨 것은 신라가 국력이나 영토의 크기에서 이제 백제와 대등하게 되었다는 것을 의미합니다.

그럼에도 불구하고 이차돈의 순교와 불교의 공인은 이 시대 가장 충격적인 사건이었습니다. 이 사건은 불교가 주류 문화로 자리 잡아 가는 과정에서 고구려나 백제에서는 크게 문제시되지 않았던 거부감이 신라

53 원종(原宗), 염촉(厭髑): 원종은 법흥왕, 염촉은 이차돈을 가리킨다.

에서는 상당히 강력했기 때문에 일어난 것입니다. 그만큼 신라가 고구려나 백제에 비해 보수적이고 토속 신앙의 뿌리가 깊었으며 국제 문화의 충격에 면역이 되어 있지 않았다는 뜻입니다.

「신라본기」에 "법흥왕이 즉위한 지 14년 527년에 낮은 신하 이차돈이 불법을 위하여 몸을 바쳤다."고 했으니 이때가 서천축의 달마대사가 금릉[54]에 온 해이기도 하다. 또 이 해에는 낭지법사가 처음으로 영취산에서 설법을 했던 해이기도 하다. 이를 보면 불교의 흥하고 쇠하는 것도 반드시 중국과 신라에서 같은 시기에 서로 감응했다는 것을 알 수가 있다.

806년에서 820년 사이에 남간사의 승려 일념이 『촉향분례불결사문』을 지었는데 여기에 이 사실이 자세히 실려 있다. 그것은 대략 이러하다.

옛날에 법흥 대왕이 자극전에서 왕위에 올랐을 때 동방을 살펴보고 말했다.

"옛날 한나라 명제가 꿈에 감응하여 불법이 동쪽으로 흘러 들어왔다. 내가 왕위에 오른 뒤로 백성들을 위해 복을 닦고 죄를 없앨 곳을 마련하고자 한다."

그러나 조정의 신하들은 왕의 깊은 뜻을 헤아리지 못하고 오로지 나라를 다스리는 대의만을 지키고 절을 세우겠다는 신령한 생각을 따르

54 금릉(金陵): 지금의 중국 남경이다.

지 않으므로 대왕은 탄식했다.

"아아! 과인은 덕이 없이 왕업을 이어 받아 위로는 음양의 조화를 이루지 못하고 아래로는 백성들의 즐거워함이 없도다. 정사를 보는 틈틈이 불교에 마음을 두었으나 누구와 더불어 일을 할까?"

이때 마음을 닦은 사람으로 성은 박씨 자는 염촉이라 하는 자가 있었는데 그의 아버지는 자세히 알 수 없고 할아버지는 습보갈문왕의 아들 아진 종이다.

그는 대나무와 잣나무 같은 성품으로 물과 거울 같은 뜻을 품었으며, 선행을 쌓은 집안의 증손으로서 궁 안에서 왕을 보좌하는 무신이 되기를 희망했고 조정의 충신으로서 나라가 태평한 시절에 벼슬길에 오를 것을 기대했다. 그때 그의 나이 22세로 사인 벼슬에 있었는데 법흥왕의 얼굴을 보고는 그 심정을 알아차리고 아뢰었다.

"신이 듣자오니 옛 사람은 나무를 베는 나무꾼에게도 계교를 물었다고 하오니 신은 큰 죄를 무릅쓰고 아뢰고자 합니다."

왕이 말했다.

"네가 할 만한 일이 아니다."

사인이 말했다.

"나라를 위해 몸을 바침은 신하로서 큰 절개이오며, 임금을 위하여 목숨을 바침은 백성의 바른 의리입니다. 거짓된 말을 전한 죄로 신의 목을 베면 만백성이 복종하여 왕의 말씀을 감히 어기지 못할 것입니다."

왕이 말하였다.

“시비왕[55]이 고행을 할 때에 자신의 살을 베어도 새 한 마리를 살리려 피를 뿌리고 스스로 목숨을 끊어도 짐승 일곱 마리를 불쌍히 여겼다. 나의 뜻은 백성을 이롭게 하려는 것인데 어찌 죄 없는 사람을 죽이겠느냐? 너는 비록 공덕을 남기려 하지만 죽음을 피하는 것만 못할 것이다.”

왕의 만류에 사인이 말했다.

“버리기 어려운 것 중에 목숨보다 더한 것은 없지만, 소신이 저녁에 죽어 아침에 불교가 행해진다면, 부처의 해는 중천에 뜨고 임금님께서는 영원히 평안하실 것입니다.”

왕이 말했다.

“난새와 봉황의 새끼는 어려서부터 하늘 높이 마음을 두고, 기러기와 고니의 새끼는 나면서부터 물결을 헤칠 기세를 품었다 하더니, 만약 네가 그렇게 할 수 있다면 가히 큰 성인의 행동이라 할 수 있으리라.”

그리하여 법흥왕은 일부러 위엄을 갖추고 동서남북에 무시무시한 형구를 벌여놓고 여러 신하들을 불러 물었다.

“내가 절을 지으려 하는데 그대들이 일부러 이를 늦추는 이유가 무엇이냐?”

여러 신하들이 벌벌 떨며 두려워하여 그러지 않았다고 황급하게 맹

55 석가모니가 전생에 임금이었을 때의 칭호. 매에게 쫓기는 비둘기를 위하여 자기의 살을 베어서 매에게 주어 비둘기를 구했다 한다.

세하고 손으로 동쪽과 서쪽을 가리켰다. 왕이 사인을 불러 꾸짖자 사인은 얼굴빛이 변하면서 아무런 대답도 하지 못했다. 대왕이 크게 노하여 목을 베라고 명령하니 관원들이 그를 묶어 관아로 끌고 갔다.

사인이 맹세하고, 옥리가 그의 목을 베자 흰 젖이 한 길이나 솟구치며 하늘은 어두워져 석양이 빛을 감추고 땅이 진동하고 비가 내렸다. 임금이 슬퍼하여 눈물이 용포를 적시고, 재상들은 근심되어 진땀이 관에 배었다. 샘이 문득 마르니 물고기와 자라가 갑자기 뛰어 오르고 곧은 나무가 부러져서 원숭이들이 떼 지어 울었다. 춘궁에서 나란히 서서 기다리던 사인의 친구들은 피눈물을 흘렸고, 궁궐에서 소매를 잡고 있던 친구들이 관을 쳐다보며 이별을 슬퍼하여 우는 소리가 부모를 잃은 것과 같았다.

그들은 모두 말하였다.

"개자추[56]가 다리의 살을 벤 일도 염촉[57]의 고절에 비할 수 없고, 홍연[58]이 배를 가른 일도 어찌 그의 장렬함에 비할 수 있겠는가? 이것은

---

56 개자추(介子推): 춘추시대 진나라 문공 때의 사람. 문공의 아버지 헌공에게 추방되었을 때 19년간 망명길에 동행하여 굶주리던 문공에게 자기 허벅지의 살을 베어 먹였다. 후에 귀국하여 문공이 그를 등용하지 않자 면산에 들어갔다. 문공이 잘못을 뉘우치고 산에 불을 질러 나오도록 하였으나 나오지 않고 타죽었다.

57 염촉과 이차돈: 이차돈은 그의 이름을 소리 나는 대로 한자로 쓴 것이다. 여기서 이차는 신라 말로 '싫다'는 뜻이므로 이것을 뜻으로 쓰면 싫을 '염厭'이 된다. '촉'은 '돈'과 비슷한 발음이었다고 한다. 결국 소리 나는 대로 쓴 것이 '이차돈', 뜻으로 쓴 것이 '염촉'이다.

58 홍연(弘演) -춘추시대 위나라 사람. 적인狄人이 위를 공격하여 의공을 죽이고 간만

바로 대왕의 믿음을 붙들어서 아도의 본심을 성취시킨 것이니 참으로 성자로다!"

마침내 북산 서쪽 고개에 장사지냈다. 아내가 이를 슬퍼하여 좋은 곳을 가려서 절을 세우고 이름을 자추사라 했다. 이로부터 집집마다 이 절에서 예를 올리면 대대로 영화를 누리고, 사람마다 불도를 행하면 불법의 이로움 얻게 되었다.

진흥대왕 즉위 5년 544년에 대흥륜사를 창건하였다. 547년에 양나라의 사신 심호가 석가의 사리를 가져오고, 565년에 진陳나라 사신 유사가 승려 명관과 함께 불경을 가지고 오니 절이 별처럼 늘어서 있고 탑이 기러기처럼 줄을 지었다. 법당을 세우고 범종도 달자, 고승은 천하의 복을 낳게 하는 밭이 되고 대승 소승의 불법은 자비로운 구름처럼 온 나라를 덮었다. 다른 지방의 보살이 세상에 나타나고 서역의 고승들이 이 땅에 오니, 이로 하여 삼한이 합하여 한 나라가 되고 사해가 합하여 한 집이 되었다. 그러므로 그의 공덕을 하늘에 쓰고, 신이한 행적은 은하수에 그림자를 비추니 이것은 세 성인 아도, 법흥왕, 염촉의 덕이 이루어진 것이 아니겠는가?

– 하략

– 흥법 제3 원종이 불법을 일으키고 염촉이 몸을 바치다

남겨놓고 살은 다 먹었는데, 홍연은 사신으로 갔다가 돌아와 이를 보고, 자신의 배를 갈라 의공의 간을 자기 배에 넣고 죽었다고 한다.

이차돈 순교비

이차돈의 순교와 역사적 의미

신라 23대 법흥왕은 자신이 이미 불교 신자로서 불교를 국가의 통치 이념으로 받아들이고자 합니다. 그러나 신하들의 생각은 법흥왕과 다르고 법흥왕은 혼자의 힘으로 개혁을 하기는 어렵다고 생각하고 고민에 빠집니다. 신하들의 저항에 부딪혀 외로워진 법흥왕에게 이차돈이 접근합니다. 그는 자신의 목숨을 담보로 법흥왕을 설득합니다. 자신을 죽여 왕의 의지를 보이면 신하들이 감히 대들지 못할 거라는 계산입니다. 법흥왕은 이차돈의 계획을 받아들이고 절을 지으라는 왕의 명령을 거부

했다는 이유로 이차돈을 처형합니다.

이차돈이 처형될 때 땅이 진동하고 그의 목에서는 흰 피가 솟는데 이것에 놀라 불교에 적대적이던 신하들은 기가 꺾입니다. 아울러 불교를 장려하는 법흥왕의 강력한 의지도 만천하에 드러납니다. 결국 이 사건을 계기로 불교를 거부하는 세력은 힘을 잃고 불교는 공인되어 신라 사회의 주류 문화로 자리 잡습니다. 법흥왕과 왕비는 후에 스스로 머리를 깎고 불교에 귀의합니다.

일연 스님은 이 이야기를 일념이란 스님이 지은 『촉향분례불결사문』을 인용해 기록했습니다. 『삼국사기』 「법흥왕」 조에도 같은 내용이 전합니다. 내용은 거의 같습니다만, 이차돈의 처형 되는 이유만 조금 다릅니다. 『삼국사기』에서도 이차돈과 법흥왕이 미리 입을 맞춥니다. 왕이 불교를 받아들이는 것이 어떠냐고 신하들을 모아 묻자, 모든 신하가 불교를 받아들여서는 안 된다고 하는데 오직 이차돈만이 나서서 불교를 옹호합니다. 이차돈 홀로 의견이 다르다는 이유로 그를 처형하는데, 그때 이차돈의 목에서 나온 흰 피를 보고 불교를 비방하는 사람들이 사라졌다는 이야기입니다.

부분적으로는 조금 다르나 결국 이차돈 순교 사건의 의미는 동일합니다. 불교가 민간에 광범위하게 퍼져 나가던 시대, 임금은 이 선진 문물을 국가의 통치 이념으로 삼고자 합니다. 그 목적은 단순히 국가의 주류 문화를 불교로 하겠다는 데에만 있는 것이 아닙니다. 임금이 적극적으로 불교를 장려하고, 그를 위해 희생양을 필요로 했으며, 그 희생양과 미리 각본을 짜고 처형까지 한 것은 불교로 신라의 정체성을 삼고 그때까지 강하게 유지되던 6부족 체제를 이념적으로 통일하겠다는 계산된 정치적 행위입니다. 이것은 6부의 토착 귀족의 권한을 약화시키는 것이며 동시에 왕권강화를 위한 전략이기도 했습니다. 삼국시대 불교 중에서 특히 신라의 불교가 호국 불교적 성격이 강하다는 것과 왕이 불교를 적극적으로 수용하고 장려했다는 것은 우연의 일치가 아닙니다.

이차돈이 정말로 법흥왕과 비밀 거래를 했을까요? 『삼국유사』와 『삼국사기』 두 문헌이 거의 똑같이 순교의 배경을 그리는 것을 보면 이차돈의 순교는 법흥왕이 정치적 목적에서 의도했던 일이 분명합니다. 결국 법흥왕의 의도대로 신라는 왕부터 최하층 천민까지 불교라는 하나의 구심점을 갖게 되고 그 중심에서 왕은 확실한 리더십을 발휘할 수 있게 되었습니다.

신라는 본래 6부족의 연합에서 출발한 국가로 삼국 중 국민들의 단합의 끈이 가장 느슨하고 왕권도 가장 약하던 나라였습니다. 그러나 불교라는 선진 문화를 이용하여 가장 강하게 단결할 수 있었고 그 힘을 바탕으로 결국 삼국의 통일이라는 대업까지 이룩할 수 있었던 것입니다. 신라가 삼국을 통일 할 수 있었던 이유가 이것 하나만은 아니겠지만, 후진국 신라가 백제 고구려와 대등한 국가로 올라설 수 있었던 데에는 이념의 통일이라는 요인이 무시할 수 없는 힘을 발휘한 것은 분명합니다.

그런 점에서 이차돈의 순교와 법흥왕의 불교 공인은 신라 역사에서 중요한 전환점이었습니다. 이념의 통일과 강력한 왕권, 그 계기가 된 것이 바로 이차돈의 순교였으며 불교의 공인이었던 것입니다. 대단히 중요한 역사의 전환점에서 지렛대 역할을 한 사람이 염촉, 바로 이차돈이었던 것입니다.

8.
도화녀와 비형랑

진흥왕에게는 두 아들이 있었습니다. 큰아들이 태자인 동륜, 둘째가 사륜(금륜)이었는데 『화랑세기』에는 동륜이 아버지인 진흥왕의 후궁이던 보명궁주와 사통하여 밤에 그녀의 집 담을 넘어가다가 개에 물려 죽었다고 합니다. 아무튼 태자인 큰아들이 죽어 둘째 아들 사륜이 왕위에 오르니 그가 진지왕입니다. 진지왕은 재위 4년 만에 동륜의 아들인 진평왕에 의해 쫓겨나 『삼국사기』에도 기록이 그리 많지 않습니다. 그러나 많지 않은 기록이긴 하지만 『삼국유사』에 그려진 것처럼 음란하여 정사를 망쳤다는 기록은 전혀 없습니다. 백제의 침공을 막고 중국 남조의 진陣나라에 사신을 보냈다는 기록이 전부입니다.

그런데 일연 스님은 왜 그가 음란하여 정사를 망쳤다고 기록했을까요? 그리고 왜 그는 재위 4년 만에 폐위되어 죽을까요?

제25대 사륜왕의 시호는 진지대왕으로 성은 김씨이며 왕비는 기오공의 딸인 지도부인이다. 576년에 왕위에 올라 4년 간 나라를 다스렸는데 정사가 어지럽고 음란하여 나라 사람들이 그를 폐위시켰다.

이보다 앞서 사량부 민가의 여인이 얼굴이 매우 아름다웠으므로 사람들이 도화랑이라고 불렀다. 왕이 이 소문을 듣고 궁중에 불러와서 욕심을 채우려 하니 여인이 말하였다.

"여자가 지켜야 할 일은 두 남편을 섬기지 않는 것입니다. 남편이 있는데 다른 사람에게 시집을 가는 것은 황제의 위엄으로도 마음대로 하지 못할 것입니다."

왕이 말하였다.

"너를 죽인다면 어떻게 할 것이냐?"

여인이 대답하였다.

"차라리 길거리에서 죽음을 당하더라도 다른 마음을 갖는 것은 원치를 않습니다."

왕이 희롱하여 말하였다.

"네 남편이 없으면 되겠느냐?"

"되겠습니다."

왕은 그를 보내주었다.

이 해에 왕이 폐위되어 죽고 2년 후에 도화랑의 남편도 죽었다. 열흘이 지난 어느 날 밤중에 홀연히 왕이 생시와 똑같은 모습으로 여인의 방에 들어와 말하였다.

"네가 예전에 약속한 것처럼 이제 남편이 없으니 되겠느냐?"

여인이 쉽게 허락하지 않고 부모에게 이 사실을 고하니 부모가 말하였다.

"임금의 명령인데 어찌 피할 수 있겠느냐."

그리고 딸을 왕의 방에 들어가게 하였다.

왕이 7일 동안 머물렀는데 늘 오색구름이 집을 덮고 향기가 방안에 가득하였다. 7일 후에 왕이 홀연히 사라졌다. 여인은 이내 태기가 있어 달이 차 해산을 하려 할 때에 천지가 진동을 하는 가운데 한 사내아이를 낳으니 이름을 비형이라고 하였다.

진평대왕은 그 아이가 매우 비상하다는 말을 듣고 아이를 궁중으로 데려다 길렀다. 나이가 15세가 되자 왕은 집사라는 벼슬을 주었다. 비형이 밤마다 멀리 나가서 놀곤 하므로, 왕이 날랜 병사 50명을 시켜 지키게 하였다. 그러나 비형은 번번이 월성을 날아 넘어서 서쪽 황천 언덕 위에 가서 귀신들을 데리고 놀았다. 병사들이 숲속에 매복하여 엿보니 귀신들이 여러 절에서 울리는 새벽 종소리를 듣고 흩어지면 비형랑도 또한 돌아오는 것이었다.

병사들이 이 사실을 왕께 보고하니 왕이 비형에게 불러 물었다.

"네가 귀신의 무리를 이끌고 논다는 것이 사실이냐?"

형랑이 대답했다.

"그렇습니다."

왕이 말했다.

"그러면 네가 귀신들을 시켜 신원사의 북쪽 개천에 다리를 놓아라."

비형은 왕명을 받들고 귀신을 시켜 돌을 다듬어 하룻밤 사이에 큰 다리를 놓았다. 그래서 그 다리를 귀교라고 한다.

왕이 또 물었다.

"귀신들 중에서 인간에 나와 정치를 도울만한 자가 있느냐?"

비형이 대답했다.

"길달이란 자가 있사온데 국정을 도울 만합니다."

왕이 말하였다.

"데리고 오너라."

이튿날 비형이 길달을 데리고 오니 왕이 집사라는 벼슬을 내렸다. 길달은 과연 충직하기가 비할 바가 없었다. 이때 각간 임종이 자식이 없었으므로 왕이 그를 아들로 삼도록 하였다. 임종은 길달에게 흥륜사 남쪽에 문을 짓게 하였더니, 길달은 밤마다 그 문에 가서 잤으므로 그 문을 길달문이라 불렀다.

하루는 길달이 여우로 변하여 도망가자 비형이 귀신을 시켜 그를 잡아 죽였다. 그리하여 귀신들은 비형의 이름만 듣고도 두려워 달아났다. 당시의 사람들이 이렇게 글을 지었다.

성스런 임금의 혼이 아들을 낳으니
여기가 비형랑의 집이로다.

날뛰는 잡귀의 무리들아
이곳에 함부로 머물지 말지어다.

민간에서는 이 글을 붙여서 잡귀를 쫓는다.

– 기이 제1 도화녀와 비형랑

월성

진흥왕의 둘째 아들 진지왕은 정사가 음란하여 폐위되었다고 합니다. 그러나 『삼국사기』에 그가 음란했다는 구체적인 증거는 없습니다.

그가 쫓겨나고 그의 조카인, 동륜의 아들 진평이 왕위에 올랐다는 사실을 고려하면 그는 왕권 다툼에서 패배하여 왕위에서 쫓겨나고 죽었을 가능성이 큽니다. 그런 까닭에 그에게는 음란하여 정치를 그르쳤다는 오명이 씌워졌다는 해석이 가능합니다. 기록은 언제나 승자의 편이니까요. 『삼국유사』의 진지왕 조는 그 점을 염두에 두고 읽어야 합니다.

비운의 영웅, 진지왕

진지왕은 절세미인 도화녀를 궁에 부릅니다. 그러나 임금과 도화녀의 대화는 그렇게 강압적인 분위기는 아닌 듯합니다. 그리고 짐짓 지나가는 듯 물어보는, 남편이 없다면 되겠느냐는 말은 이야기의 복선으로 깔립니다. 사건은 진지왕이 죽고 도화녀의 남편도 죽은 뒤에 벌어집니다. 죽은 임금의 혼령이 찾아와 도화녀의 집에 일주일간 머무는데 오색구름이 덮이고 향기가 가득하여 사뭇 신비한 분위기가 절정을 이룹니다. 그리고 태어난 아이가 반쯤 인간이고 반쯤은 귀신인 특별한 인간입니다. 이 이야기에 담겨 있는 진지왕의 이미지는 음란하기보다는 분명 점잖고 인간적이며 신비한 사람입니다.

비형랑은 진지왕이 궐 밖의 평민 여자에게서 얻은 아이로 볼 수 있습니다. 그런데 그는 죽은 왕의 자식답게 보통의 인간은 생각할 수 없는 신비한 능력을 지닙니다. 귀신을 마음대로 부린다는 것으로 보아 그는 탁월한 능력을 지닌 무당이었을 가능성이 있습니다. 진평왕은 그를 데려다 키우고 벼슬까지 내립니다. 사실 진평왕과 그는 사촌 형제간입니다.

그는 자신의 능력을 발휘하여 하룻밤 새에 개천에 다리를 놓습니다. 그리고 자신의 무리 중에서 길달이란 귀신을 추천하기도 하고 그가 달아나자 잡아다 죽이기까지 합니다. 민간에서 그를 칭송하는 노래를 부르고 그 노래를 문에 붙여 귀신을 쫓는 풍속까지 있었다는 것을 보면 그는 민간에서는 꽤나 존경받는 무당이었음이 틀림없습니다.

그렇다면 이 이야기의 의미는 무엇일까요? 이것은 진지왕의 음란함을 증명하는 걸까요? 이 이야기는 오히려 진지왕에게 신비한 무엇이 있다고 말하고 있습니다. 그의 아들이 귀신을 부릴 만큼 신비한 능력이 있다면 아버지야 말해 무엇 하겠습니까? 그리고 그가 귀신이 되어 생전에 이루지 못한 꿈을 완성하러 나타나는 것을 보면 그는 억울하게 죽었을 가능성이 큽니다. 보통 억울하게 죽은 인간이 저승으로 바로 가지 못하고 인간 세계를 서성인다고 하죠.

진지왕과 비형랑의 이야기는 민간에서 진지왕을 어떻게 보았는지, 그리고 그가 왜 특별한 이유 없이 4년 만에 폐위되었는지에 관해 암시하고 있다는 시각에서 접근해야 합니다. 그것이 그와 관련된 가장 중요한 문제이기 때문이죠. 그는 사람들에게는 인간의 능력을 뛰어넘는 귀신과 같은 아들을 낳은 임금으로 받아들여집니다. 귀신을 마음대로 부리고 그 능력으로 하룻밤에 개천에 다리를 놓았다는 것, 그리고 그를 칭송하는 노래가 지어졌고, 잡귀를 막기 위해 그 노래를 문에 붙였다는 것은 비형랑이 민간에서는 신적인 인물로 받아들여졌다는 것을 의미합니다. 그 아버지도 일찍 죽지만 않았다면 당연히 그보다 더한 일도 해냈을 인물이 되었겠죠.

진지왕의 시대는 이미 신화의 시대는 아닙니다. 알에서 태어났다거나 하늘에서 내려왔다는 이야기는 더 이상 통하지 않는 시대입니다. 이제는 능력으로 증거를 보여야 사람들에게 먹히는 시대입니다. 진지왕의 이야기는 이런 인간의 시대에 만들어진 그 시대의 신화가 아닐까요? 신과 통하는 무당이란 인간의 시대에도 사라지지 않고 끈질기게 남아 숨 쉬고 있는 신화의 잔재입니다. 신화가 만들어지고 소통되는 시대였다면 비형랑과 같은 무당은 곧 신이 되었겠죠.

비형랑이 신령스런 무당이었다는 사람들의 믿음은 그와 그의 아버지 진지왕을 사람들이 어떻게 보았던가를 나타냅니다. 사람들의 믿음 속에 있는 그는 신화의 시대가 지난 뒤에 나타난 신적인 인물이며 왕권 다툼에 밀려 4년 만에 왕위에서 물러난 불운한 임금이었습니다. 시대를 잘못 태어난 비운의 영웅, 이것이 도화녀와 비형랑 조의 감춰진 의미입니다. 그리고 이렇게 비운에 간 영웅의 손자는 그야말로 인간적인 능력, 외교의 힘을 발휘하여 왕위에 오르고 삼국 통일의 기반을 놓게 되니, 그가 바로 태종 무열왕입니다.

9.
하늘이 내린 옥대

진평왕은 진흥왕의 태자 동륜의 아들입니다. 삼촌인 진지왕을 재위 4년 만에 폐위시키고 왕위에 올라 그는 무려 54년을 왕위에 있습니다. 그는 왕위에 오르자마자 두 동생들을 갈문왕에 봉하고 왕권을 굳건히 합니다. 그의 재위 54년은 굳건한 왕권을 바탕으로 바야흐로 신라의 황금기가 막 시작되는 시기입니다.

제26대 백정왕의 시호는 진평대왕으로 성은 김씨이다. 579년 8월에 왕위에 올랐는데 키가 11척이나 되었다. 하루는 내제석궁에 행차 할 때에 섬돌을 밟으니 세 개가 한꺼번에 부서졌다. 왕이 좌우의 사람들을 돌아보며 말하였다.

"이 돌을 다른 곳으로 옮기지 말고 후세의 사람들이 보도록 하라."

이것이 바로 성안에 있는 다섯 개의 부동석不動石 중의 하나이다. 왕이 즉위한 원년에 천사가 궁전 뜰에 내려와 말하였다.

"상제께서 나에게 명하여 이 옥대를 전해 주라고 하셨습니다."

왕이 친히 무릎을 꿇고 그것을 받으니 천사가 하늘로 올라갔다. 큰 제사 때에는 언제나 이 허리띠를 매었다.

훗날 고구려 왕이 신라를 정벌하려 할 때 이렇게 말하였다.

"신라에 세 가지 보물이 있어 침범할 수 없다고 하는데 그것이 무엇인가?"

"황룡사의 장육존상이 그 첫째요, 그 절의 9층탑이 둘째이며, 진평왕의 천사옥대가 그 셋째입니다."

이에 신라를 공격할 계획을 그만두었다.

찬양하여 말한다.

구름 밖 하늘이 주신 옥대는
우리 임금의 곤룡포와 맞춤이네
우리 임금 몸이 더욱 무거우니
내일 아침에는 쇠로 섬돌을 만들어야겠네.
– 기이 제1 하늘이 내려 준 옥대

황룡사지

인간의 신격화와 신라인의 자긍심

54년이라는 재위 기간, 그리고 시대의 중요성을 생각하면 진평왕 조에 실린 이야기는 매우 빈약합니다. 내용은 제목에 있듯 하늘이 옥으로 된 허리띠를 내린 일과 진평왕이 체격이 크고 몸이 무거워 섬돌이 깨어졌다는 것 둘 뿐입니다.

실제로 그가 얼마나 기골이 장대했는지는 알 수 없습니다. 『삼국사기』에는 물론 그의 신체에 관한 언급이 전혀 없습니다. 『삼국유사』에서 자주 발견되는, 체격이 장대하다는 표현은 그 주인공의 위대성을 강조하는 상투적 수법입니다. 고대 사회에서 체격이 장대하다는 것은 곧 강한 힘을 의미하며 그 시대에는 그것만으로도 바로 숭배의 대상이 될 수 있었기 때문일 겁니다. 그가 섬돌을 밟아 깨뜨렸고 그것을 그대로 두어 후세 사람들이 보게 했다는 대목은 그의 위대성을 강조하려는 순진한 발상입니다. 그리고 이것은 집권층에 의해 의도적으로 만들어지고 유포된 이야기일 가능성도 큽니다.

하늘이 그에게 커다랗고 화려한 허리띠를 내렸다는 대목도 기본적인 발상은 체격을 강조하는 것과 다르지 않습니다. 재미있는 것은 임금이 하늘에서 내려온 인간, 혹은 알에서 태어난 인간이라고 말하는 것은 이제 더 이상 믿어지지 않는 사회가 되었다는 점입니다. 그래서 하늘이 내렸다고 하는 신비한 보물이 그 역할을 대신하게 된 것이죠. 신라의 이 보물 때문에 고구려가 정벌 계획을 취소했다는 것 역시 참으로 순진한 발상이며, 지배층이 지어낸 이야기임이 분명하지만, 사람들이 이 이야기를 얼마나 믿었을지 궁금하기도 합니다.

이런 보물이 신라에서는 후대에 하나 더 만들어집니다. 신문왕 대에 만들어진 만파식적이라는 피리인데, 이런 이야기가 만들어졌다는 것은 신라인이 신라의 문화에 상당한 자긍심을 지니고 있었고, 그것들이 자신들을 지켜준다고 어느 정도 믿었기 때문에 있을 수 있었던 이야기입니다. 그들은 신라를 부처의 이상향이 실현되는 나라로, 그리고 하늘이 신이한 물건을 내려 지켜주는 나라로, 그리고 돌아가신 임금님의 피리가 근심을 잠재워주는 나라로 믿고 살았던 것입니다. 실상이야 어떻든 그런 믿음이 정말 있었다면 그것만으로도 그 나라는 살만한 나라가 아니었을까요?

10.
무왕

무왕은 백제 30대 임금으로 백제의 마지막 왕인 의자왕의 아버지입니다. 그의 아버지는 29대 법왕이며 할아버지는 28대 혜왕이라고 합니다. 27대 위덕왕은 웅진에서 사비성으로 수도를 옮긴 성왕의 아들로 신라와 고구려의 공격을 굳건히 막아내며 45년간 재위합니다. 그러나 위덕왕의 동생인 혜왕과 그의 아들인 법왕은 무슨 까닭인지 모두 1년을 넘기지 못하고 죽습니다. 그리고 다음이 바로 무왕인데 그는 42년간 재위하며 수·당과 외교 관계를 맺고 신라와 고구려를 상대로 치열하게 싸운 임금입니다. 그는 신라와 고구려를 수없이 선제공격하였으며 전체적으로 우열을 가리기 힘들만큼 대등하게 싸웠습니다. 그런데 그의 아내가 진평왕의 셋째 딸 선화라는 믿기 힘든 이야기입니다.

제30대 무왕의 이름은 장璋이다. 그의 어머니가 과부가 되어 부여 남쪽의 못가에 살았는데 그 못 속의 용과 관계를 맺어 장을 낳았다. 어릴 때의 이름은 서동이라 불렸는데, 재주가 뛰어나고 도량이 넓어 헤아리기 어려웠다. 항상 마[薯, 서]를 캐다 팔아 생계를 꾸렸으므로 사람들이 그것으로 이름을 삼았다. 신라 진평왕의 셋째 공주인 선화가 무척 아름답다는 소문을 들은 서동은 머리를 깎고 서라벌로 가 동네 아이들에게 마를 먹이며 친하게 지냈다. 그리고는 동요를 지어 아이들에게 부르게 하였는데 그 노래는 이러하다.

선화공주님은
남몰래 얼어두고
서동방을
밤에 몰래 안고 간다.

동요가 서라벌에 널리 퍼져 대궐에까지 알려지게 되었다. 백관들이 임금에게 간곡히 간하여 공주를 먼 곳으로 귀양 보내도록 했다. 공주가 떠나려 하자 왕후는 순금 한 말을 주어 노자에 쓰도록 했다. 공주가 유배지에 다다르게 될 즈음 서동이 나타나 공주에게 절하며 모시기를 청했다. 공주는 그가 어디서 온지는 알지 못했지만, 우연한 만남을 기뻐하며 그를 믿고 따라가 정을 통하게 되었다. 그런 후에 서동의 이름을 알고 동요의 영험을 알게 되었다. 공주는 서동과 함께 백제로 와 어머니가 준 금을 꺼내놓고 살아갈 계획을 세우려는데, 서동이 껄껄 웃으며 물었다.

"이게 무엇이오?"

공주가 말했다.

"이것은 황금인데 평생 부를 누릴 수 있습니다."

"내가 어려서부터 마를 캐던 곳에 이것이 흙처럼 많이 쌓여 있소."

공주가 이 말을 듣고 크게 놀라며 말했다.

"이것은 천하제일의 보배입니다. 당신이 지금 금이 있는 곳을 아신다면, 그것을 우리 부모님이 계신 대궐로 보내는 것이 어떻겠습니까?"

"좋소."

그래서 금을 산더미처럼 쌓아 놓고는 용화산 사자사의 지명법사를 찾아가 이것을 보낼 방법을 물었다. 법사가 말했다.

"내가 신통력으로 보내 줄 테니 이리 가져오시오."

이리하여 공주가 쓴 편지와 함께 금을 사자사 앞에 옮겨 놓았다. 법사는 신통력으로 그 금을 하룻밤 새에 신라 궁중으로 보냈다. 진평왕은 그 신비스러운 변화를 이상히 여겨 서동을 더욱 존경했으며, 늘 편지를 보내어 안부를 물었다. 이로부터 서동이 인심을 얻어 왕위에 올랐다.

어느 날 무왕이 부인과 함께 사자사에 가려고 용화산 밑 큰 연못가에 닿으니 미륵삼존이 연못에서 나타나므로 수레를 멈추고 절을 했다. 부인이 왕에게 말했다.

"이곳에 큰 절을 세우는 것이 저의 소원입니다."

왕이 절 세우는 것을 허락하고 지명법사에게 가서 연못을 메울 일을 의논했다. 이에 법사는 신통력으로 하룻밤 사이에 산을 헐고 못을 메워 평지를 만들었다. 여기에 미륵삼존의 상을 만들고, 회전과 탑과 낭무를 각각 세 곳에 세우고, 절 이름을 미륵사라 했다. 진평왕이 여러 기술자들을 보내어 절 만드는 일을 돕도록 했는데 그 절은 지금도 남아 있다.

– 기이 제2 무왕

익산 미륵사지

애증 관계, 백제와 신라의 아이러니

일연 스님은 이 이야기를 현재 전하지 않는 어떤 옛 전기를 토대로 기록한 듯합니다. 기록에는 무강왕으로 되어 있으나 백제에 무강왕이 없으니 무왕일 것이며, 무왕이 『삼국사기』에는 법왕의 아들이라고 되어 있는데 여기서는 과부의 자식이라고 되어 있다고 일연 스님은 이야기의 처음과 끝에 해설을 붙였습니다. 이 설명은 이 전기가 사실이라고 보기는 어렵다는 점을 일연 스님 스스로 넌지시 밝히고 있는 것입니다.

그러나 『삼국유사』의 모든 기록이 그렇듯 이것도 사실 여부는 그리 중요하지 않습니다. 문제는 이 이야기가 사실로든, 혹은 뜬소문으로든, 사람들에게 전해지고 있었다는 점이며 그것이 사람들 입에 오르내린 데에는 그만한 이유가 있었으리라는 것입니다. 우리가 관심을 두어야 할 것은 이 이야기에 감춰진 의미가 무엇이며, 이 이야기가 사람들 입에 오르내렸던 이유가 무엇인가 하는 점입니다. 특히 이야기가 사실이 아니면 아닐수록 사실이 아닌 이야기가 만들어진 배경에 더욱 관심이 가는 것입니다.

이야기는 이렇습니다. 백제 익산 근처에 살던 과부가 연못의 용과 관계를 맺어 아이를 낳았습니다. 연못의 용이라면 물론 평범한 인물은 아닐 것인데, 가장 유력한 후보는 왕위에 오르기 전의 임금이거나 그와 대등한 권력가일 것입니다. 그러나 모계는 평민이거나 그 이하인 천민일 수도 있습니다. 이 기이한 출생담의 요지는 사실은 간단합니다. 그는 왕의 자식이되 서자로 태어났다는 이야기입니다. 그리고 역시 왕의 자식답게 대단한 능력을 지니고 태어났다는 이야기죠. 진지왕의 아들 비형랑과 같은 입장이라고 보면 틀림없을 겁니다. 일단 백제 법왕이 궐 밖 평민 여자에게서 얻은 자식이라고 보고 이야기를 따라가 봅시다.

그런데 이 당돌한 아이는 홀로 신라로 들어가 선화공주를 빼앗기 위한 치밀한 작전을 세우고 행동에 들어갑니다. 요즘 말로 하면 인터넷 악플을 이용해 가장 고귀한 여인을 불행에 빠뜨리는 것입니다. 서동이 계획적으로 만들어낸 소문 때문에 진평왕의 셋째 딸이라는 선화공주는 궁에서 쫓겨납니다. 물론 서동이 의도한 것이 이런 결과였겠죠. 계획대로 서동은 궁에서 쫓겨난 선화공주를 낚아채 백제로 데려 갑니다.

백제로 간 서동은 선화공주 덕분에 금의 가치를 알게 되고 어릴 적마 캐던 곳에서 금을 주워 용화산 지명법사의 신통력을 이용해 진평왕에게 보냅니다. 금을 받은 진평왕은 서동을 신뢰하게 되고 이것으로 인심을 얻어 서동은 백제의 무왕이 됩니다. 왕이 된 후 왕비 선화공주는 미륵산의 연못에서 미륵불을 만나고 그 인연 때문에 연못을 메워 절을 만들고자 합니다. 다시 지명법사의 신통력으로 연못을 메우고 그곳에 미륵사를 창건했다는 이야깁니다.

그런데 이 이야기는 어디까지가 사실일까요?

우선 진평왕과 마야부인 사이에서는 천명 덕만(선덕여왕) 외에 셋째 딸은 없습니다. 물론 진평왕에게는 마야부인 외에 수많은 후궁이 있었고 그들에게서 여러 공주가 있었으므로 선화공주가 있었을 수는 있습니다. 그러나 『삼국유사』의 무왕 조를 제외하고는 선화공주라는 이름은 역사에 전혀 나타나지 않습니다. 상황으로 보아 『화랑세기』에는 나올 법 한데 여기에도 선화공주는 나오지 않습니다.

가장 합리적인 해석은 그녀가 신라의 귀족 계급이었다고 이해하는 것입니다. 실제로 백제 동성왕의 부인이 신라 귀족의 딸이라는 이야기도 있고, 법흥왕이 태자 시절 백제에 사신으로 갔었는데 백제 동성왕의 딸 보과공주가 법흥왕의 아이를 갖고 신라로 와서 남매를 나았다는 이야기가 『화랑세기』에는 있습니다. 그렇다면 이 이야기는 백제 법왕의 서자가 왕위에 오르기 전에 신라의 귀족 처녀와 결혼했다는 이야기입니다. 그런데 이 부분에서도 문제는 사실 그게 아닙니다. 신라의 귀족 처녀가 백제의 왕에게 시집갔다는 것이 왜 사람들 입에 그토록 오르내렸느냐 하는 점입니다.

사실 이 이야기는 처음부터 진위가 의심스럽기는 했지만 익산 시내 한 복판에 남아 있는 미륵사지와 현재도 남아 있는 거대한 석탑에 대해 삼국유사의 이야기대로 무왕과 선화공주가 세운 것이라는 믿음은 여전히 있었습니다. 그러나 10여 년 전 행해진 서탑의 해체 보수 공사 중에 발견된 탑의 사리봉영기[59]에 기대했던 선화공주의 이야기는 없고 이 탑

59 사리봉영기: 가만히 생각하건데, 법왕(法王)께서 세상에 출현하시어 근기(根機)에 따라 부감(赴感)하시고, 중생에 응하여 몸을 드러내신 것은 마치 물 가운데 비치는 달과 같았다. 이 때문에 왕궁(王宮)에 의탁해 태어나 사라쌍수(娑羅雙樹) 아래에서 열반에 드셨는데, 8곡(斛)의 사리(舍利)를 남겨 삼천대천세계(三千大天世界)를 이익 되게 하셨다. 마침내 찬란히 빛나는 오색(五色; 사리)으로 일곱 번을 돌게 하였으니, 그 신통변

이 백제 왕후 사택지적의 딸이 공양해서 세워졌다고 기록되어 있는 바람에 선화공주와 무왕의 이야기는 더욱 미궁으로 빠져들었습니다. 미륵사를 창건했다는 무왕과 부인 선화공주의 이야기가 모두 설 자리를 잃고 만 것입니다. 물론 아직도 미륵사지의 세 개의 탑 중 서탑이 아니라 터만 남은 중앙탑을 선화공주가 세운 것이라는 주장은 남아 있지만 새로운 증거가 발견되지 않는 한 가장 합리적인 해석은 이 이야기가 신라 통일 이후 신라에서 만들어진 허구라는 것입니다.

신라 귀족 처녀가 백제로 시집간 것 정도야 얼마든지 있을 수 있는 이야기지만, 백제 무왕이 젊은 시절 신라의 공주를 꾀어 데려가 배필로 삼았다고 못 박은 것은 신라와 백제 사이의 지역적 갈등을 조금이라도 완화시키기 위해 만들어진 이야기가 아닐까요? 격렬한 전쟁을 겪고 한 나라의 백성이 된 백제 사람들의 심정을 조금이라도 위로하고 반발심을

화(神通變化)는 불가사의(不可思議)하였다. 우리 백제황후(百濟王后)는 좌평(佐平) 사택적덕(沙乇積德)의 딸로서 오랜 세월 [曠劫] 동안 선인(善因)을 심으시어 금생에 뛰어난 과보 [勝報] 를 받으셨다. (왕후께서는) 만민(萬民)을 어루만져 기르시고 삼보(三寶)의 동량(棟梁)이 되셨다. 때문에 삼가 깨끗한 재물을 희사하여 가람(伽藍)을 세우고, 기해년(己亥年) 정월 29일에 사리를 받들어 맞이하셨다. 원하옵건대, 세세(世世)토록 공양하여 영원토록 [劫劫] 다함이 없어서 이 선근(善根)으로 우러러 대왕폐하(大王陛下)의 수명은 산악과 나란히 견고하고, 왕립 [王位(寶曆)] 은 천지와 함께 영구하여, 위로는 정법(正法)을 크게 하고 아래로는 창생(蒼生)을 교화하는데 도움이 되게 하소서. 다시 원하옵건대, 왕후의 몸에 나아가서는, 마음은 수경(水鏡) 같아서 법계(法界)를 항상 밝게 비추시고, 몸은 금강(金剛)과 같아서 허공과 같이 불멸(不滅)하시어, 칠세(七世)를 영원(永遠)토록 다함께 복이(福利)를 받고, 모든 중생들이 다함께 불도(佛道)를 이루게 하소서. (번역 고 김상현 동국대 교수)

누그러뜨리기 위해 만들어진 이야기라는 것입니다.

당신들이 그토록 존경하는 그 무왕이 사실은 진평왕의 사위였다오, 우리 사이좋게 지냅시다, 알고 보면 신라와 백제 왕실이 사돈 간이었소, 이 이야기가 말하는 것은 바로 이것 아닐까요? 그런 이야기에 가장 적합한 인물이 바로 무왕 아니었을까요? 사비성 출신이 아니라 백제에서도 먼 변두리인 익산 출신으로 태생도 확실치 않은데 순수하게 자신의 능력으로 왕위에 오르고 매우 강력한 지도력을 발휘해서 신라 고구려와 대등하게 싸웠던 임금, 그 정도면 충분히 이야기의 주인공이 됨직 하지 않습니까?

무왕이 법왕의 아들일 가능성은 사실 매우 낮습니다. 혜왕과 법왕이 모두 단명했다는 것은 강한 권력을 갖지 못했다는 뜻이며 타의에 의해 왕위에서 물러났을 가능성도 높은데 법왕이 궁 밖에서 낳은 과부의 자식이 무슨 힘이 있어 스스로 왕위에 오르고 신라와 치열한 전쟁을 벌이며 거대한 절 미륵사를 세울 수 있었겠습니까? 무왕은 오히려 익산 지역에서 상업을 통해 재력을 쌓은 신흥 재력가였을 가능성이 큽니다. 물론 이 시대에 상업으로 큰 재산을 모으는 것이 가능했을까하는 의문이 있기는 하지만 이 이야기에서도 서동이 임금이 된 이유가 금을 산더미처럼 가졌기 때문이니까요.

금을 곁에 두고도 알아보지 못하다가 아내 덕분에 금의 가치를 알게 되었다는 이야기는 물론 무왕에게만 있는 것은 아닙니다. 이런 종류의 이야기는 일본에도 있고, 세계 각국의 민담에서 두루 발견되는 공통된 이야기이므로 무왕이 실제로 재력가였다는 해석에 의문을 가질 수 있습니다. 민담에서 흔히 발견되는 이야기가 여기에도 덧붙은 것뿐이라고 보는 거죠.

그러나 진실은 그 반대일 수도 있습니다. 금을 곁에 두고도 알아보지 못하다가 아내 덕분에 그 가치를 알게 되었다는 이야기는 금권력의 진정한 위력을 모르다가 나중에야 깨닫게 된다는 인간사를 상징하는 우화입니다. 실제로 얼마든지 가능한 이야기입니다. 돈은 많으나 그 돈을 어디에 어떻게 써야 할지 모르는 사람은 예나 지금이나 흔한 것 아닙니까?

또 하나, 이 이야기에서 지나칠 수 없는 것은 서동의 이 드라마틱한 승리가 기본적으로는 신데렐라 이야기라는 점입니다. 세상에서 가장 예쁘고 고귀한 여자를 얻는 남자, 그리고 그 여자 덕에 힘 안들이고 돈과 권력을 쥐는 남자, 남녀만 바뀌었을 뿐 이것이야 말로 완벽한 신데렐라 이야기 아닙니까? 세상 모든 사람들이 꿈꾸고 바라마지 않는 성공 스토리가 바로 이것이죠. 고구려의 바보 온달 이야기도 비슷한 경우입니다.

서동 이야기가 허구일 가능성이 큰 까닭은 여기에도 있습니다. 신데렐라 이야기는 언제나 인간의 욕망을 대리 충족시켜 주는 가장 보편적인 허구이기 때문입니다. 어느 시대나 끊임없이 재생산되는 가장 흔한 이야기가 바로 이것입니다. 따라서 이 이야기는 인간의 욕망을 채워주는 달콤한 이야기이면서 동시에 신라와 백제가 사실은 사돈 간이라는 정치적 주제를 은밀히 감추고 있는 이야기입니다.

무왕과 진평왕 시대, 백제와 신라는 정말 치열하게 싸웠습니다. 『삼국사기』를 보면 이 시대는 수없는 전쟁의 기록으로 채워져 있습니다. 그때는 바로 증오의 시대였습니다. 그러나 무왕의 시대가 끝나고 20년밖에 지나지 않아 그들은 한 나라가 되었습니다. 이제 그 증오심을 치유하고 화합하여 하나가 되어야 할 때가 된 것입니다. 백제 멸망 후 줄기차게 일어났던 백제 부흥운동을 무마하고, 당나라 세력을 몰아내야 한다는 당면 과제를 안고 있던 시대, 가장 대립적이었던 두 임금을 사랑으로 묶어내는 이 이야기는 그 시대에 가장 필요한 주제가 아니었을까요?

11.
선덕여왕이 알아낸 세 가지 일

진평왕은 마야부인 김씨와의 사이에 딸만 둘 두었습니다. 첫째는 덕만德曼이고[60], 둘째가 용수에게 시집가 무열왕을 낳은 천명부인입니다. 『삼국사기』에는 진평왕이 죽고 아들이 없어 나라 사람들이 덕만을 왕으로 추대하여 성조황고聖祖皇姑라는 칭호를 올렸다고 되어 있습니다. 이 칭호는 성골을 의미하는 것으로 그녀가 진골과 구분되는 성골임을 만천하에 알리는 것입니다. 그리고 이 칭호는 그녀가 왕위에 올라야만 하는 이유와 정당성을 홍보하는 것입니다. 그러면 그녀가 미리 알아냈다는 이 세 가지 일의 의미는 무엇일까요?

60 『삼국사기』에는 진평왕의 첫째 딸이 덕만이고 둘째가 천명으로 되어 있으나 『화랑세기』에는 첫째가 천명, 둘째가 덕만으로 나온다.

제27대 덕만의 시호는 선덕대왕으로 성은 김씨이며 아버지는 진평왕이다. 632년 왕위에 올라 16년 동안 나라를 다스렸는데, 미리 안 일이 세 가지 있었다.

첫째는 이것이다. 당나라 태종이 붉은색, 자주색, 흰색의 세 가지 색으로 그린 모란과 그 씨 석 되를 보내왔다. 왕이 그 그림을 보고 말하였다.

"이 꽃은 분명 향기가 없을 것이다."

씨를 뜰에 심도록 하였는데 과연 꽃이 피었다가 떨어질 때까지 왕의 말과 같이 향기가 없었다.

둘째, 영묘사 옥문지에 한겨울에 많은 개구리가 모여서 사나흘이나 울어 댄 일이 있었다. 나라의 사람들이 이를 괴이하게 생각하여 왕께 고하였다. 왕은 급히 각간 알천, 필탄 등을 시켜 정병 2천을 뽑아 속히 서쪽 교외로 나가 여근곡을 수색하면 틀림없이 적병이 있을 것이니 습격하여 죽이라고 하였다.

두 각간이 명을 받들어 각각 군사 1천 명씩을 거느리고 서쪽 교외에 가서 물으니 부산 아래에 과연 여근곡이 있고 백제의 군사 5백 명이 그곳에 숨어 있으므로 이들을 모두 죽였다. 백제의 장군 우소란 자가 남산 고개 바위 위에 숨어 있으므로 이를 포위하고 활로 쏘아 죽여 한 사람도 남기지 않았다.

셋째, 왕이 아무런 병도 없는데 여러 신하에게 말하였다.

"나는 아무 해 아무 날에 죽을 것인즉, 나를 도리천[61] 가운데에 장사를 지내도록 하라."

여러 신하들이 그 곳의 위치를 몰라 그곳이 어디인가 물으니 왕이 말하였다.

"낭산 남쪽이다."

왕이 예언한 날이 되어 정말 왕이 죽었다. 신하들이 왕을 낭산의 양지바른 곳에 장사지냈다. 그 후 10여 년이 지난 뒤 문무대왕이 선덕여왕의 무덤아래에 사천왕사를 세웠다. 불경에 사천왕천의 위에 도리천이 있다고 하였으니 그제야 대왕의 신령하고 성스러움을 알 수 있었다.

왕이 살아 있을 당시 여러 신하가 어떻게 모란꽃과 개구리 우는 소리를 듣고 일이 그렇게 될 줄을 알았는가를 묻자, 왕이 대답하였다.

"꽃을 그렸는데 나비가 없으니 향기가 없는 것을 알 수 있었다. 이는 당나라의 임금이 내가 남편이 없음을 놀린 것이다. 그리고 개구리가 성난 모습은 병사의 모습이며 옥문이란 곧 여자의 음부를 말하는 것이다. 여자는 음陰이고, 그 빛이 백색이며 백색은 서쪽을 뜻하니 군사가 서쪽에 있음을 말함이다. 또한 남근이 여자의 생식기에 들어가면 반드시 죽게 되므로 잡기가 쉬울 것을 알 수 있었다."

---

61 산스크리트 Tryastria의 음역으로 33천이라고도 한다. 불교의 우주관에서 세계의 중심에 있다는 수미산의 꼭대기에 있다. 제석천이 머무는 도리천은 원래 인도에 있던 것을 불교에서 취한 것이다. 석가모니의 어머니인 마야摩耶 부인이 죽은 뒤에 이곳에 다시 태어났으며, 석가모니는 도리천에 올라가 어머니를 위해 3개월 동안 설법했다고 한다.

신하들은 왕의 성스러움과 슬기로움에 감복하였다. 꽃을 삼색으로 보낸 것은 신라에 세 여왕이 있으리란 것을 알았던 것일까? 세 분 여왕은 선덕, 진덕, 진성이니 당나라 황제도 선견지명이 있었던 것이다. 선덕왕이 영묘사를 세운 일은 「양지사전」 조에 자세히 기록되어 있는데 별기에는 선덕여왕 때에 돌을 다듬어 첨성대를 쌓았다고 한다.

– 기이 제1 선덕여왕이 미리 안 세 가지 일

낭산

임금의 자질론과 최초의 여왕

선덕여왕은 신라 최초의 여왕입니다. 그런데 그녀는 정말 신라에 성골 남자가 하나도 없어 어쩔 수 없이 즉위한 걸까요? 진평왕에게는 아들이 없었지만, 진지왕의 아들 용춘도 있었고, 진평왕의 동생들도 있었으므로 성골 남자가 하나도 없었다고는 생각할 수 없습니다. 또 신라에는 왕의 사위가 왕위에 오른 경우도 여러 번 있었습니다.

딸 덕만이 왕위에 오르는 것은 진평왕이 워낙 오랫동안 왕위에 있으면서 권력 기반을 튼튼히 했기 때문에 가능했던 일입니다. 그리고 그랬음에도 불구하고 그녀는 여왕의 등극에 반대하는 여론을 무마하기 위해 상당한 어려움을 겪었으며 그 과정에서 많은 우여곡절을 겪어야 했습니다. 최초의 여왕이 된다는 것은 분명 쉽지 않은 일이었습니다.

선덕여왕에게 있어 가장 큰 문제는 역시 그녀가 여자였다는 점이었습니다. 더구나 그때가 백제·고구려와 치열한 전쟁을 거듭 치르던 시기였고, 중국과의 외교가 매우 중요하던 때였기에 더욱 그러했습니다. 신라 내부적으로도 여자로서 처음 왕위에 오른다는 것이 쉽지 않았지만, 적국이 신라의 여왕을 보는 시각, 그리고 중국이 신라를 보는 시각은 더욱 따가웠을 것입니다. 그녀의 집권 초 을제란 대신이 국정을 맡아 했다는 기록은 그런 점에서 의미심장합니다. 그녀가 왕위에 오른 이후에도 상당 기간은 직접 국정을 맡지 못했다는 뜻입니다.

이런 여러 조건들을 극복하고 왕위에 오른 여왕에게는 주위의 따가운 시선을 씻어내는 것이 무엇보다 중요한 일이었을 겁니다. 여기 선덕여왕 조에 실린 이야기들은 바로 그것과 관련됩니다. 그녀에게는 남들에게 없는 지혜로운 안목이 있었음을 강조하는 것입니다. 그래서 여자임에도 불구하고 왕이 될 자질이 충분하였으며, 실제로 백제와의 전쟁에서도 탁월한 능력을 발휘했다는 이야기입니다.

선덕여왕이 예언했다는 세 가지 일 중 두 가지는 『삼국사기』에도 그대로 나옵니다. 그만큼 그녀의 지혜는 크게 알려져 거의 사실로 받아들여졌다는 뜻입니다. 세 가지 중 첫째는 선덕여왕이 중국에서 보내온 모란 그림을 보고 향기가 없을 것임을 예언하는 대목입니다. 『삼국사기』에는 이 일이 그녀가 왕이 되기 전에 있었던 일로 되어 있습니다. 실제로 진평왕 43년 7월에 신라가 당나라에 토산물을 바치자 당 고조가 국서 및 그림 병풍과 비단 300필을 보내왔다는 기록이 있습니다.

당나라에서 보내온 모란꽃 그림을 보고 향기가 없을 것임을 알아냈다는 이야기는 『삼국사기』의 선덕여왕 조 첫머리에 기록되어 있습니다. 그녀의 선견지명이 이렇게 뛰어났다는 설명까지 부가되어 있습니다. 그러나 부귀를 상징하는 모란꽃은 장수를 상징하는 고양이와 함께 그려야 하며 고양이 없이 모란꽃과 나비만을 그리지는 않는 것이 원칙이었다고 합니다. 또 모란이 비교적 이른 봄에 꽃을 피우므로 그때는 아직 나비가 나오기 전이어서 모란꽃에는 나비가 앉는 것을 보기 어렵다는 지적도 있습니다.

사실 여부와 상관없이 이것은 선덕여왕이 선견지명이 있음을 증명하기 위하여 들어간 이야기임에 틀림없습니다. 그리고 그 이야기가 『삼국유사』로 오면서 원래 없던 부분이 추가됩니다. 당나라 황제가 남편 없는 선덕여왕을 조롱한 것이라는 해석이 그것입니다. 그러나 선덕여왕이 남편이 없다는 것도 당시 결혼 풍속으로 보아 믿기 어렵습니다. 『삼국유사』 왕력에 선덕여왕의 남편은 음갈문왕이라고 분명히 나옵니다. 그녀의 아버지 진평왕이 54년이나 왕위에 있었으므로 선덕여왕이 어려서 왕위에 올랐을 수도 없습니다.

더구나 모란 그림이 진평왕 43년에 중국에서 보내온 것이 맞는다면 그 그림이 선덕여왕을 조롱했다는 것은 더욱 있을 수 없는 일입니다. 이 이야기는 확실히 선덕여왕의 지혜로움을 선전하기 위해 만들어진 소문일 뿐이며, 그것은 여왕이 왕 노릇하는 데에 적지 않은 어려움이 있었음을 반증하는 것입니다. 단, 그 그림이 처녀였던 선덕여왕을 조롱하는 의미라는 것은 훨씬 후대에 덧붙인 이야기일 수도 있습니다.

신라를 공격하러 몰래 잠입한 백제 병사를 찾아내어 섬멸한 두 번째 이야기는 조금 더 사실에 근접합니다. 백제 장군 우소가 신라를 급습하러 갔다가 신라군에게 발각되어 죽은 사실이 『삼국사기』의 신라본기와 백제본기에 모두 나옵니다. 문제는 선덕여왕이 우소의 기습을 어떻게 알아냈느냐에 있습니다. 힌트는 영묘사 옥문지의 개구리인데, 묘하게도 그것이 교묘한 성적性的 비유입니다. 우소의 군대가 숨어 있던 곳도 여성의 성기 모양으로 생긴 계곡이고 보면 이것은 전체적으로 색깔이 매우 진한 이야기입니다.

일단 이 기록이 『삼국사기』의 신라본기와 백제본기 무왕 조에 모두 등장하는 것을 보면 백제 장군 우소의 기습은 사실이었다고 봐도 좋습니다. 특히 백제본기는 우소가 무왕의 지시로 독산성을 습격하러 갔다가 신라 장군 알천의 공격을 받았는데 큰 바위 위에 올라 활을 당겨 항거하다가 화살이 다되어 적에게 사로잡혔다고 비장한 어조로 묘사하고 있습니다.

그러나 우소의 습격이 아무리 사실이라 할지라도, 이 이야기는 은근히 여왕 선덕을 겨냥한 것입니다. 거의 성희롱이라고 봐야 할 정도입니다. 신라의 왕이 여왕이 아니었더라도 이 이야기가 그렇게 사람들 사이에서 거론되었을까요? 백제군의 기습을 어떻게 알았느냐고 묻는 신하들의 질문에 여왕은 태연하게 옥문지의 개구리와 여근곡에 대해 설명하고 있지만, 이것은 확실히 있을 수 없는 성희롱입니다. 이 삽화는 어쩌면 선덕여왕이 그 정도로 남자다운 여인이었다는 뜻일지도 모릅니다.

이 이야기는 백제군의 기습을 미리 알아낸 여왕의 슬기로움이 표면적인 주제지만, 그 안에는 여왕에 대한 은근한 조롱이 분명 있습니다. 이것은 선덕여왕이 왕 노릇 하기가 이렇게 쉽지 않았다는 뜻으로 보는 것이 훨씬 정확한 해석입니다. 여왕은 끊임없이 왕으로서의 자질 문제에 시달렸다는 뜻입니다. 물론 그것은 그녀의 능력보다 먼저 그녀의 성별 때문에 제기된 것이지만, 이 문제는 여왕의 즉위부터 말년까지 계속 그녀를 따라다닙니다.

선덕여왕의 세 번째 예언은 자신이 죽을 날을 미리 알고 자신을 도리천에 장사지내라고 했다는 이야기입니다. 불교에서 말하는 상상의 세계, 도리천이 어디냐고 묻는 신하들에게 낭산이 바로 도리천이라고 가르칩니다. 신하들은 낭산이 왜 도리천인지 몰라 어리둥절했지만 수십 년의 세월이 흘러 문무왕이 낭산 기슭 선덕여왕 능 아래에 사천왕사를 세움으로써 여왕의 예언은 실현됩니다. 불교에서 도리천이란 세상의 중심 수미산 꼭대기에 있으며 도리천 바로 아래에 사천왕천이 있다고 하니까요.

선덕여왕의 세 번째 예언은 무슨 뜻일까요? 왜 그녀는 자신을 도리천에 장사지내라고 했을까요? 선덕여왕이 자신을 도리천에 장사지내라고 한 것은 불교의 힘을 빌려 왕권에 정통성을 부여하려는 것입니다. 그녀의 아버지 진평왕은 하늘, 즉 도리천에서 보물 허리띠를 하사받습니다. 그도 죽어 물론 도리천으로 갔겠죠. 따라서 선덕여왕도 도리천에서 온 사람이며 죽어 도리천으로 돌아가는 것이 당연하다는 논리입니다. 결국 자신을 도리천에 장사지내라는 그녀의 유언은 자신의 왕위 계승에 정당성을 부여하려는 목적에서 나온 지시입니다.

선덕여왕은 재위 시에 황룡사 9층탑을 짓고, 분황사와 영묘사를 창건합니다. 황룡사 9층탑은 신라의 3대 보물로 꼽히는 건물이며 영묘사는 그녀가 굉장히 공을 들여 짓고 자주 찾아 제를 지내기도 했던 절입니다. 16년의 재위 기간 중 끊임없이 불사 건립에 힘썼던 것입니다. 특히 영묘사 장육존상을 건립할 때의 이야기는 의해 편 양지법사 조에 따로 그려져 있을 정도입니다. 성안의 모든 남녀가 진흙을 나르며 풍요라는 향가를 지어 불렀다는 이야기가 전해집니다.

그녀는 왜 그렇게 사찰 건립에 매달렸을까요? 그녀의 시대는 이미 신라가 부처의 이상세계라는 믿음, 즉 신라 불국토설이 일반화되었던 시기입니다. 신라가 불교의 이상 세계이므로 그 중앙에는 수미산이 있고 수미산 위에 도리천이 있다는 믿음이 상당히 퍼져 있었던 시대입니다. 그녀의 사찰 건립은 물론 그녀 자신의 종교적 믿음도 있었겠지만, 이런 시대적 흐름과 떼어 생각할 수 없습니다. 사찰 건립에 힘쓰고 불국토의 한가운데에 자신을 둠으로써 자신의 정체성을 찾고 정당성을 홍보하려는 몸짓이었던 것입니다.

사실은 여기서도 약간 문제는 있습니다. 낭산이 신라의 진산으로 수미산과 같은 신성한 곳이라는 믿음이 선덕여왕 때에 이미 일반화 되어 있었다는 것은 선덕여왕이 낭산에 능을 만들어서 그곳이 도리천이 된 것이 아니라 이미 그곳이 도리천이 있는 수미산이라는 믿음이 있었다는 뜻입니다. 그러므로 신하들은 도리천이 어디인지 아무도 몰랐고, 여왕이 그곳을 예언했다는 것은 조금 과장입니다. 그리고 문무왕 대에 그곳에 사천왕사를 세운 것도 이미 그곳이 수미산이라는 것을 알고 한 일입니다. 그러나 그렇더라도 선덕여왕의 의도가 달라지는 것은 아닙니다.

선덕여왕의 재위 기간 내내 그녀가 여자라는 이유로 자질 시비가 있었다는 것은 여왕 재위 16년, 즉 그녀가 죽던 해에 일어난 비담의 난이 잘 말해줍니다. 상대등이었던 비담은 여왕이 정치를 잘못하고 있다고 반란을 일으킵니다. 비담의 난이 있기 4년 전 신라는 백제와 고구려의 계속된 침략으로 당나라에 구원병을 요청하는 사신을 보냅니다. 이때 당의 황제는 그대의 임금이 여자이기 때문에 이웃 나라가 깔보는 것이므로 나의 친족을 보낼 테니 왕으로 세우라고 말합니다.

신라로서는 대단히 충격적인 제안이지만, 비담의 난은 당나라 황제의 이 주장에 힘입은 것입니다. 비담의 난은 알천에 의해 평정되지만 그

후유증은 적지 않습니다. 여왕이 이 난의 와중에 죽었다는 말까지 있습니다. 즉위도 순탄치 않았음은 즉위 초 몇 년 간 을제가 국정을 맡아 했다는 기록에서 드러나지만 결국 여자가 왕위에 있어도 되느냐는 반발은 그녀가 죽을 때까지 따라다녔던 셈입니다.

우리는 신라가 고대사회이므로 모계 사회의 전통이 상당히 남아 있었을 테고 성차별은 비교적 적었으리라고 생각합니다. 물론 조선 후기 사회와는 비교할 수 없이 나았을 것이며, 어떤 면에서는 현대보다도 더 개방된 사회였을 거라고 추측합니다. 그러나 그때에도 여성으로서 왕이 되는 것은 쉽지 않았습니다. 선덕여왕 조에 실린 이야기를 보면 결국 그녀가 여성으로서의 핸디캡을 극복하는 것이 그녀 필생의 과제였으니 말입니다.

재미있는 것은 그럼에도 불구하고 그녀가 죽은 후 그녀의 사촌인 진덕여왕이 즉위하여 여왕의 시대는 10년을 더 지속한다는 점입니다. 손이 무릎까지 내려올 만큼 팔이 길었던 여인, 진덕여왕의 시대에 신라는 당나라와의 외교에 사활을 걸고 매달립니다. 다행이 진덕여왕의 시대에는 영웅 두 사람이 등장하여 여왕의 약점을 보완합니다. 외교의 달인 김춘추와 전쟁의 달인 김유신이 그들입니다.

쉬어가기

여왕을 사모한 청년

『삼국유사』에는 나오지 않지만, 선덕여왕을 말할 때 빼놓을 수 없는 이야기가 있습니다. 『수이전』에 실려 있었다고 하는 지귀志鬼의 이야기입니다. 『삼국유사』에는 혜공 스님의 뛰어난 능력을 말하는 부분에 지귀가 불을 질러 영묘사를 태웠다고만 간단히 언급되어 있습니다. 이야기는 이렇습니다.

신라 선덕 여왕 때에 지귀라는 젊은이가 있었다. 그는 활리역 사람인데, 하루는 서라벌에 나왔다가 지나가는 선덕 여왕을 보았다. 그런데 여왕이 어찌나 아름다웠던지 그는 단번에 여왕을 사모하게 되었다.

선덕 여왕은 진평왕의 맏딸로 그 성품이 인자하고 지혜로울 뿐만 아니라 용모가 아름다워서 모든 백성들로부터 칭송과 찬사를 받았다. 그래서 여왕이 한번 행차를 하면 모든 사람들이 여왕을 보려고 거리를 온통 메웠다. 지귀도 그러한 사람들 틈에서 여왕을 한 번 본 뒤에 여왕이 너무 아름다워서 혼자 여왕을 사모하게 되었던 것이다. 그뿐만 아니라 그는 잠도 자지 않고 밥도 먹지 않으며 정신이 나간 사람처럼 선덕 여왕을 부르다가, 그만 미쳐 버리고 말았다.

"아름다운 여왕이여, 나의 사랑하는 선덕여왕이여!"

지귀는 거리로 뛰어다니며 이렇게 외쳐댔다. 이를 본 관리들은 지귀가 지껄이는 소리를 여왕이 듣게 될까봐 걱정이었다. 그래서 관리들은 지귀를 붙잡아 매질을 하며 야단을 쳤지만 아무 소용이 없었다. 어느 날 여왕이 행차를 하게 되었다. 그 때 어느 골목에서 지귀가 선덕 여왕을 부르면서 나오다가 사람들에게 붙잡혔다. 그래서 사람들은 웅성거리기 시작했고 떠들썩했다. 이를 본 여왕은 곁에 있는 관리에게 물었다.

"대체 무슨 일이냐?"

"미친 사람이 여왕님 앞으로 뛰어나오다가 다른 사람들에게 붙들려서 그러하옵니다."

"왜 나한테 온다는데 붙잡았느냐?"

"아뢰옵기 황송하오나 저 사람은 지귀라고 하는 미친 사람인데 여왕님을 사모하고 있다고 하옵니다."

관리는 큰 죄를 진 사람처럼 머리를 숙이며 말했다.

"고마운 일이로구나!"

여왕은 혼잣말처럼 이렇게 말하고는, 지귀가 자기를 따라오도록 관리에게 말한 다음 절을 향하여 발걸음을 떼어 놓았다.

한편 여왕의 명령을 전해들은 사람들은 모두 깜짝 놀랐다. 그러나 지귀는 너무나 기뻐서 춤을 덩실덩실 추며 여왕의 행렬을 뒤따랐다.

선덕 여왕은 절에 이르러 부처에게 불공을 올렸다. 그러는 동안 지귀는 절 앞의 탑 아래에 앉아서 여왕이 나오기를 기다렸다. 그러나 여왕은 좀처럼 나오지 않았다. 지귀는 지루했다. 그리고 시간이 흐를수록 안타깝고 초조했다. 그러다가 심신이 쇠약해질 대로 쇠약해진 지귀는 그만 그 자리에서 잠이 들고 말았다.

여왕은 불공을 마치고 나오다가 탑 아래에 잠들어 있는 지귀를 보았다. 여왕은 그가 가엾다는 듯이 물끄러미 바라보고는 팔목에 감았던 금팔찌를 뽑아서 지귀의 가슴 위에 놓은 다음 발길을 옮기었다.

여왕이 지나간 뒤에 잠이 깬 지귀는 가슴 위에 놓인 여왕의 금팔찌를 보고는 놀랐다. 그는 여왕의 금팔찌를 가슴에 꼭 껴안고 기뻐서 어찌할 줄을 몰랐다. 그러자 그 기쁨은 곧 불씨가 되어 가슴 속에서 활활 타오르고 있었다. 그러다가 온몸

선덕여왕

이 불덩어리가 되는가 싶더니 이내 숨이 막히는 것 같았다. 가슴 속에 있는 불길은 몸 밖으로 터져 나와 지귀를 어느새 새빨간 불덩어리로 만들고 말았다. 처음에는 가슴이 타더니 다음에는 머리와 팔다리로 옮아가서 마치 기름이 묻은 솜뭉치처럼 활활 타올랐다. 지귀는 있는 힘을 다하여 탑을 잡고 일어서는데 불길은 탑으로 옮겨져서 이내 탑도 불기둥에 휩싸였다. 지귀는 꺼져 가는 숨을 내쉬며 멀리 사라지고 있는 여왕을 따라가려고 허위적 허위적 걸어가는데, 지귀 몸에 있던 불기운은 거리에까지 퍼져서 온 거리가 불바다를 이루었다

이런 일이 있은 뒤부터 지귀는 불귀신으로 변하여 온 세상을 떠돌아다니게 되었

다. 사람들은 불귀신을 두려워하게 되었는데, 이 때 선덕여왕은 불귀신을 쫓는 주문을 지어 백성들에게 내놓았다.

지귀는 마음에 불이 일어
몸을 태우고 화신이 되었네.
푸른 바다 밖 멀리 흘러갔으니
보지도 말고 친하지도 말지어다.

백성들은 선덕 여왕이 지어 준 주문을 써서 대문에 붙였다. 그랬더니 비로소 화재를 면할 수 있었다. 이런 일이 있은 뒤부터 사람들은 불귀신을 물리치는 주문을 쓰게 되었는데, 이는 불귀신이 된 지귀가 선덕 여왕의 뜻만 따르기 때문이라고 한다.

이상세계를 향한 영원한 노스탤지어

이 이야기는 불경에서 온 이야기입니다. 신라 시대에 완전히 독창적으로 창작된 이야기는 아닙니다. 그러나 불경에 있던 이야기라 하더라도 이것이 선덕여왕과 지귀의 일로 각색된 것은 나름대로 이유가 있어서입니다. 그리고 이 이야기가 사람들에게 전파될 수 있었던 것도 이 이야기에 시간과 공간을 초월한 특별한 그 무엇이 있기 때문입니다.

『대지도론』이라는 불경에 '술파가 설화'가 전합니다. 어부 술파가가 여왕의 미모에 반해 식음을 전폐하자 여왕이 만나자고 하였답니다. 약속 장소에서 여왕을 기다리던 술파가는 천신의 조화로 잠이 듭니다. 여왕이 잠든 술파가에게 목걸이를 빼놓고 가 버리는데 잠에서 깨어 이 사실을 안 술파가는 몸에서 불이 나 타 죽고 만다는 이야기입니다.

확실히 지귀의 이야기는 불경에 있는 술파가 이야기의 신라 버전입니다. 그런데 왜 신라 사람들은 술파가 이야기를 지귀와 선덕여왕의 이야기로 바꾸었을까요? 불경의 이야기가 신라인의 입맛에 맞은 이유는 신라인이 여왕에 대해 갖고 있던 이미지와 술파가 이야기의 여왕의 이미지가 가깝기 때문입니다.

신라 사람들은 선덕여왕이 미천한 청년에게 감동하여 패물을 빼어 줄만큼 자비로운 여인이라고 생각했습니다. 문헌에 특별히 여왕의 인품에 대해 추정할 만한 기록은 없지만 이 이야기가 사람들에게 받아들여진 것을 보면 확실히 그녀는 사람들에게 자비롭고 대범한 여인으로 받아들여졌던 것이 틀림없습니다.

물론 이 이야기가 여왕을 미화하기 위해 의도적으로 각색되고 유포된 이야기일 가능성도 있습니다. 그러나 미천한 청년이 여왕을 사모했다는 내용을 왕가에서 의도적으로 만들었다고 보기는 어렵습니다. 이 이야기는 민간에서 만들어지고 민간에서 유포된 이야기가 분명합니다. 신라 사람들이 갖고 있던 선덕여왕의 자비롭고 아름다운 이미지를 토대로 자연스럽게 민간에서 만들어진 것입니다.

『삼국유사』 왕력 편에 그녀의 남편이 음갈문왕이라고 되어 있으므로 선덕여왕이 미혼이 아니었다는 것은 확실합니다. 그런데 선덕여왕이 왕위에 오를 때 그녀의 나이는 얼마나 되었을까요? 선덕여왕은 태종 무열왕 김춘추의 어머니인 천명부인과 자매간이므로 김춘추의 나이를 기준으로 추산할 수 있습니다. 김춘추는 603년생이고 그의 어머니인 천명부인이 십대 후반에 그를 낳았다면, 그녀의 언니인 선덕여왕이 왕위에 오른 것이 632년이므로 그때 선덕여왕은 대략 50세를 넘었을 것으로 추측됩니다.

이 추정이 맞는다면 지귀 이야기는 선덕여왕 당대에 만들어진 것이 아닙니다. 상당한 시간이 흘러 선덕여왕에 대해 신비화가 충분히 이루어진 후에 만들어진 이야기로 보는 것이 합리적입니다. 청년이 자신의 할머니뻘 되는 여왕을, 그것도 남편이 있는 여왕을 사모했다는 이야기가 여왕 당대에 만들어졌을 리는 없습니다.

그러면 왜 후대에 선덕여왕을 미화하는 이야기가 만들어졌을까요?

지귀 이야기의 핵심은 지귀라는 미천한 청년이 여왕을 사모했고, 이 무모한 사랑을 그러나 여왕은 따뜻한 마음으로 받아들였다는 것입니다. 애초에 불경의 주제가 무엇이었던가는 중요하지 않습니다. 지귀 설화가 사람들에게 감동을 주는 이유는 이것이 여왕의 자비로움과 그런 자비로운 임금이 다스리던 시대의 이야기이고, 그리고 무엇보다 계급을 떠나 인간의 진정성이 존중받는 이야기이기 때문입니다.

그것은 신라 통일 이후, 혼란한 현실에 대한 염증과 평화로운 세계에 대한 그리움이 만든 설화입니다. 특히 신라 하대 진성여왕을 전후하여 어지러웠던 시대, 임금의 권위는 땅에 떨어지고 정쟁이 난무하며 폭력이 판치는 세상, 같은 여왕임에도 이렇게 딴판인 세상에 살던 힘없는 백성들은 선덕여왕의 시대를 하나의 이상향으로 상상하였던 것입니다. 미천한 청년도 여왕을 사모할 수 있고 여왕이 그런 청년에게조차도 마음을 써주는 시대, 여왕을 사모한 미천한 청년 지귀가 인간으로 대접받는 시대, 여왕과 평민이 인간과 인간으로 서로 사모하고 존중해 주던 시대, 그리하여 가장 평화롭고 평등했던 시대, 지귀 설화가 그리고 있는 것은 그런 낭만적인 유토피아의 모습입니다.

현재 내가 살고 있는 시대가 폭력적일수록 인간이 존중받는 이상세계에 대한 그리움은 더욱 큰 의미로 다가오는 법입니다. 그런 점에서 지귀 이야기는 지금도 큰 감동을 주며 현대에도 의미 있는 이야기입니다. 지귀 설화는 인간이 존중받는 인간 중심의 유토피아를 향한 인간의 염원이 문학의 영원한 주제임을 우리에게 일깨워줍니다.

12.
김유신

신라 역사상 가장 빛나는 조명을 받은 인물, 왕이 아니면서도 대왕으로 불리어지는 인물, 그가 바로 김유신입니다. 금관가야 마지막 임금인 구형왕은 유신의 증조부로, 법흥왕 19년 532년 금관가야가 망하자 경주로 이주하여 귀족으로 대접받으며 살았습니다. 그리고 김유신의 조부인 무력과 아버지인 서현은 모두 무인으로서 백제와의 전쟁에 큰 공을 세웠던 사람들입니다. 『삼국사기』 「김유신 열전」에는 그에 관한 수많은 이야기가 전해옵니다. 그런데 여기에는 『삼국사기』에는 없는 이야기 겨우 하나가 그려져 있습니다. 일연 스님은 왜 하필 이 이야기 하나만 여기에 실었을까요?

무력 이간의 아들인 서현 각간 김씨의 맏아들은 유신庾信이며 그 아우는 흠순이다. 맏누이는 보희이며 어릴 때의 이름은 아해이다. 그 아래

누이의 이름은 문희이며 어릴 때의 이름은 아지이다.

유신공은 진평왕 17년 595년에 태어났는데 북두칠성의 정기를 받고 태어났기 때문에 등에 칠성의 무늬가 있었다. 그에게는 신기하고 기이한 일이 많았다.

18세 되던 임신년에 검술을 익혀 국선이 되었다. 이 때 백석이란 자가 있었는데 어디에서 왔는지는 알 수 없었으나 여러 해 동안 화랑의 무리에 속해 있었다. 김유신은 고구려와 백제를 치려고 밤낮으로 모의를 하고 있었는데 백석이 그 계획 알고 공에게 말하였다.

"제가 공과 함께 저들의 나라에 먼저 들어가 정탐을 한 연후에 일을 도모함이 어떻겠습니까?"

공이 기뻐하며 친히 백석을 데리고 밤에 길을 떠났다. 고개 위에서 쉬고 있는데 두 여자가 공을 따라왔다. 골화천에 이르러 머무는데 또 한 여인이 갑자기 나타났다.

공이 세 여인과 더불어 기쁘게 이야기하고 있는데, 여인들이 공에게 맛있는 과자를 주었다. 공은 그것을 받아먹으면서 마음을 서로 허락하고 즐겁게 담소하면서 자신의 속마음을 이야기하였다. 여인들이 말하였다.

"공의 말씀은 잘 알겠습니다. 공이 백석을 잠시 떼어놓고 수풀 속으로 함께 들어가시면 그 때 사정을 다시 말하겠습니다."

이에 그들과 함께 들어가니 여인들이 문득 신으로 변하고 나서 말하였다.

"우리들은 내림, 혈례, 골화 등 세 곳의 호국신인데, 지금 적국의 사람이 공을 유인하여 데리고 가는데도 공은 그것을 모르고 따라가고 있으므로 우리는 그것을 말리려 여기에 온 것입니다."

말을 마치자 여인들은 자취를 감추었다.

공이 이 말을 듣고 놀라 두 번 절을 하고 나와 골화관에 숙박하였을 때 백석에게 말하였다.

"지금 다른 나라에 가면서 중요한 문서를 잊고 왔소. 함께 집에 돌아가서 가지고 와야겠소."

마침내 집에 돌아와 백석을 결박하고 사실을 물었다.

백석이 말하였다.

"나는 본시 고구려 사람입니다. 우리나라의 신하들이 '신라의 유신은 원래 고구려의 점쟁이 추남이다.'고 말했습니다. 어느 날 국경의 냇물이 거꾸로 흘러 왕이 추남에게 점을 치게 하였더니 추남이 말하기를 '대왕의 부인이 음양의 도를 역행하였기 때문에 이러한 징조가 나타난 것입니다.' 하였습니다. 대왕이 놀라 괴이하게 여기고 왕비도 몹시 노하여 요사한 여우의 말이라고 하였습니다. 그리고 왕께 말하기를 다른 일로 시험하여 말이 맞지 않으면 중형에 처하라고 하였습니다. 그래서 쥐 한 마리를 함에 감추어 두고, '이것이 무엇이냐?'고 물었습니다. 추남이 말하기를 '이것은 틀림없이 쥐인데 여덟 마리입니다.' 라고 말하였습니다. 이에 그 말이 틀렸다 하여 죽이려하니 추남이 말하기를 '내가 죽은 뒤 장군이 되어 반드시 고구려를 멸망시켜 버리겠소.' 라고 하였습니다. 그를 죽이고 쥐의 배를 갈라보니 새끼가 일곱 마리가 있었으므로 그제야 그의 말이 사실임을 알았습니다. 그날 밤 대왕의 꿈에 추남이 신라의 서현공 부인의 품에 들어간 것을 보고, 여러 신하들에게 물어보니 모두다 '추남이 맹세를 하고 죽더니 과연 그렇게 되었습니다.' 라고 하였습니다. 그런 까닭에 고구려에서는 나를 보내어 여기에 와서 이런 계획을 꾸미게 하였던 것입니다."

공이 백석을 죽이고 온갖 음식을 갖추어 세 여신에게 제사를 지내니 세 여신이 모두 나타나 제사를 받았다.

김씨 집의 재매부인이 죽자 청연의 상곡에 제사지내고 재매곡이라 불렀다. 해마다 봄에는 김씨 집안의 남녀가 그 골짜기의 남쪽 시냇가에 모여 잔치를 벌였는데, 그때에는 온갖 꽃이 화려하게 피고 송화가 골짜기 안에 가득하였다. 그리하여 골짜기 입구에 암자를 짓고 송화방이라 하였는데 이것은 소원을 비는 절로 전해 내려온다. 제54대 경명왕 대에 공을 추봉하여 흥무대왕이라 하였다. 능은 서산 모지사의 북동으로 향해 뻗은 봉우리에 있다.

– 기이 제1 김유신

신이 돕는 자, 김유신

가야 출신인 김유신은 신라의 귀족으로 편입되어 상당한 벼슬을 하기는 하였으나 그렇다고 망국민이며 이주민인 그가 신라의 주류 귀족일

김유신 무덤

수는 없었습니다. 김유신의 아버지인 서현이 만명부인을 만나 결혼하여 유신을 낳은 이야기는 그 집안의 이러한 처지를 잘 보여줍니다.

> 처음에 서현이 길에서 갈문왕 입종의 아들인 숙흘종의 딸 만명을 보았다. 그는 기뻐하여 눈짓으로 유혹하여 중매를 기다리지 않고 야합하였다. 서현이 만노군의 태수가 되어 만명과 함께 떠나려 하자, 숙흘종이 자기 딸이 서현과 야합한 것을 알고 딸을 집에 가두고 사람을 두어 지키게 하였다. 갑자기 그 집 문에 벼락이 떨어져 지키는 자가 놀라 정신이 없는 틈에 만명은 구멍으로 나와 서현과 함께 만노군으로 달아났다.
>
> – 『삼국사기』 권 제41 김유신 열전 제1

갈문왕 입종은 법흥왕의 동생입니다. 입종의 큰아들이 바로 진흥왕이고 숙흘종은 진흥왕의 동생입니다. 귀족 대접을 받기는 하였으나 가야에서 이주해 온 비주류의 자손인 서현이 왕의 조카를 납치해 결혼했다는 놀라운 이야기입니다. 정상적으로 중매를 해서는 이루어질 수 없는 결혼이었기 때문이겠죠. 둘은 야반도주하여 신혼살림을 꾸립니다. 그들이 도망간 만노군은 지금의 충북 진천으로 이곳에 김유신이 태어난 생가가 있고 그의 태胎를 묻었다는 태실이 그곳에 지금도 있습니다.

그렇게 태어난 김유신은 백제와의 전쟁에서 무공을 세우고, 여동생을 김춘추와 결혼시키며, 매부인 김춘추를 왕으로 만들고, 신라의 3국 통일 과정에서 가장 극적인 역할을 하여 결국 신라에서 가장 존경받는 인물이 되었습니다. 『삼국사기』 「열전」은 김유신으로 시작되며 열전 10권 중 3권에 걸쳐 그의 전기가 펼쳐집니다. 그것은 거의 맨손으로 시작하여 자신의 능력만으로 대왕의 칭호까지 받는 위치에 오른 인간 승리의 드라마입니다.

그런데 『삼국유사』 김유신 조에 실린 이 이야기는 『삼국사기』나 다른 문헌에는 없는 이야기입니다. 『삼국사기』에 실려 있는 그 많은 일화들을 제쳐두고 왜 그곳에 없는 고구려의 간첩 백석의 이야기만 여기에 있을까요? 이것이 이 이야기를 접할 때 드는 첫 번째 의문입니다.

김유신이 화랑에 속해 있을 때 화랑의 무리인 백석과 고구려를 염탐하기 위해 길을 떠납니다. 충분히 있을 법한 이야기지만 「김유신 열전」에는 그가 염탐활동을 위해 고구려로 갔다는 이야기도 없습니다. 그는 골화천에서 신라의 토속 신앙으로 떠받들어지는 세 분의 여신을 만납니다. 그들은 김유신에게 백석의 정체를 귀띔해 줍니다.

핑계를 대고 경주로 돌아온 유신은 백석을 체포하고 그에게서 자신의 전생 이야기를 듣습니다. 그것은 김유신 자신도 몰랐던, 고구려에서 전해오는 자신에 관한 이야기입니다. 보장왕 때 억울하게 죽은 추남이란 자가 고구려에 복수하기 위해 서현공 부인의 품으로 들어가 김유신으로 태어났다는 이야기입니다.

김유신을 도운 세 여신은 경주의 토속 신앙에 근거한 산신입니다. 내림은 경주의 진산인 낭산, 혈례는 경북 청도의 부산, 골화는 경북 영천의 금강산입니다. 이 세군데 산신을 모시는 제사가 신라에서 가장 컸다는 것은 이 산신 신앙이 그만큼 민간에 뿌리 깊은 신앙이었다는 이야기이며, 그녀들이 김유신을 도왔다는 것은 김유신이 민간에서 그만큼 절대적인 숭배의 대상이었다는 것을 의미합니다. 고귀한 영웅일 뿐만 아니라 계급을 떠나 하층의 평범한 백성들에게까지 그는 보호되어야 할 소중한 사람이었던 것입니다.

추남의 환생담에서 보장왕 때 남녀관계가 문란하였다는 설명은 고려시대 사람들의 고구려에 대한 시각을 담고 있습니다. 고구려는 신라보다 불교의 전래가 빨랐지만 도교의 영향도 신라보다 컸습니다. 특히 고구려의 마지막 왕인 보장왕 때 연개소문은 도교를 장려하는 글을 임금에게 올려 정책적으로 도교가 크게 유행하도록 하였습니다. 불교국가인 신라나 고려에서 보장왕 때를 특히 부정적으로 보는 것은 이 때문입니다. 고구려가 망한 원인도 도교의 흥행에서 찾을 정도입니다. 그러한 시각이 이 환생담을 만든 것입니다.

신통력 있는 점쟁이가 상자 속의 쥐를 알아맞히는 이야기는 민담으로도 전해 오고 있습니다. 따라서 김유신 조의 이야기는 민담과 김유신에 대한 신성화, 그리고 고구려에 대한 부정적인 시각이 복합되어 만들어진 것으로 볼 수 있습니다. 그리고 이것은 김유신 전기가 만들어진 이후 상당히 후대에 만들어진 이야기로 추정됩니다. 고구려의 멸망을 도교의 유행과 남녀 관계의 문란함 때문으로 보는 것은 아무래도 고려인의 시각과 가깝기 때문입니다.

신라의 삼국 통일 과정에서 김유신이 차지하는 중요성과 비중을 생각하면 『삼국유사』 김유신 조의 이야기는 확실히 너무 간략합니다. 이 이야기만으로는 그의 인물 됨됨이를 알기가 사실 어렵습니다. 그러나 그가 신라 호국신의 도움으로 고구려의 첩자 백석의 정체를 알게 되었다는 이 이야기의 핵심은 그가 적어도 신라의 백성들 사이에서는 출신과 계급을 떠나 매우 소중한 인물로 받아들여졌다는 것입니다.

신라를 지켜주는 민속 신앙의 여신들이 노심초사 그를 지켜보다가 그가 잘못된 길을 가자 바로 나타나 그를 보호해 주어야 할 만큼 소중한 인물이 바로 그였습니다. 가야 출신의 이방인으로서 신라 귀족 사회에서는 분명 아웃사이더였지만, 위기의 순간에는 가장 신라적인 신들의 보호를 받는 인물, 확실히 김유신의 시대로부터 꽤나 먼 후대에 만들어진 듯 보이는 이 이야기가 담고 있는 주제는 바로 이것입니다.

그는 자신의 출신 성분에서 오는 핸디캡을 극복하기 위해 필생의 모험을 시도합니다. 그것이 바로 자신의 동생 문희를 김춘추와 엮는 것입니다. 다음 이야기인 김춘추 조는 바로 이 결혼 이야기에서 시작됩니다.

13.
신라의 관등과 골품제도

신라 사회는 골품이라는 타고나는 계급이 있고 이 계급에 의해 임명되는 관등에 제한이 있었습니다. 6두품은 6관등 아찬까지만 올라갈 수 있었으며 5관등 대아찬부터는 진골만이 차지하였습니다. 중앙 부처의 장차관급이나 지방의 도독은 5관등 이상인 진골만이 임명될 수 있었으므로 6두품으로서는 지방에서는 군의 태수 정도, 중앙에서는 실무를 담당하는 행정관의 직위밖에는 오를 수 없었습니다.

여기서 주의해야 할 것은 관등과 관직은 다르다는 점입니다. 관등은 직무의 등급이며 관직은 실질적인 임무를 말합니다. 따라서 집사부의 우두머리인 시중은 관직명이고 관등으로는 1관등인 이벌찬이며 집사부 시랑은 관직명이고 그것은 6관등인 아찬에 해당합니다. 또 신라의 8개 주를 다스리던 주지사를 도독이라 불렀는데, 도독은 관직명이며 관등은 2관등인 이찬이었습니다.

관등의 이름은 다음과 같습니다.

1관등	이벌찬, 혹은 이벌간, 우벌찬, 각간, 각찬, 서발한, 서불한
2관등	이척찬, 혹은 이찬
3관등	잡찬, 혹은 잡판, 소판
4관등	파진찬, 해간, 파미간
5관등	대아찬
6관등	아찬, 혹은 아척간, 아간
7관등	일길찬, 혹은 을길간
8관등	사찬, 혹은 살찬, 사돌간
9관등	급벌찬, 혹은 급찬, 급복간, 급간
10관등	대나마, 혹은 대나말
11관등	나마, 혹은 나말
12관등	대사, 혹은 한사
13관등	사지, 혹은 소사
14관등	길사, 혹은 계지, 길차
15관등	대오, 혹은 대오지
16관등	소오, 혹은 소오지
17관등	조위, 혹은 선저지

상대등은 신라의 귀족회의 기구인 화백회의의 의장입니다. 왕이 임명하긴 하지만 귀족들에 의해 추천되고 실질적으로 임기가 없는 종신직에 가까웠다고 보입니다. 귀족을 대표하는 역할로 왕권을 견제하는 입장이었습니다. 반면에 시중은 집사부의 장으로, 수상 혹은 국무총리의 역할과 비슷합니다. 왕의 명을 받아 정치를 하는 행정적인 우두머리입니다. 따라서 신라 중대 왕권이 강할 때는 직접 왕명을 받드는 시중의 권한이

강화되고 왕권이 약해진 신라 하대에는 다시 상대등의 권한이 강해집니다. 시중이나 상대등은 모두 관직명으로 관등은 1관등 이벌찬이었습니다.

화백회의

4장

중천에 뜬 해, 신라 중대

이제 신라의 황금기입니다. 여기서는 태종 무열왕 때부터 혜공왕 대까지 신라 중대 임금님과 영웅들의 이야기가 펼쳐집니다. 전쟁은 영웅을 낳고 영웅은 전설을 낳습니다. 이 시대는 많은 영웅이 활약하며 다채로운 이야기를 만들어내는 시대입니다. 신라의 황금기는 이야기의 황금기라 해도 과언이 아닙니다.

중천에 떠서 환하게 타오르는 해와 같던 신라 중대의 이야기, 그 속에 감춰진 의미를 찾아 떠나봅시다. 때는 1300년 전의 신라입니다.

1.
태종 춘추공

태종 무열왕 조는 크게 세 이야기로 이루어져 있습니다. 무열왕의 등극 전 김유신의 여동생 문희와의 결혼이야기, 백제 정벌 이야기, 고구려 정벌과 기타 단편적인 기록 들이 그것입니다. 그 중 백제 정벌 이야기는 『당사』를 인용하여 기록한 것이며, 백제 정벌 이후 고구려 정벌과 당나라 군대를 쫓은 이야기는 『신라고기』, 『백제고기』등을 인용해 기록한 것입니다.

제29대 태종대왕의 이름은 춘추이며 성은 김씨이다. 문흥대왕으로 추봉된 각간 용수[1]의 아들이며, 어머니는 진평대왕의 딸인 천명부인이

1 무열왕은 용수 혹은 용춘의 아들로 알려져 있다. 일연 스님은 용수와 용춘을 한 사람인 듯 애매하게 처리하였지만, 용수와 용춘은 진지왕의 아들로서 형제였다. 진평왕의 딸 천명이 김춘추를 낳았는데, 『화랑세기』에 의하면 천명이 용수에게 시집간 후 용수

다. 비는 문명황후 문희이니 곧 김유신공의 막내 누이이다.

처음 문희의 언니인 보희가 꿈에 서악에 올라가 오줌을 누었는데 오줌이 서울에 가득 찼다. 아침에 꿈 이야기를 문희에게 했더니 문희가 듣고 나서 말하였다.

"내가 그 꿈을 사겠어요."

언니가 말 하였다.

"무엇을 주겠느냐?"

문희가 말하였다.

"비단치마를 주면 되겠어요?"

언니가 말했다.

"좋다."

문희가 꿈을 받으려고 치마폭을 벌렸다.

언니가 말하였다.

"어젯밤의 꿈을 너에게 준다."

문희는 그 값으로 비단 치마를 주었다.

열흘 뒤 유신이 정월 오기일에 춘추공과 함께 자기 집 앞에서 축국[2]을 하다가 유신이 일부러 춘추공의 옷을 밟아 옷고름을 찢고 말하였다.

"우리 집에 들어가서 옷고름을 꿰맵시다."

가 일찍 죽고 그녀가 용춘과 산 까닭에 아버지가 분명치 않은 상황이 되었다고 한다.

2 축국(蹴鞠): 제기차기

춘추공은 그 말을 따랐다. 유신이 보희에게 꿰매도록 하니 보희가 말하였다.

"어찌 사소한 일로 가벼이 귀공자와 가까이 하겠습니까?" 하면서 한사코 사양하였다. 이에 문희에게 명하였다. 공이 유신의 뜻을 알아차리고 문희를 가까이 하였고 이후 자주 왕래하였다.

유신이 그 누이가 임신한 것을 알고 꾸짖었다.

"네가 부모도 모르게 임신을 하였으니 어찌된 일이냐?"

그리고는 문희를 불태워 죽인다는 말을 온 나라에 퍼뜨렸다.

어느 날 선덕여왕이 남산에 행차한 때를 기다려 뜰에 나무를 쌓아놓고 불을 질러 연기가 일어나게 했다. 왕이 그것을 바라보고 무슨 연기냐고 묻자 좌우의 신하들이 아뢰었다.

"유신이 그 누이를 불태워 죽이려는 것입니다."

왕이 그 까닭을 물었다.

"유신의 누이가 남편도 없이 임신하였습니다."

왕이 물었다.

"그것이 누구의 소행이냐?"

때마침 춘추공이 왕을 가까이 모시고 있다가 얼굴색이 크게 변했다.

왕이 말했다.

"너의 소행이구나. 속히 가서 구하도록 하여라."

춘추공이 임금의 명을 받고 말을 달려 왕명을 전하여 죽이지 못하게 하고 혼례를 올렸다.

진덕왕이 세상을 떠난 뒤 654년에 춘추공이 왕위에 올랐다. 나라를 다스린 지 8년째인 661년에 세상을 떠나니 그 나이가 59세였다. 애공사 동쪽에 장사를 지내고 비를 세웠다.

왕은 김유신과 함께 신비스러운 꾀와 힘으로 삼한을 통일하여 나라에 큰 공을 세워 묘호를 태종이라 하였다. 태자 법민과 각간 인문, 각간 문왕, 각간 노차, 각간 지경, 각간 개원 등은 모두 문희가 낳은 아들로 꿈을 샀던 효력이 여기에 나타난 것이다. 서자로는 개지문 급간과 거득 영공, 마득 아간과 딸 다섯이 있다.

왕은 하루에 쌀 서 말과 꿩 아홉 마리를 잡수셨는데 660년 백제를 멸망시킨 후에는 점심은 먹지 않고 아침과 저녁만 먹었다. 그래도 하루를 계산하여 보면 쌀이 여섯 말, 술이 여섯 말, 그리고 꿩이 열 마리였다. 이때 성안의 물가는 베 한필에 벼가 30석 또는 50석이었으니 백성들은 성군의 시대라고 하였다.

왕이 태자로 있을 때에 고구려를 치려고 당나라에 청병을 하러 들어갔다. 이때 당의 황제는 그의 풍채를 보고 신성한 사람이라고 칭찬하고는 기어이 머물러 있게 하여 사위를 삼으려 했으나 극구 사양하고 본국으로 돌아왔다.

이 때 백제의 마지막 임금인 의자왕은 무왕의 맏아들로 사람됨이 크고 용맹하고 담력이 있었으며 부모에 효도하고 형제간에 우애가 있어 해동의 증자라고 불렸다. 의자왕은 641년에 왕위에 올랐는데 즉위한 뒤로는 주색에 빠져서 정사가 어지럽고 나라가 위기에 처하게 되었다.

좌평 성충이 힘껏 간하였으나 의자왕은 듣지를 아니하고 오히려 그를 옥에 가두었다. 감옥에서 몸이 여위어 죽게 되자 성충은 마지막으로 글을 올렸다.

"충신은 죽어도 임금을 잊지 않는다 하니 원컨대 한 말씀 드리고 죽고자 합니다. 신이 일찍이 세상 돌아가는 것을 살펴보니 반드시 전쟁이 있겠습니다. 무릇 용병을 함에 있어서는 지세를 잘 살펴야 할 것이니 상류에 머물러서 적을 맞이한다면 능히 보전할 수 있을 것입니다. 만일 적국의 군사가 온다면 육로로는 탄현을 넘지 못하게 하고 수군은 기벌포[3]에 들어오지 못하게 할 것이며, 험한 곳에 의지해서 적을 막아야만 합니다."

그러나 왕은 끝내 듣지 아니하였다.

659년에 백제의 오회사에 크고 붉은 말이 나타나 밤낮으로 여섯 시간을 돌아다녔고, 2월에는 많은 여우들이 의자왕의 궁궐에 들어왔는데 그 중 흰 여우 한 마리가 좌평의 책상에 올라앉았다. 4월에는 태자궁의 암탉이 작은 참새와 교미를 하였고, 5월에는 사비수 언덕에 큰 고기가 나와서 죽었는데 길이가 세 길이나 되었고 그 고기를 먹은 사람들은 모두 죽었다. 9월에는 궁중에 있는 홰나무가 사람이 우는 것처럼 울었으

3 지금의 장항으로 금강이 서해 바다와 만나는 곳이다. 부여를 흐르는 백마강은 금강의 지류로서 장항에서 배를 타고 거슬러 오르면 부여에 이를 수 있다.

며 밤에는 귀신이 궁의 남쪽 길에서 울부짖었다.

660년 2월에는 서울에 있는 우물물이 핏빛이 되었고, 서해 바닷가에 작은 물고기들이 나와 죽었는데 백성들이 아무리 먹어도 없어지지 않았으며, 사비수의 물이 핏빛이 되었다. 4월에는 개구리 수만 마리가 나무위에 몰려들었고, 또 서울의 백성들이 이유 없이 놀라서 마치 누가 잡으러 오는 것처럼 달아나니 이 때 놀라 달아나다가 넘어져 죽는 자가 백여 명이나 되었고 재물을 잃은 자 또한 헤아릴 수 없었다.

6월에는 왕흥사 승려들이 모두 배가 큰 물결을 따라서 절 안으로 들어오는 광경을 보았고, 사슴과 같은 큰 개가 서쪽에서 사비수의 언덕까지 와서는 왕궁을 향하여 짖기도 하고 울기도 하더니 얼마 후에 모두 사라져 버렸다.

한 귀신이 궁에 들어와서 큰 소리로 부르짖기를,

"백제는 망한다. 백제는 망한다." 하고는 땅 속으로 들어갔다. 의자왕이 괴이하게 여겨 사람을 시켜 땅을 파보니 깊이가 석 자 가량 내려가자 거북이 한 마리가 나타났다. 그 등에는 이런 글이 쓰여 있었다.

"백제는 보름달이고 신라는 초승달 같다."

왕이 무당을 불러 물으니 무당이 말하였다.

"보름달이란 가득 찬 달이니 곧 기울게 되고 초승달은 아직 가득 차지를 못했으니 점점 가득 차게 되는 것입니다."

왕이 노하여 그 무당을 죽이니 다른 무당이 말하였다.

"보름달은 왕성한 것이고 초승달은 미약한 것입니다. 살피건대 우리

나라는 강성하여지고 신라는 점점 더 미약해진다는 뜻입니다."

왕은 기뻐하였다.

신라의 태종은 백제에 괴변이 많다는 말을 듣고 즉위 5년 660년에 김인문을 사신으로 당나라에 보내어 군사를 청하였다. 당나라의 고종은 좌호위대장군 형국공 소정방을 신구도행군총관으로 임명하고 좌위장군 유백영과 좌무위장군 풍사귀, 좌효위장군 방효공 등을 거느리고 13만의 군사를 이끌고 가서 정벌하게 했다. 또 신라왕 김춘추를 우이도행군총관으로 삼아 신라의 군사를 거느리고 합세하게 했다.

소정방이 군사를 이끌고 성산[4]에서 바다를 건너 신라의 서쪽 덕물도[5]에 다다르니 왕은 김유신으로 하여금 정예 병사 5만을 거느리고 가게 하였다.

의자왕이 이 소식을 듣고 여러 신하들을 모아 싸워 지킬 계책을 물으니, 좌평 의직이 나아가 아뢰었다.

"당나라 병사는 멀리 바다를 건너왔고 또 수전에 약하고, 신라의 군사는 큰 나라만 믿고 적을 가볍게 보는 마음이 있습니다. 만일 당나라 군사가 불리한 것을 안다면 두려워하여 감히 예리하게 나오지 못할 것입니다. 그런고로 먼저 당나라 군사와 싸우는 것이 옳을까 하옵니다."

---

4 성산(城山): 중국 산동성 문등현이다.

5 덕물도(德勿島): 지금의 서해 덕적도이다.

달솔 상영 등이 반대하여 말하였다.

"그렇지 않습니다. 당나라 군사는 멀리서 왔기 때문에 빨리 싸우려 할 것이므로 그 날카로움을 당할 수 없습니다. 그리고 신라의 군사는 아군에게 여러 번 패한 적이 있으므로 우리의 군사를 바라보면 두려워하지 않을 수 없습니다. 지금은 마땅히 당나라 군대의 길을 막아서 그들이 지치기를 기다리고, 먼저 일부의 군사로 신라군을 쳐 예기를 꺾은 후에 형편을 보아 합하여 싸우면 군사를 하나도 죽이지 않고 나라를 보존할 수 있을 것입니다."

왕은 망설이며 어느 의견을 따라야 할 지 몰랐다. 이 때 좌평 흥수가 죄를 짓고 고마비지현에 귀양을 가 있었는데, 왕이 사람을 보내 물었다.

"일이 급하게 되었으니 어찌하면 좋은가?"

흥수가 대답하였다.

"대체로 좌평 성충의 의견과 같습니다."

그러나 대신들은 그의 말을 믿지 않고 말하였다.

"흥수는 구속 중이어서 임금을 원망하고 나라를 사랑하지 않습니다. 그러므로 그의 말을 쓸 수는 없습니다. 당나라 군사로 하여금 백강 즉 기벌포를 따라 내려오게 하되 배를 나란히 나아가지 못하게 할 것이며, 신라의 군사로 하여금 탄현을 올라서 지름길을 따라 내려오되 말을 나란히 지나지 못하게 할 것이며, 그때에 군사를 놓아서 적군을 치게 되면 닭장에 든 닭과 같고 그물에 든 고기와 같을 것입니다."

왕이 말하였다.

"그 말이 옳다."

그러는 사이에 신라군과 당나라의 병사가 이미 백강과 탄현을 지났다는 소식이 전해졌다. 이에 왕은 장군 계백으로 하여금 결사대 5천을 이끌고 황산[6]에 가서 신라 군대와 싸우게 하였다. 그는 4번 싸워서 4번 다 이겼으나, 군사가 부족하고 마침내 힘이 다하여 패하고 계백은 전사하였다.

신라군과 당나라 군대가 합세해 진군하여 나루터에 이르러 강가에 군사를 주둔시켰다. 이때 갑자기 새 한마리가 소정방의 진영 위를 맴돌았다. 사람을 시켜 점을 치게 하였더니 이렇게 말하였다.

"반드시 원수가 다치실 것입니다."

소정방은 두려워하여 군사를 물리고 공격을 그만두려고 하니 김유신이 소정방에게 말하였다.

"어찌하여 날아다니는 새의 괴이한 짓 때문에 하늘이 준 기회를 놓칠 수 있겠소. 하늘의 뜻에 응하고 민심에 순응하여 어질지 못한 자를 치는데 어찌 상서롭지 못한 일이 있겠소."

그리고 신검을 뽑아 그 새를 겨누니 새는 갈기갈기 찢긴 채 발 아래로 떨어졌다. 이에 소정방은 백강의 왼쪽 언덕에 나와서 산을 등진 채 진을 치고 싸우니 백제군은 크게 패하였다.

당나라 군사가 밀물을 타고 배와 배가 꼬리를 물고 이어지고 북을 치

6 지금의 충남 논산시 부적면 일대. 이곳에 계백장군의 무덤이 있다.

며 진격해 갔다. 소정방이 보병과 기병을 거느리고 바로 도성으로 쳐들어가 30리쯤 되는 곳에 머물렀다. 성중에서는 모든 군사를 동원하여 이들을 막았으나 결국 패하여 죽은 자가 만여 명이나 되었다. 당나라의 군사들이 이긴 기세를 몰아서 성에 들이닥치니 왕이 죽음을 면하지 못함을 알고 탄식하여 말하였다.

"성충의 말을 듣지 않은 것이 후회스럽도다."

마침내 태자 융과 함께 북쪽 공주 산성으로 달아났다. 소정방이 성을 포위하자 남아있던 왕의 둘째 아들 태가 왕이 되어 무리를 이끌고 성을 굳게 지키니, 태자 융의 아들 문사가 태에게 말하였다.

"왕과 태자가 같이 성을 나갔는데 숙부께서 자기 마음대로 왕이 되었으니, 만일 당나라 군사가 포위를 풀고 물러가면 우리가 어찌 무사할 수 있겠습니까?"

그리고는 좌우를 거느리고 성을 나가니 백성들이 모두 뒤를 따랐으나 태는 이를 막을 수 없었다.

소정방이 군사를 시켜 성채에 올라 당나라의 깃발을 세우니 태는 매우 급하게 되어 성문을 열고 항복을 청하였다. 마침내 왕과 태자 융, 왕자 태, 대신 정복이 여러 성과 함께 항복하였다. 소정방은 의자왕과 태자 융, 왕자 태, 왕자 연 및 대신 장사 88명과 백성 1만2천8백7명을 당나라의 서울로 보냈다.

– 중략

또 『고기古記』에서는 이렇게 말하였다.

668년에 신라에서 청한 당나라 군사가 평양의 교외에 주둔하면서 편지를 보내어 급히 군수물자를 보내달라고 했다. 문무왕이 여러 신하들을 모아놓고 물었다.

"고구려에 들어가서 당병이 주둔하여 있는 곳으로 가는 것은 극히 위험하다. 그러나 당나라 군사의 식량이 떨어졌는데도 군량을 보내지 않는다는 것은 역시 도리가 아니니 이를 어찌하면 좋겠소?"

김유신이 아뢰었다.

"신 등이 능히 군수물자를 수송하겠으니 대왕께서는 걱정하지 마시옵소서."

이에 김유신과 김인문 등이 군사 수만 명을 거느리고 고구려의 국경으로 들어가 군량미 2만 곡을 수송하여 주고 돌아오니 왕이 크게 기뻐하였다. 또 군사를 일으켜 당나라 군사와 합세하고자 유신이 먼저 연기, 병천 등 두 사람을 보내 합세할 날짜를 묻자 당나라 장수 소정방이 난새와 송아지를 그려 보냈다. 사람들이 그 뜻을 몰라 사람을 시켜 원효법사에게 물으니 이렇게 해석하여 말하였다.

"군사를 속히 돌이키라는 뜻이다. 난새와 송아지를 그린 것은 반절[7]

---

7 반절(反切): 글자의 자음과 모음을 합하여 뜻을 표현하는 방법. 송아지를 그린 것은 화독畫犢, 즉 '혹'이고 난새를 그린 것은 화란畫鸞, 즉 '환'이므로 둘을 합하여 '속환', 즉 속히 돌아오라는 뜻이 된다. 반절로 뜻을 표현하는 방법은 신라시대 이후 고려, 조선 시대까지 통용되었으나 중국인 소정방이 반절을 썼다고 보기는 어렵다. 따라서 이 부분은 해석이 다양하다.

로 표현한 것이다."

이에 유신은 군사를 속히 돌려 패수를 건너며 말하였다.

"늦게 강을 건너는 자는 베리라."

군사들의 반이 강을 건넜을 즈음 고구려 군사가 와서 미처 건너지 못한 병사들을 죽였다. 이튿날 유신은 고구려 병사들을 추격하여 수만 명을 죽였다.

– 중략

당나라의 군사가 백제를 평정하고 돌아간 뒤에 신라의 왕이 여러 장수에게 명하여 백제의 남은 적을 잡게 했다. 신라 군대가 한산성에 주둔하니 고구려와 말갈 두 나라 군사가 와서 포위하여 싸웠으나 5월 11일부터 6월 22일까지 결판이 나지 않아 신라 군사가 위험하였다. 왕이 이 소식을 듣고 여러 신하와 의논하였다.

"무슨 좋은 계책이 없겠는가?"

왕은 망설이며 결정을 내리지 못하고 있었다. 이때 유신이 달려와서 아뢰었다.

"형세가 위급하여 사람의 힘으로는 안 되고 오직 신술로만 구할 수 있습니다."

이에 성부산[8]에 제단을 쌓고 신술을 쓰니 갑자기 큰 항아리만한 빛

8 성부산에 얽힌 또 다른 전설: 성부산은 도림의 남쪽에 있는데 특히 빼어난 봉우리가

이 나타나 별처럼 북쪽으로 날아갔다. 한산성 안에 있는 신라 군사들은 구원병이 오지 않음을 원망하여 서로 바라보고 울기만 할 뿐이었다. 적병이 이를 급히 치려고 하자 홀연히 빛이 남쪽의 하늘 끝으로부터 오더니 벼락이 되어서 포석[9] 30여 곳을 깨뜨렸다. 또 적군의 활과 화살과 창이 부서지고 군사들은 땅에 쓰러지더니 한참 후에 깨어나 달아나 돌아갔다. 이에 아군도 돌아왔다.

태종이 처음 즉위하였을 때 머리는 하나에 몸이 둘이고 다리는 여덟 개나 되는 돼지를 바친 사람이 있었다. 사람들이 논하여 말하기를,

"이것은 필시 천하를 통일할 좋은 징조입니다."라고 하였다. 태종 때에 처음으로 중국의 의관과 아홀[10]을 쓰게 되었는데 그것은 자장법사가 당나라 황제에게 청하여 가지고 온 것이다.

신문왕 때에 당나라 고종이 신라에 사신을 보내어 말하였다.

"나의 아버지이신 태종은 어진 신하 위징, 이순풍 등을 얻어 마음을 다하고 덕을 같이하여 천하를 통일하였던 고로 태종 황제라 하였소. 너

하나 있었다. 경주에 사는 사람이 벼슬을 얻으려고 자기 아들에게 커다란 횃불을 만들어 이 산에 올라가 들고 있게 했다. 그날 밤 경주 사람들이 횃불을 바라보고 괴상한 별이 나타났다고 했다. 왕이 듣고 걱정하고 두려워하여 괴성을 없앨 사람을 구하면 그 아버지가 응하려 한 것이다. 그런데 일관이 아뢰기를 이것은 큰 변괴가 아니고 다만 한 집안의 아들이 죽어 그 아비가 울 징조라고 하므로 사람을 구하지 않았다. 그날 밤 그 아들이 산에서 내려오다 호랑이에게 물려 죽었다.

9 포석(砲石): 큰 돌을 쏘아 성을 부수는 대포.

10 아홀(牙笏): 조례 할 때 대신들이 손에 쥐는 것. 임금의 지시를 적는 수첩이다.

계백장군 무덤

희 신라는 바다 밖에 있는 조그만 나라로서 태종이란 칭호를 사용하여 천자의 칭호를 함부로 하고 있으니 그 뜻이 충성스럽지 않으므로 속히 고치도록 하시오."

이에 신라왕이 글을 올려 답하였다.

"신라는 비록 작은 나라이지만 성신聖臣 김유신을 얻어 삼국을 통일하였기 때문에 태종이라고 한 것입니다."

당나라 황제가 그 글을 보고 생각하기를 그가 태자로 있을 때에 하늘에서 들린 말이 있었다.

"삼십삼천[11]의 한 사람이 신라에 태어나 김유신이 되었다."

그때 그 말을 책에 기록해 두었는데 그것을 꺼내보니 과연 그런지라

두렵고 놀라워 다시 사신을 신라에 보내어 태종이라는 칭호를 고치지 않아도 좋다고 하였다.

– 기이 제1 태종 춘추공

통일의 기반

무열왕 조의 첫 번째 이야기는 무열왕 김춘추와 김유신 동생 문희의 결혼 이야기입니다. 김유신이 김춘추와 자기 동생을 결혼시키려고 제기 차기를 하다가 일부러 옷깃을 밟고 문희를 시켜 옷을 꿰매도록 한 이 이야기는 청춘남녀의 아름다운 만남과 풋풋한 사랑의 이야기로 너무나 유명합니다. 그런데 그들의 결혼은 순탄치 않았던 듯합니다. 김유신이 임신한 동생을 화형에 처한다는 한바탕 해프닝을 벌이고 선덕여왕의 명을 받고서야 결혼이 이루어지는 것을 보면 말입니다. 왜 이런 쇼가 필요했을까요?

이 이야기는 『삼국사기』 문무왕 조의 첫머리에도 실려 있습니다. 『삼국유사』보다는 내용이 다소 간략하여 김유신이 문희를 화형에 처하려 하고 김춘추가 선덕여왕의 명을 받아 그녀를 구하고 결혼 한다는 부분은 빠져 있습니다. 왜 그들이 결혼으로 골인하는 이 마지막 대목은 『삼국사기』에는 없을까요?

---

11 불교의 도리천을 삼십삼천이라 한다.

김유신은 595년생이고 김춘추는 603년생입니다. 선덕여왕이 632년에 즉위하였으므로 그 때 김춘추는 서른이었습니다. 그리고 문희가 낳은 첫째 자식인 문무왕 법민은 626년생으로 그때 김춘추는 24살이었습니다. 따라서 문희가 법민을 임신하였을 때는 선덕여왕이 즉위하기 5년 전인 진평왕 때입니다. 선덕여왕의 명으로 결혼했다는 것은 사실일 수 없습니다.

선덕여왕 11년 642년 백제의 의자왕은 윤충이란 장군을 시켜 신라의 대야성을 공격해 함락시킵니다. 대야성은 지금의 경남 합천으로 이 지역은 백제와 신라의 접경 지역이며 신라로 오는 백제군을 막는 1차 방어선으로 전략상 매우 중요한 곳입니다. 이곳이 뚫리면 경주까지 방어할 만한 성이 거의 없기 때문입니다. 그런데 이 대야성이 함락될 때 대야성 성주인 김춘추의 딸과 사위, 즉 품석 부부가 죽습니다. 642년은 법민이 16살 때였으므로 품석의 아내 고타소는 문희가 낳은 딸이 아닙니다. 김춘추는 문희와 결혼하기 전에 이미 딸이 있었다는 뜻입니다.

김춘추의 첫 번째 부인에 관한 신빙성 있는 기록은 없습니다. 그러나 김춘추가 문희의 임신을 알고도 쉽게 결혼하지 못하는 것을 보면 분명 이유가 있었으리라 짐작됩니다. 김춘추에게는 딸 고타소를 낳은 부인이 이미 있었을 가능성이 하나이며, 김유신 집안이 왕족이 아니라는 것이 다른 하나입니다. 특히 두 번째 이유는 김춘추에게는 치명적인 것이었습니다.

선덕, 진덕 두 여왕 이후 왕위 계승 서열에서 김춘추는 1, 2위를 다투는 입장이었습니다. 진덕여왕이 죽은 후 사람들이 이찬 알천의 즉위를 권하나 알천이 사양하고 김춘추에게 세 번 권했다는 것을 보면 아마도 즉위 서열 1순위는 알천이었던 듯합니다. 그러나 그는 이미 김유신을 통해 군부를 장악하고 실권을 가진 김춘추에게 왕위를 양보한 것으로 보입니다. 이렇게 해서 진골에서 최초로 왕이 탄생하는 것입니다.

사실 이 결혼은 역사상 가장 유명한 정략결혼입니다. 이 결혼은 김춘추로서는 군부의 실력자로 떠오르고 있는 김유신과 처남 매부가 되는 것이며, 김유신에게는 망한 나라 가야의 왕족으로서 신라의 왕족과 결혼하여 자신의 가문을 한층 업그레이드 할 절호의 기회였던 것입니다. 그런데 김춘추에게는 이미 부인이 있었고, 그렇다면 문희는 첩이 되고 그의 자식은 서자가 된다는 문제가 하나 있었습니다. 또 김춘추가 문희와 결혼한다면 왕족이 아닌 여자와 결혼함으로써 김춘추는 왕위 계승에서 불리해진다는 문제도 있었습니다.

성골과 진골을 가르는 기준이 무엇인지는 아직도 정설이 없습니다. 태종 무열왕이 왜 진골인지에 대해서도 아직 확실한 대답은 없습니다. 성골과 진골 문제는 신라 사회에 대한 의문 중에서도 지금까지 가장 다양한 설이 있으며 정설이 없는 대표적인 문제입니다. 다만 성골이란 진흥왕 대 이후 혈통이나 거주지를 기준으로 왕족 중에서도 왕위를 계승할 수 있는 더욱 고귀한 신분으로 진골과 구별하기 시작한 것이 아닐까 짐작합니다. 그러한 구별의식 때문에 성골과 진골 사이의 결혼에는 상당한 제약이 있었는데 이것이 김춘추와 문희의 결혼이 순조롭지 못했던 이유가 되었을 가능성도 있습니다.

그 둘의 결혼은 신라를 움직이는 강력한 두 실세가 손을 잡는 상징적이고도 현실적인 사건이었습니다. 알천이 갖고 있던 병권이 백제의 대야성 공략을 기점으로 김유신에게 점차 넘어가며 5년 후 비담의 난을 평정하면서 김유신은 군부 세력을 거의 장악하고, 진덕여왕 대에는 신라의 모든 군사 행동은 김유신의 지휘로 이루어집니다. 한편 김춘추는 신라가 백제에게 대야성을 빼앗긴 후 고구려에 군사를 요청하러 사신으로 갑니다. 그리고 진덕여왕 대에는 중국과의 외교를 전담하여 가장 확실한 중국 통으로 자리매김 합니다. 진덕여왕 대에 김춘추는 김유신과 함께 실세로 거의 세력을 굳힌 것으로 보입니다.

김유신이 이렇게 군부 세력을 확실히 휘어잡게 된 배경에는 물론 김유신 본인의 탁월한 군사적 능력이 바탕이 되었겠지만 문희의 결혼도 분명 한 몫을 하고 있습니다. 그의 아버지인 서현공만 하더라도 왕족과 결혼하려면 야반도주만이 방법이었을 정도로 신라는 강한 계급 사회의 전통이 있었으니까요. 그에게는 문희와 김춘추의 결혼이 그 장벽을 넘는 수단이었던 것입니다. 명목상 진골이라고는 해도 그는 어디까지나 신라 사회에 편입된 지 오래지 않은 이주민이었으며, 그 굴레를 벗지 않는 한 그는 결코 신라 사회에서 주인공이 될 수는 없는 운명이었습니다.

분명 이 결혼은 김유신에게는 자신의 미래를 건 큰 모험이었습니다. 동생을 화형에 처한다는 소문을 내고 불을 피우는 한바탕 소동이 있고서야 결혼이 이루어진다는 이야기는 이 결혼이 정상적인 결혼이 아니며 말하기 껄끄러운 우여곡절이 있었음을 암시합니다. 김춘추의 전처가 살아 있거나, 신분 제약의 문제가 있거나, 심상치 않은 사연이 있었던 것은 분명합니다. 어쨌거나 이 결혼은 김유신으로서는 도박에 가까운 모험이었으며, 이 모험에서 승리함으로써 그와 김춘추의 앞날은 창창하게 빛날 수 있었던 것입니다.

이 결혼은 결과적으로 보면 신라 역사에 큰 전환점이었습니다. 그때까지도 늘 침략 당하는 입장에 있던 약소국 신라가 군사력과 외교력이라는 두 날개를 달고 날아오르는 계기가 되었기 때문입니다. 문희는 문무왕을 낳았고, 그는 아버지의 뜻을 이어 삼국 통일을 완성합니다. 그리고 이후 혜공왕까지 그의 자손은 5대에 걸쳐 7명의 왕을 배출합니다. 신라가 삼국을 통일한 계기가 되었다는 것 하나만으로도 이 결혼은 가히 역사적 결혼이라 부를 만한 대 사건이었습니다.

백제가 망한 이유

무열왕 조의 두 번째 이야기는 백제의 멸망과 관련된 것입니다. 의자왕이 직언을 하던 충신 성충을 옥에 가두었다는 이야기부터 시작합니다. 성충은 죽기 전에 마지막으로 의자왕에게 유언을 남깁니다. 기벌포와 탄현을 지켜야 한다는 것입니다. 충신 흥수도 이 의견에 동조합니다. 기벌포는 지금의 장항으로 당나라군은 서해 바다를 건너 덕적도에 머물렀다가 부여에서 가까운 장항으로 내려와 금강을 거슬러 사비성으로 오는 길을 택하였고, 신라군은 경북 상주에서 옥천과 대전, 황산을 거쳐 부여 사비성으로 오게 됩니다.

실제로 백제는 기벌포에서 당나라군대를 맞아 전투를 벌이지만 패합니다. 탄현이 정확히 어디인지는 학설이 다양합니다만, 대체로 옥천과 대전 사이의 험한 고갯길로 추정됩니다. 계백은 신라군이 탄현을 지나는 때를 놓치고 황산 벌판에서 신라군과 맞섭니다. 황산은 지금의 논산, 즉 대전과 부여 사이로 추정됩니다. 그러나 그것은 백제군이 기회를 놓쳤다기보다는 그만큼 신라군이 기습적으로 빨리 진격해 왔으며 계백이 군대를 수습하여 전쟁터로 나오는 데에 시간이 걸렸기 때문이라고 보는 것이 타당합니다. 성충과 흥수의 말을 듣지 않아 백제가 멸망한 것이 아니라 신라와 당나라 대군의 협공에 백제의 군사력이 역부족이었다고 보는 것이 정확한 것입니다.

또 백제에서는 당나라군과 먼저 싸우는 것이 유리한가, 신라군과 먼저 싸우는 것이 유리한가를 놓고 의견이 갈라집니다. 의자왕이 바다를 건너오느라 지친 당나라 군대를 두고 신라의 군대와 먼저 싸운 것이 패인인 것처럼 그려지지만 이것도 사실은 아닙니다.

당나라는 13만 대군이었으며 그들은 오랫동안 싸울 식량을 준비하고 오지는 않았습니다. 당시의 항해술과 조선 기술로 10만 명이 몇 개월간 사용할 보급품을 중국에서부터 나르는 것은 불가능했기 때문입니다. 당시 당나라 군대는 식량과 물자를 신라군에게 의존했습니다. 수나라와 당나라 태종이 단독으로 고구려 정벌에 나섰다가 패퇴한 것도 먼 거리로 인한 보급의 어려움이 큰 이유였습니다. 따라서 보급을 맡은 신라군을 막는다면 식량이 떨어진 당나라군을 물리치는 것은 더 쉬운 일일 수도 있었습니다.

기벌포와 황산벌에서 패했다 할지라도 사실은 백제에게도 마지막 기회는 있었습니다. 의자왕과 군신들이 모두 힘을 합쳐 사비성을 굳게 지키고 두세 달만 견뎌낸다면 적을 물리칠 가능성이 전혀 없는 것은 아니었습니다. 음력 7월에 전쟁이 시작되었으므로 겨울이 될 때까지만 지키면 아무리 신라에서 식량을 조달한다 해도 10만이 넘는 대군이 겨울을 날 식량을 댈 수는 없었기 때문입니다. 소정방의 부대가 사비성 앞 강가에 주둔했을 때 새가 소정방의 막사 위를 나는 것을 보고 점쟁이가 불길한 예언을 한 것도 허튼 이야기만은 아니었습니다. 백제가 제대로 대응했다면 사비성 함락이 그리 만만치 않았음을 암시하는 것입니다.

나중에 고구려도 그렇지만 백제 멸망의 가장 큰 이유는 역시 내분이었습니다. 사비성이 포위당하자 의자왕과 태자 융은 바로 성을 나가 공주산성으로 도망갑니다. 더구나 둘째 왕자 태가 스스로 왕이 되어 성을 지키려 하자 태자 융의 아들 문사는 사람들을 이끌고 성을 나가 당나라 군대에 항복합니다. 나라가 당장 백척간두의 위험에 처했는데도 그는 성을 버리고 도망간 의자왕과 태자의 허락 없이 숙부가 왕이 되었다는 것만을 비난하며, 당나라 군대가 물러간 후에 자신의 안위만을 걱정하고 있습니다. 결국 그들은 수성을 제대로 해보지도 않고 문을 열고 나가 항복하고 맙니다. 600년 왕조는 지도자의 무책임과 내분으로 힘 한번 써

보지 못하고 무너지고 만 것입니다. 참으로 허망한 결말입니다.

통일인가? 매국인가?

신라의 삼국 통일에 대해서는 많은 사람들이 그것은 진정한 통일이 아니라고 말합니다. 신라가 백제와 고구려를 멸망시키고 획득한 지역이 대동강에서 원산만을 잇는 경계선 남쪽이었기 때문입니다. 한반도의 대동강 이북과 만주 지역은 발해가 지배하였으므로 이 시대를 신라와 발해의 시대, 혹은 남북국 시대라고 부릅니다. 나아가 신라가 당나라라는 외국 세력을 끌어 들여 백제와 고구려를 멸망시킨 것이 우리 민족의 무대였던 만주를 잃는 결정적인 계기가 되었다고 비난합니다. 자연히 고구려가 삼국을 통일하지 못한 것이 한이 된다고 덧붙이게 되죠.

정말 그런 걸까요? 신라의 삼국 통일은 통일이 아니라 중국을 끌어 들여 우리의 영토였던 만주만 잃게 만든 매국적인 전쟁이었을까요? 물론 신라가 고구려의 영토를 모두 계승하지 못했다는 점에서 신라의 삼국 통일이 한계를 갖는 것은 사실입니다. 그러나 신라가 삼국을 통일한 것이 우연이 아니었던 것처럼 고구려나 백제가 삼국을 통일하지 못한 것도 우연이 아닌 역사의 과정입니다. 신라가 그때 통일하지 않았더라면 하는 가정은 흥미로운 상상은 될지언정, 역사적으로는 전혀 의미 없는 이야기입니다.

신라가 통일하지 않았더라면 하는 가정을 포함해서 신라의 통일이 우리 민족의 역사를 한반도에 가둔 계기가 되었다는 해석은 모두 현재 우리의 눈으로 본 결과입니다. 현재의 시각에서 보면 물론 신라의 통일은 안타까운 일입니다. 하지만 1400여 년 전으로 돌아간다면 판단이 그렇게 간단하지는 않습니다. 신라인의 입장에서 그 전쟁은 약육강식의 냉혹한 국제 관계에서 자신의 생존권을 건 최선의 선택이었습니다. 그 전쟁이 민족의 통일 전쟁이었다는 것은 지금 우리의 시각에서 본 것일 뿐입니다. 7세기에는 민족이란 말도 없었을 뿐더러 삼국이 형제라는 동질 의식이 있었는가도 의심스럽기 때문입니다.

신라 통일 직전, 즉 7세기 무렵 삼국은 형제의 나라라는, 그러므로 언젠가는 하나가 되어야 할 나라라는 의식이 있었을까요? 그들은 문화적인 혹은 종족적인 동질의식이 얼마나 있었을까요? 이 의문은 한국 고대사에 관한 의문 중 지금껏 시원한 답을 찾지 못한, 그러나 가장 핵심을 찌르는 질문입니다. 또 이 질문은 단순한 사실의 판단이 아니라 역사를 보는 주관적 관점이 개입된 질문이며 현재의 우리하고도 관련되는 매우 민감한 사안이기도 합니다.

물론 문헌에 드러난 사실로 보면 삼국은 때로는 동지로, 때로는 원수로 서로를 대합니다. 수백 년에 걸쳐 동일한 태도를 보일 수는 물론 없었을 겁니다. 그러나 근원적으로 하나의 조상을 가진 형제라는 의식, 혹은 하나로 합쳐질 수도 있는 동지라는 의식은 있었을까요? 신라인의 입장에서 고구려와 당나라는 똑같은 외국이었을까요? 아니면 심정적으로 당나라보다는 고구려가 훨씬 가까웠을까요?

신라인이 보는 고구려와 당나라의 심정적 거리가 분명 같지는 않았겠지만 지금 우리가 의심의 여지없이 당연하게 받아들이는 것만큼의 차이가 있는 것도 또한 아니었습니다. 민족이란 근대 이후 필요에 따라 만들어진 개념입니다. 그리고 우리에게 있어 하나의 민족이란 의식은 신라 통일 이후 고려와 조선을 거치면서 천년 이상의 세월이 흘러 만들어진 것입니다. 7세기의 전쟁을 그 전쟁의 결과로 인해 형성된 개념의 잣대로 평가하는 것은 분명 바른 태도가 아닙니다.

신라의 삼국 통일 과정에서 주목해야 할 것은 백제와 고구려가 패망한 후 신라가 당나라를 상대로 힘에 겨운 전쟁을 하여 당나라 군대를 한반도에서 몰아냈다는 점입니다. 신라가 당나라와 연합하여 백제와 고구려를 패망시킨 것은 사실이지만, 그렇다고 신라가 자존심과 자주의식까지 버린 것은 아니었습니다. 신라의 요청이 없었어도 중국은 끊임없이 한반도를 노리고 침략해 왔었습니다. 결국 그들의 야욕을 막은 것은 신라인의 자주의식이었고 그 결과 우리는 지금까지 중국에 흡수되지 않은 채 국가와 민족을 지켜올 수 있었던 것입니다. 그리고 그러한 자주의식의 전통 덕분에 우리는 이후로도 계속 되었던 거란 몽고 여진의 침략을 이겨내고 우리를 지킬 수 있었던 것입니다.

신라의 삼국 통일은 한민족의 형성에 결정적인 계기가 되었습니다. 이 계기로 인해 한반도를 근거로 하는 우리 민족이 형성될 수 있었다는 말입니다. 이 통일 전쟁에 일정한 한계가 있었음을 인정하지 않을 수는 없지만 그러나 그것을 지금의 입장에서, 그리고 일어날 수 없었던 가정을 근거로 폄훼해야 할 필요는 없습니다. 신라의 삼국 통일이 없었다면 현재 우리가 어떤 모습을 하고 있을까에 대해서는 아무도 장담할 수 없습니다. 부질없는 비하보다 그 전쟁에 담겨 있는 소중한 자주의식을 높이 평가하고 의미를 부여하는 것이 역사를 바라보는 바람직한 태도가 될 것입니다.

영웅의 활약과 민중의 소망

무열왕 조는 물론 무열왕이 주인공이겠지만, 삼국의 통일 과정에서 그의 역할은 중국과의 외교 외에 크게 두드러진 것은 없습니다. 이 조에서는 오히려 김유신의 초능력과 원효대사의 통찰력이 더욱 중요하게 그려집니다. 661년과 662년의 김유신의 일화 두 가지는 『삼국사기』 「김유신 열전」에도 자세히 그려져 있습니다.

문무왕 원년인 661년 김유신은 고구려와 말갈의 군대에 포위된 한산성(북한산성)을 구하기 위해 제단을 쌓고 기도를 올립니다. 기도의 효과로 적의 진영에 별이 떨어지고 번개가 쳐서 적이 포위를 풀고 달아났다는 이야기입니다. 또 다음 해 12월에는 고구려 정벌을 위해 평양성 근처에 주둔하고 있는 소정방에게 식량을 조달합니다. 한 겨울에 경주에서부터 평양까지 고구려 군을 뚫고 식량을 운반하는 것은 분명 목숨을 걸지 않고는 할 수 없는 어려운 과제였을 겁니다. 열전에는 김유신이 여러 날 밤을 새워 기도를 드린 후 이번 거사로 자신이 죽지 않음을 확인하고 식량

운반을 떠나는 장면이 자못 비장하게 그려집니다.

열전에는 이 외에도 김유신이 천지신명과 소통하고 그들을 움직이는 초능력을 보이는 일화가 여럿 있습니다. 말할 것도 없이 그것들은 민간에서 전승되어 오던 이야기일 것이며 김유신을 신격화하여 숭배하던 신라인의 마음을 대변하는 것입니다. 어려운 일이 있으면 언제나 나타나 해결해주는 슈퍼맨의 이야기는 사람들 사이에 전해지면서 살이 붙고 과장되어 가는 법입니다. 이 이야기들은 그런 영웅이 등장하여 이 전쟁을 빨리 끝내 주었으면 하는 그들의 소망을 담고 있으며, 수십 년 끊이지 않는 전쟁에 시달린 그들의 마음을 위로해 주는 역할도 합니다.

원효는 『삼국유사』의 여러 이야기에 조연으로 출연합니다. 물론 주로 불교와 스님들의 이야기가 되겠지만, 여기서는 전쟁터에도 등장합니다. 전쟁 이야기에 보이는 원효대사의 통찰력은 다소 생소합니다. 그러나 그의 놀라운 통찰력은 몰살당할 위기에 처한 병사들의 생명을 구하는 것이므로 이해가 가기도 합니다. 이것은 무력으로 신라를 구하는 인물 김유신, 불법으로 신라를 돕는 고승 원효, 그들이 동시에 등장하는 드문 장면이기도 합니다.

신라의 통일 전쟁은 사비성과 평양성 함락 이후에도 오랜 시간이 걸리는 일이었습니다. 끊이지 않고 일어나던 백제와 고구려의 부흥 세력을 잠재우고 한반도를 통째로 지배하려는 당나라 군대를 물리치기까지 실로 나라의 운명을 건 전쟁은 10년 이상 계속됩니다. 그 이전 백제와 있었던 전쟁까지 더하면 수십 년간 끊이지 않고 죽고 죽이는 살육전이 계속 되었던 것입니다.

김유신과 원효 같은 비범한 인물을 영웅으로 만들고 신격화 하는 것은 바로 이렇게 오랜 전쟁에 시달린 백성들이었습니다. 이 이야기에는 전쟁을 빨리 끝내 줄 영웅이 등장하기를 바라는 그들의 소망이 투영되어 있습니다. 신비한 능력을 발휘하는 영웅을 통해 상처를 달래고자 하는 그들의 소박한 마음과 소망을 우리는 이 이야기들에서 읽어낼 수 있습니다.

2.
문무왕 법민

문무왕 조는 크게 세 가지 이야기로 이루어져 있습니다. 문무왕이 당나라 군대를 물리치는 이야기, 문무왕의 어진 정치, 거득공 이야기가 그것입니다. 문무왕 대는 삼국의 통일이 완성된 때입니다. 무열왕은 660년 의자왕의 항복을 받아낸 후 1년 뒤 승하하고 장남 문무왕이 고구려의 항복을 받아내고 당나라 군대를 한반도에서 몰아냄으로써 대를 이어 통일의 과업을 완성하는 것입니다. 주사위는 이미 무열왕 대에 던져진 셈이고 문무왕이 마무리한다고 보면 되겠습니다.

왕이 즉위한 해는 661년이다.

사비의 남쪽 바다 가운데 여자의 시체가 있었는데 키가 73자나 되고 발 길이가 6자, 음부의 길이가 3자였는데, 어떤 사람은 키가 18자라고도 하였다. 때는 667년의 일이었다.

668년에 왕이 군사를 거느리고 김인문, 김흠순 등과 함께 평양에 이르러서 당나라 군대와 합세하여 고구려를 멸망시켰다. 당의 장수 이적은 고장왕을 잡아 당나라로 데리고 갔다. 이때 당나라의 유병[12]과 여러 장병들이 진영에 머물러 있으면서 장차 우리 신라를 치려고 하므로 문무왕이 이를 알고 군사를 일으켰다. 다음 해에 당의 고종이 김인문을 불러 꾸짖어 말하였다.

"너희가 우리의 병사를 청하여 고구려를 멸망 시켰는데 이제 오히려 우리를 해치려 하니 무슨 이유이냐?"

김인문을 감옥에 가둔 다음, 군사 50만 명을 훈련시키고 설방을 장수로 하여 신라를 치게 하였다.

이 때 의상법사가 유학을 하러 당에 들어왔다가 인문을 찾아가 만나니 인문이 이 사실을 말하였다. 의상이 곧 돌아와서 문무왕에게 이 사실을 알리니 왕은 매우 두려워하여 여러 신하들을 모아놓고 대책을 물었다. 각간 김천존이 아뢰었다.

"최근에 명랑법사가 용궁에 들어가서 비법을 전수받고 돌아왔으니 그를 불러 물어보십시오."

명랑법사가 아뢰었다.

"낭산의 남쪽에 신유림이 있는데 그 곳에 사천왕사를 세우고 절을 세우면 될 것입니다."

---

12 유병(遊兵): 일정한 임무 없이 시기를 보아 본대를 도와 싸우는 병사.

그 때 정주 고을에서 사자가 달려와서 보고하였다.

"수많은 당나라 병사들이 우리의 국경에 다가와서 바다를 맴돌고 있습니다."

왕은 명랑법사를 불러 물었다.

"일이 급하게 되었으니 어찌하면 좋겠소?"

명랑이 아뢰었다.

"고운 색깔의 비단으로 절을 임시로 만들면 될 것입니다."

이에 비단으로 절을 짓고 풀로 동서남북 중앙의 다섯 신상을 만들었다. 그리고 유가종의 고승 12사람으로 하여금 명랑을 우두머리로 하여 문두루[13]의 비법을 쓰게 했다.

이때는 당나라 병사와 신라의 병사가 접전도 벌이기 전이었는데 바람과 물결이 거세게 일어 당나라 배가 모두 바다에 침몰하였다. 후에 절을 고쳐서 다시 짓고 사천왕사라 하였는데, 지금까지도 이 절은 남아 있다.

그 후 671년에 당나라에서는 다시 조헌을 장수로 하여 5만의 군사로 쳐들어왔는데 역시 같은 비법을 썼더니 그 전과 같이 배가 침몰하였다. 이때 한림랑 박문준이 인문과 함께 옥중에 있었는데 당의 고종이 문준

---

13 문두루(文豆婁): 문두루는 만다라Mandara를 의미한다. 만다라는 신성한 제단에 부처와 보살을 배치하여 우주의 진리를 표현한 그림이다. 원래는 '본질을 소유한 것'이라는 의미였으나, 밀교에서는 깨달음의 경지를 도형화한 것을 일컬었다. 한자로는 '윤원구족輪圓具足'으로 번역한다. 윤원구족이란 낱낱의 살이 속바퀴 축에 모여 둥근 수레바퀴를 이루듯이, 모든 법을 원만히 다 갖추어 모자람이 없다는 뜻이다.

을 불러 물었다.

"너희 나라에 무슨 비법이 있기에 두 번이나 대병이 갔어도 살아서 돌아온 자가 없느냐?"

문준이 말하기를,

"저희들은 당나라에 온지가 10여 년이 되었기로 본국의 일은 알지 못합니다. 다만, 멀리서 한 가지의 사실만 들었습니다. 우리나라가 상국의 은혜를 많이 입어서 삼국을 통일하였으므로, 그 덕을 갚고자 낭산의 남쪽에 천왕사를 새로 지어 황제의 만년수명을 축원하며 법석을 열었다는 것입니다."

고종이 듣고 크게 기뻐하며 예부시랑 악붕귀를 사자로 신라에 파견을 하여 절을 살펴보게 하였다.

문무왕은 당나라의 사신이 온다는 말을 미리 듣고 이 절을 보여주어서는 안 될 것으로 판단하고, 그 남쪽에 새로 절을 짓고 사신을 기다렸다.

당나라 사신이 와서 말하였다.

"먼저 황제의 장수를 축원하고자 천왕사에 가서 분향을 하겠습니다."

사신을 새로 지은 절로 인도하자 사신이 그 절문 앞에 서서 말하였다.

"이것은 천왕사란 절이 아니고 망덕요산의 절이오."

사신은 끝내 들어가지를 않았다. 조정에서 그에게 황금 1천 냥을 주자 사자가 당나라로 돌아가 이렇게 말하였다.

"신라에서는 천왕사를 지어 황제의 장수를 새 절에서 빌고 있습니다."

당나라 사신의 말로 인하여 새 절을 망덕사라 하였다. 왕은 박문준이 당나라 황제에게 말을 잘 하여 용서하여 줄 뜻이 있음을 알고 강수 선생에게 김인문을 석방해 달라는 표문을 짓게 하여 이것을 사인 원우에게 주어 당나라 황제에게 아뢰게 하였는데, 황제는 표문을 보고 눈물을 흘리며 김인문을 위로하고 죄를 사하고 위로하여 돌려보냈다. 인문이 당나라 옥에 있을 때 신라 사람들이 그를 위하여 절을 지어 인용사라고 하고 관음도량을 열었는데 인문이 돌아오다가 바다에서 죽었으므로 미타도량으로 고쳤다. 그 절이 지금까지 남아 있다.

문무대왕은 나라를 다스린 지 21년째인 681년에 세상을 떠났는데, 유언에 따라 동해의 큰 바위에 장사지냈다.

왕은 생시에 지의법사에게 항상 말하였다.

"짐은 죽은 후 나라를 지키는 큰 용이 되어 불법을 받들고 나라를 지키려하오."

법사가 아뢰었다.

"용은 짐승의 응보인데 어찌 용이 되려 하십니까?"

이에 왕은 이렇게 대답하였다.

"나는 속세의 영화를 버린 지 오래니 만약 좋지 않은 응보로 짐승이 된다면 이는 내가 바라던 바이오."

문무왕 즉위 초에 남산에 장창을 설치하였는데 길이가 50보, 넓이가 15보로서, 이곳에 쌀과 병기를 저장하였다. 이것이 우창이며, 천은사 서북쪽 산위에 있는 장창을 좌창이라 한다.

다른 책에는 591년에 남산성을 쌓았는데 그 둘레가 2850보라 하였다. 이것은 진평왕 때에 처음 쌓았다가 이때에 와서 고친 것이다. 또한 부산성을 쌓았는데 3년 만에 마쳤으며 안북하 가에 철성을 쌓았다.

또 서울에 성곽을 쌓으려고 관리에게 명을 내렸는데, 의상법사가 이 소식을 듣고 글을 보내어서 아뢰었다.

"왕의 정치가 밝으면 비록 풀 언덕에 금을 그어서 성이라고 하여도 백성들은 넘지 않을 것이며 재앙을 씻고 복을 오래할 수 있습니다. 정치가 진실로 밝지 못하면 비록 장성을 쌓는다 하여도 재해를 없애지 못할 것입니다."

왕이 이 글을 보고 공사를 중지시켰다.

666년 3월 10일에 길이라고 하는 종이 한꺼번에 세 아들을 낳았다. 670년 정월 7일에는 한기부의 일산 급간의 여종이 한꺼번에 네 명의 아이를 낳았는데 딸 하나에 아들 셋이었다. 나라에서는 곡식 2백 석을 상으로 주었다.

또 문무왕 때 고구려를 쳐서 그 나라의 왕손이 귀화하자 진골의 지위에 두게 하였다.

왕이 하루는 서자인 동생 거득공을 불러 말하였다.

"그대가 재상이 되어 백관을 잘 다스리고 온 천하를 태평하게 하라."

거득공이 말하였다.

"폐하께서 소신을 재상으로 임명하신다면 신은 몰래 나라 안팎을 돌아보고 백성들의 노역이 괴로운지 편안한지, 세금이 무거운지 가벼운지, 관리들이 깨끗한지 아닌지를 알아본 후에 직위를 맡을까 합니다."

왕은 허락하였다.

거득공은 검은 승복을 입고 비파를 들고 거사의 모양을 하고 서울을 떠났다. 아슬라주[14], 우수주[15], 북원경[16]을 거쳐 무진주[17]에 이르렀다.

마을을 돌아다니니 무진주의 관리 안길이 그가 비범한 인물임을 알아보고 자기 집으로 데리고 가서 극진히 대접을 하였다. 그날 밤에 안길은 아내와 첩 세 사람을 불러 말했다.

"오늘밤 거사를 모시고 자는 사람은 평생을 나와 함께 할 것이오."

두 아내가 말했다.

"차라리 함께 살지 못할지언정 어찌 동침을 할 수 있겠습니까?"

그런데 나머지 한 아내가 말했다.

"당신께서 죽을 때까지 함께 살기를 허락하신다면 당신의 뜻을 따르

---

14 아슬라주(阿瑟羅州): 지금의 강원도 강릉.

15 우수주(牛首州): 지금의 강원도 춘천.

16 북원경(北原京): 지금의 충북 충주.

17 무진주(武珍州): 지금의 전남 광주.

겠습니다."

이튿날 아침 거사가 떠나면서 말했다.

"나는 서울 사람으로 나의 집은 황룡사와 황성사의 사이에 있고 이름을 단오라고 합니다. 주인이 서울에 오게 되면 찾아주시면 좋겠습니다."

거득공은 서울로 돌아와 재상이 되었다.

나라에는 매년 각 주의 향리 한 사람을 서울 안에 있는 여러 관청에 올려 보내어 지키게 하는 상수리제도가 있었다. 안길이 서울에 올라와 지킬 차례가 되어 서울에 왔다. 단오거사의 집을 물었으나 아는 사람이 없었다. 안길이 한동안 길가에 서 있다가 지나가는 노인에게 물었다. 노인은 그의 말을 듣고 한참 생각하다가 말했다.

"두 절 사이에 있는 집이라면 대궐이고, 단오[18]란 거득공인데 지방을 잠행할 때에 그대와 인연이 있었던 모양이구려."

안길이 사실대로 말하자 노인이 말했다.

"궁성의 서쪽 귀정문으로 가서 출입하는 궁녀를 기다려 사실을 말하시오."

안길이 그 말대로 궁녀에게 전했다.

"무진주에 사는 안길이 상공을 뵈러 왔습니다."

거득공이 그 말을 듣고 달려 나와 손을 붙잡고 궁으로 들어가 공의

18 단오를 수릿날이라 하는데 수리는 수레, 즉 거득공의 거車를 의미한다.

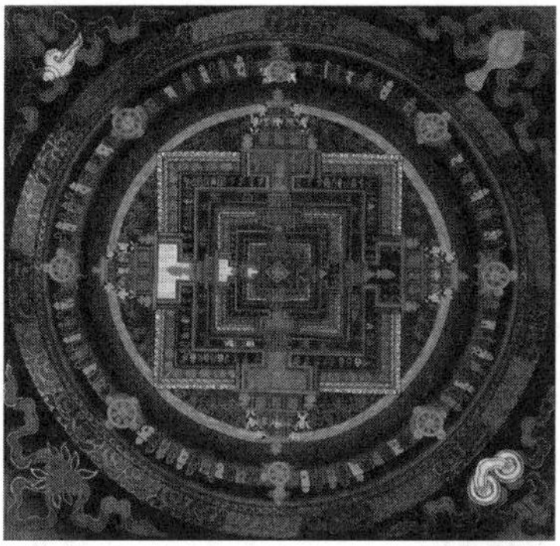

만다라

부인을 함께 불러내어 잔치를 열었는데, 차린 음식이 50여 가지나 되었다. 이 사실을 임금께 아뢰고 성부산 아래의 땅을 무진주의 상수리[19]의 궁중과 관청에 공출하는 연료를 채취하는 땅으로 주고 사람들의 벌채를 금하고 사람들의 접근을 막았다. 나라 사람들이 모두 그를 부러워하였다. 산 밑에 밭 30묘가 있는데 종자를 석 섬이나 뿌렸다. 이 밭이 풍작이 되면 무진주 또한 풍작이 되고, 그렇지 않으면 무진주도 또한 흉작이 되었다.

– 기이 제2 문무왕 법민

19 지방 세력의 자제를 인질로 중앙에 불러 들여 머물게 하는 제도.

통일의 완성

이야기는 사비성 남쪽 바다에 나타난 커다란 여자 시체에서부터 시작됩니다. 사비성 남쪽 바다라면 기벌포, 즉 지금의 장항이나 군산 어디쯤이겠지만 자세한 지명은 밝혀져 있지 않습니다. 문제는 이것이 고구려의 패망과 삼국의 통일을 예지하는 징조치고는 너무 기괴하다는 데에 있습니다. 무열왕 조에 나온 것처럼 백제가 망할 때에도 여러 징조가 있었는데, 그때는 나라가 망할 것을 알리는 징조이므로 흉조가 맞지만 문무왕 대의 징조는 길조일 텐데 흉조와 별로 다르지 않습니다. 의자왕 때 사비수에 나타난 큰 물고기와 거대한 여인의 시체가 왜 하나는 흉조이고 하나는 길조인지 분간이 되지 않습니다.

200미터가 넘는 이 거대한 여인의 시체는 혹시 고구려의 패망을 상징하는 걸까요? 흉한 일을 앞두고 나타났더라면 흉조로 보아도 전혀 이상할 것 없는 이 징조에서 무언가 흉조와의 차이점을 찾기는 어렵습니다. 이것은 『삼국사기』에도 전혀 흔적이 없어 단지 떠돌던 소문이었으리라 짐작됩니다. 어쩌면 모든 징조가 처음부터 흉조와 길조로 구별되어 나타나는 것은 아니었는지도 모릅니다. 어쨌든 무언가 대단히 엄청난 사건이 벌어질 것임을 암시하는 것만은 분명해 보입니다.

화룡점정, 대업의 신화

백제의 태자 융을 중심으로 복신 도침 등의 가장 큰 백제 부흥 세력을 진압한 것은 663년이고 고구려의 마지막 왕 보장왕이 항복하는 것은 668년이었습니다. 그러나 그 이후에도 백제를 부흥하려는 움직임이 끊이지 않고 있었고 고구려를 부흥하려는 움직임도 계속되었습니다. 그리고 무엇보다 한반도를 통째로 지배하기 위해 당나라는 웅진과 평양에 대규모 부대를 주둔 시켰으므로 신라 군대와 당나라 군대와의 충돌도 계속되었습니다.

자연히 당나라와 신라의 관계는 악화될 대로 악화되었습니다. 『삼국사기』 문무왕 조에 실린 설인귀의 편지와 문무왕의 답신은 이때 당나라와 신라의 외교적 상황을 날카롭게 드러내고 있습니다. 설인귀는 신라의 문무왕을 형이라고 부르면서 역적의 우두머리가 되었다고 비판합니다. 신라의 요청에 의해 군대를 파견하여 백제와 고구려를 패망시켜주었는데, 이제 와서 신라는 은혜를 원수로 갚는 역신이 되었다고 합니다. 지금이라도 겸손히 도를 따르고 복을 받아들이라고 점잖게 충고합니다.

문무왕은 당나라의 군대와 신라군이 함께 백제와 고구려를 치는 과정에서 신라군이 겪었던 갖가지 간난신고艱難辛苦와 신라가 당나라군을 도왔던 사실들을 조목조목 이야기합니다. 또 약속을 위배하고 배신한 것은 오히려 당나라라고 지적합니다. 문무왕의 답신은 공손하면서도 당나라의 항복 요구를 깨끗하게 거부하고 있습니다.

당나라는 처음부터 신라가 백제와 고구려 땅을 지배하는 것은 전혀 고려하지 않았었습니다. 당나라의 계획은 신라와 고구려 백제를 예전의 국경선 그대로 둔 채 각각 계림도독부, 안동도호부, 웅진도호부를 두어 한반도 전체를 지배하려던 것이었습니다. 그렇게 하기 위해 웅진과 평양에 대규모 군대를 남겨둔 것입니다. 그런데 신라가 백제와 고구려 땅을 점령해 버리니 당나라로서는 꽤나 당황스러웠을 법도 합니다.

자연히 신라와 당나라 사이에는 크고 작은 전투가 수없이 벌어집니다. 당나라 군대는 평양을 근거지로 하여 적게는 만 명부터 몇 만의 군사로 계속 신라를 공격하지만 신라는 대부분의 전투에서 승리합니다. 결정적으로 설인귀가 이끄는 20만의 당나라 군대를 675년 매소성 전투에서 대파하고 676년 기벌포로 다시 들어오는 설인귀의 당나라 대군를 물리칩니다.

신라와 당나라의 전쟁은 외교와 군사력이 모두 동원된 총력전이었습니다. 당은 문무왕의 동생 김인문을 인질로 잡아두고 신라를 협박하며, 674년 급기야는 문무왕의 관직을 박탈하고 장안에 인질로 잡혀 있던 김인문을 신라왕으로 임명하기까지 합니다. 신라는 이에 대해 당나라에 조공도 보내고 외교를 계속하면서도 한편으로는 당나라 군대를 계속 무찌르는 등 군사작전과 외교전을 동시에 수행합니다. 참으로 아슬아슬한 상황이 몇 년간 지속되지만 신라는 끈질긴 공격으로 676년 결국은 평양에 있던 안동도호부까지 요동 지역으로 몰아내는 데에 성공하며 통일을 완성시킵니다.

그런데 이렇게 몇 년에 걸쳐 끈질긴 싸움 끝에 얻어낸 승리를 『삼국유사』는 사천왕사의 건립과 명랑법사의 신통력으로 물리친 것처럼 그리고 있습니다. 이 이야기가 물론 문무왕 당대에 만들어진 것은 아니겠지만, 이것은 소위 문두루의 비법이라 일컬어지던 밀교가 신라 사회의 저변에 얼마나 깊게 뿌리내리고 있었는가를 보여줍니다.

밀교란 불교에 신비주의적 색채와 세속적 욕망이 더해지면서 갈라져 나온 불교의 한 분파입니다. 밀교는 종교를 통해 병을 고치거나 귀신을 쫓는 등의 현세적인 소망을 성취하려는 마음이 동기가 되고 신라의 토속 신앙과 결합되어 통일 신라 시대 광범위하게 퍼진 것으로 추정됩니다. 불교가 도입된 지 오래지 않은 그 때에 이미 명랑법사라는 대표적인 밀교의 승려까지 등장하며 그가 당나라 대군을 물리쳤다는 이야기까지 만들어진 것을 보면 밀교에 대한 사람들의 기대 심리가 적지 않았음을 짐작할 수 있습니다.

『삼국유사』 신주 편에는 신라의 대표적인 밀교 승려인 밀본, 혜통, 명랑 세 분의 이야기가 나옵니다. 역시 기대에 부응하여 병을 고치고 귀신을 쫓는 이야기가 흥미진진하게 펼쳐집니다. 밀교는 '다라니'라고 불리는 주문과 제사의 의식이 강조됩니다. 불국사 다보탑에서 발견된 무주정광대다라니경도 밀교 경전이며 고려 시대 만들어진 팔만대장경 중에 밀교 경전이 가장 많다는 보고도 있습니다. 문무왕 시대 명랑법사가 문두루의 비법으로 당나라 군대를 물리쳤다는 이야기는 의상과 원효로 대표되는 화엄종 선종과 더불어 민간에서는 이미 밀교 신앙이 뿌리를 내렸고 광범위하게 영향력을 행사하고 있었다는 것을 보여 줍니다.

수년에 걸친 끈질긴 전쟁과 아슬아슬한 외교적 줄타기 끝에 당나라 군대를 쫓아내고 신라는 삼국 통일을 완성합니다. 그러나 누구도 부정할 수 없고 의미가 큰 역사적 사실조차도 어느 정도의 시간이 흐르면 낭만적인 추억의 색채를 띠게 됩니다. 역사적 전환기 역사의 현장에서 직접 몸으로 그 현실을 감당해야 했던 이 땅의 백성들에게 역사니 통일이니 하는 것은 한낱 사치스런 말장난에 불과했을지도 모릅니다. 수많은 전쟁 속에서 이별과 죽음을 매일 겪으면서 목숨을 부지하는 것만이 그날그날의 희망이었던 그들에게 민족적 대업이 무슨 의미를 줄 수 있었겠습니까?

문무왕 조의 명랑법사 이야기는 그 시대를 살던 민중들의 소박한 소망을 오롯이 담고 있습니다. 이야기에 강조되어 있는 것처럼 신라 군대와 당나라 군대가 접전을 벌이기도 전에 풍랑이 일어 당나라 군대가 모두 바다에 빠져 버렸다면 얼마나 좋았겠습니까? 그리하여 누가 죽을 일도 이별할 일도 없이 전쟁이 끝날 수만 있다면 얼마나 좋았겠습니까? 밀교에 대한 민중들의 기대와 함께 이 이야기에 담긴 그들의 꿈과 절절한 소망이 애잔한 감동으로 다가옵니다.

문무왕의 선정과 거득공

문무왕 조의 두 번째 이야기는 문무왕이 즉위 초부터 큰 창고를 만들어 식량과 무기를 저장해 두었으며 백성들을 위해 경주 주변에 쌓으려 했던 성의 건설을 의상 대사의 조언을 받아들여 포기한다는 것입니다. 그때는 당나라와 끊임없이 전쟁을 벌이던 때이므로 경주를 둘러싼 성을 쌓는 것은 매우 중요한 일일 수도 있었습니다. 그러나 계속된 전쟁으로 이미 수없이 노역에 동원되었을 백성들을 다시 성 쌓는 노역에 동원하는 것은 분명 매우 고통스러운 일이었을 겁니다. 백성들을 노역의 고통에서 벗어나도록 해 준 문무왕의 어진 마음씨가 아름답게 느껴집니다.

문무왕 때 네 쌍둥이를 낳은 여인은 실존 인물인 듯합니다. 『삼국사기』에도 똑같은 내용이 있기 때문입니다. 인구가 곧 국력이던 시대였으므로 많은 자식을 낳은 것은 국가적으로 대단히 큰 경사였던 듯합니다. 여인에게 상을 내려 다산을 장려하는 제도도 있었던 듯합니다.

마지막으로 등장하는 거득공 이야기는 다소 엉뚱하기도 하고 이야기의 진의 파악도 어렵습니다. 거득공이란 인물에 대해서는 문무왕의 동생이며 서자라는 것 외에 알 수 있는 것이 없습니다. 『삼국유사』 무열왕조에는 거득 영공의 이름이 보이고, 『삼국사기』 무열왕 2년의 기록에 법민을 태자로 삼고 법민의 동생들에게 벼슬을 내린다는 기록은 있지만 동생 중 거득이란 이름은 보이지 않습니다. 그때 나이가 어렸거나 서자 중에서도 중요하지 않은 위치에 있었던 것으로 보입니다.

그런데 서자 출신이 재상까지 오르는 것은 가능했을까요? 적서 차별이 확고해진 것은 훨씬 후대의 일이며 이 시대의 인물 중에 모계가 비교적 미천한 인물도 다수 있으므로 우리가 지금 생각하는 만큼 적서 차별이 있지는 않았으리라 추측되지만, 그렇다고는 해도 그것이 아무런 제약이 되지 않았다고는 할 수 없을 것입니다. 아무튼 거득영공에서 영공은 재상, 즉 시중이나 상대등을 가리키므로 그가 신분상의 제약을 뛰어넘어 능력을 인정받았다고 해석할 수 있습니다. 그러나 그가 실제로 재상이 되었다면 특히 기록이 자세한 문무왕 때『삼국사기』에 전혀 기록이 없다는 것이 조금 이상합니다. 따라서 그가 이렇게 불린 까닭은 아마도 실제 재상은 아니었지만 그가 사람들의 존경을 받고 왕의 동생으로서 국정에서 중요한 역할을 했다고 생각할 수는 있습니다.

무진주의 안길이 암행 나온 거득공과 첩이 동침하도록 하였다는 기록은『화랑세기』를 믿는다면 신라 시대에는 흔한 풍습으로 볼 수 있습니다. 이런 암행을 통해서 세상의 민심이 임금에게 전달되고 임금은 그것을 정책 결정에 반영했을 가능성도 큽니다. 문무왕이 경주에 성을 쌓으려다가 의상대사의 건의로 그만두었다는 기록도 따지고 보면 문무왕이 세상의 여론을 듣고 정책을 결정했음을 의미하는 것입니다.

거득공 이야기에 대한 해석은 엄밀한 기록에 근거한 것은 아닙니다. 그러나 이런 이야기가 만들어지고 전해진 이유를 생각하면 충분히 가능성 있는 추리입니다. 문무왕이 자신의 동생으로 하여금 전국을 암행하도록 하고 그렇게 수집된 여론을 정책 결정에 반영했다는 이야기입니다. 귀한 손님에게 자신의 부인을 동침하도록 했다는 놀라운 풍속과 함께 이 이야기는 문무왕이 여론에 귀 기울이는 어진 정치를 폈음을 기록한 것으로 이해할 수 있습니다.

3.
만파식적

신문왕이 신령스런 보물 만파식적을 얻는 과정과 신문왕의 태자 이공이 아버지가 동해의 용에게서 받은 옥대가 진짜 용임을 알아보았다는 두 이야기로 되어 있습니다. 외적이 물러가고 병이 낫고 바람이 그치고 파도가 가라앉는 피리 만파식적, 이 피리의 의미를 어떻게 보아야 할까요?

제31대 신문대왕의 이름은 정명이고 성은 김씨다. 681년 7월7일 왕위에 올랐다. 아버지 문무대왕을 위하여 동해 바닷가에 감은사를 세웠다.

이듬해인 임오년 5월 초하루에 해관 파진찬 박숙청이 아뢰었다.

"동해에 작은 산 하나가 감은사 쪽으로 떠 내려와 파도를 따라 왔다 갔다 합니다."

왕이 이를 기이하게 생각하여 일관 김춘질에게 점을 치게 하였다.

일관이 말하였다.

"돌아가신 대왕의 아버지께서 지금 바다의 용이 되어서 삼한을 지키시고 또한 김유신공도 삼십삼천의 한 아들이 되어 지금 내려와 대신이 되었습니다. 두 성인이 덕을 같이하여 성을 지키는 보물을 내려 주시려 하니 만약 폐하께서 바닷가로 나가시게 되면 값을 매길 수 없는 보물을 얻게 될 것입니다."

왕은 기뻐하여 그 달 7일에 이견대로 가서 그 산을 바라보고 사자를 보내어 살펴보게 하였다. 산세는 거북의 머리 형상이었고 그 위에 한 그루의 대나무가 있었는데, 낮에는 둘이 되었다가 밤에는 합해져서 하나가 되었다. 사자가 돌아와서 아뢰니 왕은 감은사에 나아가 머물렀다.

다음날 오시에 대나무가 합하여져서 하나가 되니 천지가 진동하고 바람과 비가 일어나며 7일 동안이나 캄캄하였다. 그 달 16일이 되어서야 바람이 자고 파도는 잔잔해졌다. 왕이 배를 타고 그 산으로 가니 용이 검은 옥대를 받들어 왕에게 바치었다. 용을 영접하고 자리에 앉아 왕이 물었다.

"이 산에 있는 대나무가 갈라지기도 하고 혹은 합해지기도 하는데 이는 무슨 까닭인가?"

용이 대답하였다.

"비유를 하자면 한 손으로 치면 소리가 나지 않고 두 손으로 치면 소리가 나는 이치와 같습니다. 이 대나무란 물건은 합해진 연후라야만 소리가 나게 되므로 성왕께서는 소리로써 세상을 다스리게 될 징조입니다. 왕께서 이 대나무를 가지고 피리를 만들어 불면 천하가 화평할 것입니다. 지금 왕의 아버님께서는 바다의 용이 되셨고 유신공은 다시 천신이 되어 두 성인이 마음을 같이하여 값을 매길 수 없는 보물을 저에게 주어 저로 하여금 왕께 바치게 한 것입니다."

왕은 놀랍고 기뻐하며 5색 비단과 금, 옥을 용에게 주고 사자를 보내어 그 대나무를 베게 한 다음 바다에서 나오니 산과 용이 갑자기 사라지고 보이지 않았다.

왕은 감은사[20]에 머무르며 17일에 지림사의 서쪽 시냇가에 다다라 어가를 멈추고 점심을 드시었다. 태자 이공 즉 효소대왕이 대궐을 지키고 있다가 이 소식을 듣고 말을 타고 달려와서 경하하며 천천히 살펴보고 말하였다.

"이 옥대의 모든 조각이 진짜 용입니다."

왕이 물었다.

"네가 그걸 어찌 아느냐?"

태자가 아뢰었다.

---

20 감은사에 전해 오는 기록에 의하면 문무왕이 왜병을 진압하려고 이 절을 지었으나, 마치지 못하고 돌아가 바다의 용이 되었다고 한다. 그 아들 신문왕이 왕위에 오른 682년에 절을 완성하고 금당 섬돌 아래 동쪽으로 구멍을 하나 뚫어 두었는데 이것은 용이 절에 들어와서 돌아다니게 하기 위한 것이다. 유언으로 유골을 간직한 곳은 대왕암이라고 하고 절 이름도 감은사라고 하였는데 후에 용이 나타난 것을 본 곳을 이견대라고 하였다.

감은사터

"조각 하나를 떼어서 물에 넣어 보십시오."

그래서 왼쪽에서 두 번째 조각을 떼어 시냇물에 넣으니 바로 용이 되어 하늘로 올라갔다. 그리고 그곳은 곧 연못이 되니 이러한 이유로 하여 용연龍淵이라고 불렀다.

왕이 돌아와 그 대나무로 피리를 만들어서 월성의 천존고에 보관하였다. 이 피리를 불면 적군이 물러나고 병이 나으며, 가물 때에는 비가 오고 비가 올 때는 비가 그치고 바람은 가라앉고 물결은 평온하였으므로 이 피리를 만파식적萬波息笛이라고 부르고 국보로 삼았다.

효소대왕 때인 693년 부례랑이 살아서 돌아온 기이한 연유로 하여 다시 봉하여 부르기를 만만파파식적이라 하였다. 자세한 것은 그의 전기에 나타나 있다.

— 기이 제2 만파식적

태평성대와 음악과 소문

신문왕은 문무왕의 장남으로서 681년 왕위에 올라 12년 간 재위하였습니다. 신문왕 대는 외적의 침입이나 전쟁이 전혀 없던 평화로운 시대였으며 가뭄이나 홍수 지진의 기록도 전혀 없습니다. 신문왕 대 사건이라면 즉위 원년에 있었던 흠돌의 난이 유일합니다. 김유신의 조카인 화랑 김흠돌이 신문왕의 왕위 계승에 불만을 품고 일으킨 역모입니다. 역모는 사전에 발각되고 주모자 흠돌이 사형에 처해지는데, 이 일은 흠돌이 속했던 가야계 김유신 세력과 화랑이 급속히 몰락하는 계기가 됩니다. 그러나 이 사건은 권력 내부의 문제였을 뿐 나라의 평화를 깨뜨리는 일은 아니었습니다.

신문왕 시대 또 하나 주목할 것은 신문왕 9년 실시된 녹봉제도입니다. 녹봉이란 관리들에게 녹읍으로 주던 땅 대신 해마다 등급을 매겨 쌀로 봉급을 지급하는 제도입니다. 능력에 따라 봉급을 차등 지급하는 요즘의 연봉제와 같은 제도이지요. 골품제라는 신분제도가 철저했고 과거제도도 없어서 신분에 따라 오를 수 있던 관등의 제한이 철저했던 고대 사회에 이런 제도가 있었다는 것이 놀랍습니다. 결국 40여 년 후 경덕왕 대에 폐지되고 다시 녹읍제로 되돌려지지만 이것은 왕권 강화를 목적으로 귀족의 권한을 제한한 조치로 왕권이 강했던 신문왕 대의 상황을 잘 보여줍니다.

그만큼 평화로운 시대였다는 뜻일까요? 신문왕 조는 제목부터 만파식적, 즉 모든 풍파를 가라앉히는 피리입니다. 신문왕이 동해의 용으로부터 옥대를 받고 대나무를 얻어 피리를 만들었다는 이야기입니다. 이 이야기에서 우선 주목되는 것은 죽어 용이 되었다는 아버지 문무왕과 불교적 이상세계인 도리천에서 왔다가 돌아간 김유신이 신문왕에게 보물을 준다고 하는 대목입니다. 사실 신문왕의 아버지인 문무왕과 외할아버지 뻘 되는 김유신은 신문왕의 선조이기도 하지만 그 시대의 평화를 가능케 한 주인공들입니다.

문무왕과 김유신이 신문왕에게 보물을 내려준다는 이 설정은 신라의 영웅 두 분이 우리 왕을 후원하고 지켜준다는 의식의 표현입니다. 문무왕은 죽어서도 용이 되어 나라를 지키고 그 아들은 아버지가 드나들 수 있도록 감은사 금당 섬돌 아래 구멍까지 뚫어 두었다는 소문이 있을 정도이므로 그 시대 사람들은 무척 마음 든든하였을 것입니다. 더구나 모든 전쟁터에서 신이한 능력을 발휘했던 영웅 김유신까지 합세해 왕을 후원한다면 정말로 걱정할 일은 하나도 없을 것입니다.

만파식적의 이야기에 담겨있는 것은 신라인이 느끼던 평화에 대한 믿음입니다. 그때까지 신라 역사를 통 털어 언제나 크고 작은 분쟁을 일으켰던 백제가 사라지고, 조공을 바쳐야 했던 상국이었다가 치열한 전쟁을 벌이기도 했던 고구려도 사라지고, 끈질기게 신라를 괴롭히던 왜적까지도 발길이 끊어진 시대, 평화를 위협하는 모든 적이 사라진 시대, 평화에 대한 그들의 믿음과 여유가 만들어낸 이야기가 바로 만파식적이었던 것입니다.

그런데 왜 하필 피리였을까요? 그 시대의 평화와 피리는 무슨 관계가 있을까요? 이 피리의 또 다른 의미에 관해서는 『삼국사기』「잡지」의 기록을 참고할 필요가 있습니다.

삼죽三竹은 역시 당적唐笛을 모방하여 만든 것이다. 『풍속통』에 "적笛은 한 무제 때 구중이 만든 것이다" 하였다. [중략]

향삼죽鄕三竹은 신라 때부터 시작되었으나, 어떤 사람이 만든 것인지는 알 수 없다. 『고기』에 이르기를 신문왕 때에 동해 가운데 문득 작은 산이 하나 나타났는데, 머리는 거북 모양이고 그 위에 대나무 한 그루가 있었는데 낮에는 둘로 나누어지고 밤이면 도로 합하여 하나가 되었다. 왕이 그것을 베어 오게 하여 적笛을 만들고 이름을 만파식적이라 하였다. 비록 이런 전설은 있으나 괴이하여 믿을 수 없다.

– 『삼국사기』 권 제32 잡지 제1

만파식적의 이야기는 『고기』에 기록되어 있던 이야기였습니다. 그리고 『삼국사기』에서 이 이야기는 신라 시대의 향삼죽, 즉 대금大笒, 중금中笒, 소금小笒에 관한 최초의 기록으로 소개된 것입니다. 물론 이 이전에도 피리는 있었겠지만, 당나라 대금의 영향을 받아 본격적인 악기로 만들어진 초창기의 유명한 악기가 바로 만파식적이라는 이야기입니다.

이 기록을 근거로 만파식적이 최초의 대금이었다는 주장도 있습니다. 그러나 만파식적은 당나라와 잦은 교류로 당나라의 문화적 영향력이 커지면서 신라의 전통적인 피리가 좀 더 세련된 음악으로 발전해 나가는 과정에서 음악적 형식을 갖춘 본격적인 악기의 출현을 기록한 것이라고 말 할 수 있습니다. 그중에서도 이것은 궁중에서 만들어진 고급스럽고 세련된 악기가 될 것입니다.

만파식적은 신문왕 시대 고급스럽고 세련된 궁중음악의 발전을 의미하는 기록입니다. 그리고 이러한 고급문화의 출현은 평화로운 당대의 분위기와 무관하지 않습니다. 전쟁의 피비린내로 얼룩진 시대에 세련된 궁중 음악의 발전은 기대할 수 없을 테니까요. 당시 사람들이 들어 보지 못했던 아름다운 소리와 화음을 들려주던 명기名器였던 만파식적, 만파식적은 단지 그 악기의 이름일 뿐이었으나 악기의 소문이 과장되면서 이 피리를 불면 병이 낫고 비가 오며 파도가 가라앉고 적이 물러갔다는 소문이 덧붙게 된 것입니다.

소문은 소문을 부릅니다. 그리고 소문과 소문이 모이면 전설이 되고 신화가 됩니다. 만파식적도 이런 과정을 거쳐 전설이 되고 신화가 되었습니다. 이 피리에 덧붙은 소문은 탑상 편에 있는 「백률사」 조와 기이 권2의 「원성대왕」 조에 있습니다. 백률사는 신문왕 다음 왕인 효소왕 때 화랑 부례랑이 말갈의 포로가 되었다가 피리의 도움으로 살아 돌아왔다는 이야기입니다. 이 일을 계기로 잃어 버렸던 만파식적을 찾게 되고 만파식적은 만만파파식적으로 한 단계 더 높은 이름을 얻게 됩니다. 만파식적의 효험을 실제로 증명하는 이야기입니다.

원성왕은 내물왕의 12세손으로 선덕왕 김양상(재위 780년~785년) 다음으로 왕위에 오른 인물입니다. 김양상과 함께 반란을 일으켜 무열왕의 자손으로서 마지막 왕이었던 혜공왕을 몰아내고 왕위에 오른 것으로 추정됩니다. 그가 왕위에 있을 때 일본의 왕은 신라를 침략하려다가 신라에 만파식적이라는 피리가 있어 포기합니다. 일본에서 온 사신은 금 50냥을 바치며 신라의 보물 만파식적을 보자고 청합니다. 왕은 피리가 지금 어디 있는지 모른다고 둘러대며 거절합니다. 사신이 돌아가자 원성왕은 피리를 황실로 옮겨 보관하게 됩니다. 이 이야기는 물론 왜군의 침략을 막은 피리의 효험을 증명하는 것이지만, 사실은 원성왕의 왕으로서의 정통성을 강조하기 위한 목적이 더 큽니다. 이 문제는 원성대왕 조에서 자세히 살펴보겠습니다.

아무리 포로로 잡혀간 사람을 구하고 왜적을 물리쳤다는 소문이 있어도 피리는 피리입니다. 만파식적은 신문왕 때 궁중에서 만들어진 명기입니다. 그것은 뛰어난 선율과 화음으로 사람들의 마음을 사로잡은 놀라운 피리입니다. 음악은 듣는 이의 마음을 진정시키고 마음에 평화와 안식을 줍니다. 그러므로 '모든 파도를 잠재우는 피리'라는 이름은 참으로 절묘한 은유입니다. 피리 하나에도 이렇게 상징적이고 문학적인 이름을 붙인 세련된 언어 감각이 놀랍습니다. 서양의 명기에 스트라디바리우스라는 장인의 이름이 붙은 것과 비교하면 시사하는 바가 적지 않습니다.

만파식적은 마음에 평화를 준다는 은유적인 의미로 붙여진 이름이었습니다. 물론 거의 처음 궁중에서 만들어진 세련되고 정교한 악기로 나라의 보물이기도 했을 겁니다. 그런데 이 악기에 소문과 소문이 꼬리를 물고 덧붙어 그것은 신화적인 물건이 됩니다. 어쩌면 신라 하대 어지러운 시대에 평화를 소망하는 인간의 꿈이 이 소문을 더욱 부풀렸을 지도 모릅니다. 세상 모든 근심을 잠재우는 피리, 그런데 세상사가 모두 마음먹기에 달렸다는 생각을 하면 이 피리가 그런 신이한 능력을 보였다는 소문도 아주 허튼 소리는 아니라는 생각이 들기도 합니다.

대왕암의 진실

40여 년 전 처음 감포 앞 바다의 대왕암이 발굴 조사될 때에는 그것이 실제로 문무왕의 능이며, 그가 죽어서도 왜적을 막기 위하여 이렇게 바다 가운데의 바위에 자신을 장사 지내게 했다고 대대적으로 선전되었습니다. 그리고 문무왕의 호국정신이 크게 띄워졌죠. 이순신 장군이 신성시 되고 그의 사당이 성역화 되는 것도 같은 시대의 일입니다. 물론 신라를 생각하는 문무왕의 마음이나, 냉철한 판단력으로 불가능해 보이는 전쟁을 승리로 이끈 이순신 장군의 능력은 우리 민족의 소중한 정신적 자산이며 존경받아 마땅합니다. 그러나 정치적인 목적에서 사실을 과장하여 선전한다고 애국심이 생기는 것은 아닙니다.

문무왕은 생전에 입버릇처럼 죽은 후 용이 되어 불법을 받들고 나라를 지키고 싶다고 말 했다고 합니다. 그러나 이것은 전설로 전해지는 이야기일 뿐입니다.『삼국사기』에서는 "왕의 유언에 따라 동해 입구의 큰 돌 위에 장사지냈다. 민간의 전설에 왕이 변하여 용이 되었다고 하여 그 바위를 대왕석이라고 한다."고 되어 있습니다. 또 문무왕이 남긴 유언을 보면 "죽은 뒤 10일이 되면 고문庫門의 바깥뜰에서 서국西國 의식에 의하여 화장하고"와 같이 불교식 화장을 유언으로 남기고 있습니다.

냉정하게 살펴보면 문무왕이 용이 되어 왜적으로부터 나라를 지키겠다고 스스로 말한 흔적은 어디에도 없습니다. 『사중기』 즉 감은사에서 발견된 기록에는 문무왕이 왜적을 물리치기 위해 감은사를 지었다고만 되어 있습니다. 또 문무왕은 창고의 문 밖 뜰에서 불교식으로 화장하라고 하였는데 그곳이 어디인지 알 수는 없으나 그곳이 바다 가운데에 있는 바위라고 보기도 어렵습니다. 그러고 보면 화장 후에 뼛가루를 현재의 대왕암에 뿌렸다는 주장도 아무런 근거 없는 추측일 뿐입니다.

또 바다 입구의 바위 위에 장사 지냈다는 기록과 창고 바깥뜰에서 화장하라는 왕의 유언이 서로 일치하지는 않지만, 바다 입구의 바위 위에 장사 지냈다는 기록을 전적으로 믿더라도 그것이 바다 가운데의 바위섬이라는 근거는 없습니다. 상식적으로도 바다 가운데 파도가 치면 물에 잠기는 작은 바위섬에 왕의 관을 놓고 장사를 지냈다고 보기는 어렵습니다. 바다 위의 조그만 바위에서 화장했다고 하는 것도 상식적으로 있을 수 없는 일입니다.

여기서 분명히 해야 할 것은 문무왕이 죽어서 용이 되어 나라를 지킨다는 것은 분명히 전설이며 왜적의 침입이 빈번했던 시절 신라인들의 희망사항이었다는 점입니다. 감포 앞 바다의 대왕암은 용의 형상을 한 바위이며 그 바위, 즉 용이 문무왕의 현신이라는 것도 역시 전설입니다. 따라서 바위에 고인 바닷물을 다 퍼내고 그 곳에서 왕릉의 흔적을 찾으려 했던 시도는 실패할 수밖에 없는 것이었습니다. 오히려 낭산 서쪽에 있는 능지탑 자리에서 문무왕을 화장했다는 설이 훨씬 현실적인 추정입니다.

대왕암이 문무왕의 수중릉이 아니라면 근처에 있는 감은사와 이견대는 무엇일까요? 문무왕이 짓기 시작하였다는 감은사는 동해의 신을 모시는 절이었습니다. 용은 바로 동해의 신입니다. 그렇기 때문에 용이 들어와 돌아다닐 수 있도록 섬돌 아래 구멍을 뚫어 놓았다는 이야기까지 나온 것입니다. 그리고 이견대 또한 동해의 신인 용을 경배하는 장소로 지어진 것입니다. 그리고 신라인들에게는 그들이 떠받드는 동해의 신, 즉 용이 문무왕이 화한 것이며 그것이 신라를 지켜줄 것이라는 믿음이 있었습니다. 전설이 된 그 믿음이 오랜 세월 내려오다 보니 어디까지가 사실이고 어디까지가 상상인지 구분하기 어려운 상황이 되어버린 것입니다.

신라인의 마음속에서 용이 되어 나라를 지켜주는 호국의 신이 된 문무왕, 그가 이런 지위를 차지한 것은 우연이 아닙니다. 김유신과 함께 신라를 평화롭게 만들어 줄 피리를 내려 주었다는 믿음도 우연이 아닙니다. 이 모든 믿음은 끊임없이 신라를 괴롭히던 백제와 고구려를 멸하고 당나라 군대까지 몰아내어 신라에 완전한 평화를 가져온 그에 대한 사람들의 존경과 사랑의 표현입니다. 이 애틋한 믿음에서 나온 전설을 세계사에 유래 없는 수중릉이라고 과장하고 호들갑 떠는 것은 역사를 보는 바른 태도가 아니며 문무왕과 신라인들에 대한 예의도 아닙니다. 그것보다는 동해의 호국신, 용에 대한 신라인의 소박한 믿음과 문무왕에 대한 애틋한 마음, 그것이 우리가 이 이야기에서 취해야 할 아름다운 유산입니다.

4.
효소왕 대 죽지랑

효소왕 때의 이야기지만 효소왕은 등장하지 않습니다. 신라 통일기의 유명한 장수 죽지랑의 출생담과 그의 부하 득오에 얽힌 이야기입니다. 득오가 죽지랑을 찬양해 지은 향가 '모죽지랑가'의 배경설화이기도 합니다.

제32대 효소왕 대에 죽만랑의 무리 가운데에 득오 급간[21]이 있었다. 화랑으로 이름을 올려놓고 날마다 나왔는데 어느 날 열흘 동안 보이지 않았다. 죽만랑이 어머니를 불러 말하였다.

"그대의 아들은 어디에 있소?"

어머니가 대답하였다.

21 신라의 9등 관직.

"당전[22]인 모량부의 아간[23] 익선이 내 아들을 부산성의 창고지기로 임명하였습니다. 빨리 가느라고 미처 인사를 못하였을 것입니다."

낭이 말하였다.

"그대의 아들이 사사로이 그 곳에 갔다면 찾아볼 필요가 없지만, 공적인 일로 갔다니 마땅히 찾아가서 대접을 해야겠소."

그리고 떡 한 그릇과 술 한 병을 가지고 부하들을 거느리고 가니 낭의 무리 137명이 예의를 갖추고 따랐다.

부산성[24]에 도착하여 문지기에게 득오가 어디 있느냐고 물으니 문지기가 대답하였다.

"지금 익선의 밭에서 관례에 따라 부역을 하고 있습니다."

낭이 밭으로 득오를 찾아가서 가지고 간 술과 떡을 배불리 먹이고 익선에게 휴가를 얻어 함께 돌아가려 하였으나, 익선이 허락하지 아니하였다.

그때 사리 간진이 추화군[25]의 세금 30석을 거두어 성안으로 수송하다가 선비를 중히 여기는 낭의 마음을 아름답게 여기고, 익선의 융통성 없음을 야비하다고 생각하여, 가지고 가던 조 30석을 익선에게 주고 득오를 보내주도록 청하였다. 그래도 허락을 하지 아니하다가 사지 진절의

22 당전(幢典): 신라의 군직으로 부대장 급이다.

23 신라의 6등 관직.

24 경주 서쪽 부산에 있는 성.

25 추화군(推火郡): 지금의 경남 밀양.

말과 말안장을 주니 그 때야 비로소 허락하였다.

조정의 화랑의 우두머리가 이 말을 듣고 사자를 보내어 익선을 잡아다가 그 추하고 더러움을 씻어주려고 하니 익선이 도망하여 숨었으므로 대신 그의 맏아들을 잡아갔다. 이때는 한겨울의 몹시 추운 날이었는데 성 안의 연못에서 익선의 아들을 목욕을 시키니 이내 얼어 죽었다.

대왕이 이 이야기를 듣고 모량리 사람으로 벼슬을 하는 사람을 모두 내쫓아 다시는 관에 나오지 못하게 하고 승려가 되지 못하게 하였으며 만약 중이 된 사람이라 할지라도 절에는 들어가지 못하게 하였다. 또 간진의 자손을 올려서 평정호손으로 삼고 특별히 표창하였다. 이 때 원측법사가 해동의 고승이었으나 모량리 사람인 까닭으로 승직을 받지 못했다.

처음에 술종공이 삭주도독사가 되어 그의 임지로 부임하러 가려 하는데, 이때에 삼한에 전쟁이 있었으므로 기병 3000명으로 그를 호송하게 하였다. 행렬이 죽지령에 이르자 한 거사가 길을 잘 닦고 있었다. 공이 그것을 보고 매우 감탄하자 거사 또한 공의 위세가 매우 큰 것을 보고 존대하게 되어 서로가 마음으로 존경하게 되었다.

공이 삭주[26]에 부임한 지 한 달이 되었다. 꿈에 거사가 방에 들어오는 것을 보았다. 부부가 같은 꿈을 꾸어 더욱 놀라고 괴이하게 여겨 다음날 사람을 보내어 그 거사의 안부를 물었더니 사람이 말하였다.

26 지금의 춘천.

죽령

"거사가 죽은 지 며칠이 되었습니다."

심부름 갔던 자가 돌아와서 그 사실을 고하니 그 날이 꿈꾸었던 날과 같은 날이었다. 공이 말하였다.

"아마 거사가 우리 집에 태어날 것 같소."

다시 군사를 보내어 고개 위 북쪽 봉우리에 장사를 지내게 하고 돌로 미륵불 한 분을 새겨 무덤 앞에 세웠다.

공의 아내는 꿈을 꾼 날부터 태기가 있더니 아이를 낳았는데 이런 연유로 죽지라 이름 지었다. 죽지랑이 커서 벼슬을 하게 되니 김유신 공을 따라 부원수가 되어 삼국을 통일하고, 진덕, 태종, 문무, 신문 등 4대에 걸쳐 재상이 되어 나라를 안정시켰다. 처음에 득오가 낭을 사모하여 노래를 지어 부르니 다음과 같다.

지난 봄 그리워하매
모든 것이 시름이로다.
아름다운 얼굴 주름살이 지니
눈 돌릴 사이나마 뵙도록 하리.
낭이여! 그리운 마음에 오고 가는 길
쑥 우거진 마을에 잘 밤인들 있으리.

– 기이 제2 효소왕 대의 죽지랑

화랑의 몰락인가, 권력의 희생양인가

죽지랑은 명문가 출신으로 신라의 삼국 통일에 빛나는 공을 세운 장군이었습니다. 그의 아버지 술종공은 진덕여왕 때의 손꼽히는 귀족으로, 진골 귀족으로 구성된 화백의 일원이었습니다. 당시 화백의 의장 상대등 알천을 비롯하여 김유신을 포함한 6명의 귀족이 나라의 중대사를 의논하였다는 기록이 『삼국유사』 진덕여왕 조에 보이는데 여기에 술종공이 들어 있습니다. 또 진덕 여왕 때 술종공이 삭주 도독으로 부임할 때 기병 3000명이 호위하여 갔다는 기록도 술종공의 지위를 짐작케 합니다.

죽지랑은 진덕여왕 대부터 무열왕 문무왕 대에 걸쳐 신라의 통일 전쟁에서 김유신 바로 다음 위치에 있던 장군이었습니다. 군에서의 서열이 2, 3위에 해당하는 고위급 장수였습니다. 『삼국사기』에 나오는 기록만 보아도 그는 진덕여왕 3년 백제의 침입을 김유신과 함께 물리쳤으며 무열왕 8년에도 백제의 침입을 물리칩니다. 또 그는 문무왕 원년 고구려 정벌 시에도 김유신 김인문 바로 다음 서열의 장군으로 참전합니다.

특히 진덕여왕 5년 집사부를 만들고 파진찬 죽지를 승진시켜 집사중지로 삼아 기밀에 관한 사무를 관장케 하였다는 기록이 주목을 끕니다. 집사부는 왕의 직속기관인데 기밀 사항을 다루게 하였다고 하므로 죽지랑은 지금의 국가정보원장이 된 것입니다. 파진찬이 4관등이므로 죽지는 3관등으로 승진하여 중요한 자리에 오른 것입니다. 지금의 장관급이었다고 보면 되겠습니다.

아직도 그를 따르는 낭도의 무리는 적지 않으며 사람들의 존경을 한몸에 받는 죽지랑, 그리고 젊어서 그렇게 잘 나가던 진골 죽지랑이 말년에 당한 굴욕입니다. 죽지랑의 부하였던 화랑 득오가 부산성의 창고지기가 되어 죽지랑에게 인사도 못하고 갑자기 떠나 밭을 갈고 있었다는 대목도 의미심장합니다. 화랑에 대한 푸대접이 어느 정도였는지를 암시하고 있기 때문입니다. 죽지랑은 무리 137명을 이끌고 득오를 찾아갑니다. 그리고 득오의 상관이던 익선에게 득오의 휴가를 요청합니다. 그런데 6관등에 해당하는 아간 벼슬의 익선이 죽지랑의 청을 거절합니다. 이 상황을 안타깝게 여긴 주위 사람들이 뇌물을 주어 득오가 휴가를 얻도록 도웁니다. 이 말을 들은 조정의 화랑 대장이 왕에게 보고 하여 익선의 아들을 죽이고 익선의 출신지인 모량부 사람들까지 된서리를 맞습니다.

그런데 6관등, 즉 6두품 계층인 아간 익선이 어떻게 진골 출신으로서 살아 있는 가장 유명한 전쟁 영웅의 청을 이렇게 무시할 수 있었을까요? 비록 익선은 현직에 있고 모량부가 자신의 출신지이며 죽지랑은 과거의 영웅이긴 하지만, 그래도 죽지랑은 진골 계층이며 통일 전쟁이 끝난 지 겨우 20년이 흘렀을 뿐인데 말입니다. 전쟁 영웅에 대한 푸대접이 20년 만에 이렇게 심해질 수 있었을까요?

일단 죽지랑 이야기를 사실 그대로 받아들인다면 이 이야기는 전쟁이 끝난 후 화랑 계급의 급속한 몰락을 그린 것으로 이해할 수 있습니다. 전쟁이 사라진 평화 시대에 군인 계급은 더 이상 필요 없는 거추장스런 존재였겠죠. 변화된 시대와 세상의 인심을 가르치는 고사가 바로 토사구팽(兎死狗烹)입니다. 토끼 사냥이 끝나면 더 이상 필요 없게 된 사냥개는 솥으로 들어갈 운명에 처해지는 것입니다. 세상의 비정한 인심을 말합니다.

본래 화랑은 진골 출신의 자제들로 구성된 조직으로 진흥왕 즉위 초에 만들어진 원화源花를 시초로 합니다. 화랑의 우두머리는 풍월주, 혹은 국선이라고 부르며 화랑 한 명에게는 그를 따르는 낭도가 수십에서 수백 명까지 있었다고 합니다. 진흥왕 때부터 약 1세기 정도 존속하였으며 신라를 통 털어 200여 명의 화랑이 있었던 것으로 추정됩니다. 화랑이 존속했던 시대가 신라의 통일 전쟁이 한창이던 때이므로 그들은 자연히 엘리트 무인 집단으로서의 역할을 주로 했던 것입니다.

그러나 신라 통일 이후 화랑은 빠르게 몰락하여 8세기 초에는 유명무실해지는 것으로 보입니다. 7세기 말의 이 기록은 진덕여왕 대부터 문무왕 대까지 전쟁 영웅으로서 최고의 명성을 누리던 화랑 죽지랑이 20여 년 후에 얼마나 비참한 굴욕을 당하는가를 보여주고 있습니다. 물론 부패한 관리 익선이 참혹하게 처벌을 받지만 죽지랑의 명성에 비한다면 익선이 받은 처벌은 어쩐지 별것 아닌 느낌이며, 오히려 미리 준비된 모량부에 대한 철저한 탄압과 배척의 기회로 죽지랑이 이용된 것이 아닌가 하는 의심마저 듭니다.

죽지랑 이야기에 관해서는 전혀 다른 해석도 있습니다. 진골이며 시중의 위치에까지 올랐던 죽지랑을 아무리 세월이 흘렀다지만 6두품인 익선이 그렇게 대접할 수는 없었을 것이라는 이유로 이 사건이 효소왕 때의 일이 아니라는 것입니다. 이 사건의 진실은 죽지랑이 어려서 낮은 벼슬에 있을 때인 진평왕 말이나 선덕여왕 초에 득오 때문에 익선에게 뇌물을 준 일이 있었고, 문무왕 대 이후 재상이 된 죽지랑이 과거의 일을 표면적인 이유로 익선과 모량부를 처벌한 이야기라는 것입니다. 이야기의 순서를 이렇게 재구성하면 이 사건은 전혀 다른 의미를 지닙니다.

익선이 속했던 모량부는 대대로 왕비를 배출하던 집단이었습니다. 모량부는 신라를 구성하던 6부 중에서 대체로 서열 3위 정도의 집단으로 지증왕의 비인 박씨 연제부인으로부터 진흥왕, 법흥왕, 진지왕 등의 왕비가 모두 모량부 출신 박씨입니다. 지증왕의 왕위 등극에 모량부 운제부인의 가문이 상당한 역할을 하였으며 지증왕이 모량부 세력과 연합하여 왕위에 올랐을 것으로 이미 추정한 바 있습니다. 그러나 이후 왕비를 계속 배출하면서 세력을 유지하던 모량부가 무열왕 이후 왕비를 배출하지 못하고 소외되다가 효소왕 대에 와서 중앙 집권층과의 갈등으로 철저히 탄압당하고 세력을 잃는 계기를 이 이야기가 그리고 있다는 해석입니다.

무열왕 이후 모량부의 몰락은 김유신과도 관계가 있습니다. 김유신은 가야에서 귀화하여 사량부로 편입되었습니다. 사량부는 급량부 다음으로 서열 2위의 집단이었는데 김유신 이후 왕비를 배출하며 세력이 커져 모량부를 탄압하고 그들의 세력을 완전히 몰락시켰다는 것입니다. 물론 술종공이 김유신과 타협하고 아들 죽지랑이 김유신의 오른팔 역할을 하던 인물이었으므로 모량부를 치는 악역을 죽지랑이 맡았다는 것은 충분히 이해가 가는 일입니다. 모량부가 계속 왕비를 배출하면서 상당한 세력을 지니고 있었고 익선이 화랑 죽지랑을 대한 태도에서 보듯 중앙 권력에 대해서도 당당하게 행세했다는 것이 탄압받게 된 근본적인 이유가 될 것입니다.

죽지랑의 탄생 이야기는 영남 지방에서 서울로 오는 대표적인 고개인 죽령竹嶺을 배경으로 미륵신앙과 관련됩니다. 현재의 죽령이 본래는 죽지령이었는데, 죽지랑의 아버지가 그 곳에서 만난 거사는 미륵불의 현신이고 그 거사가 자신의 아들로 다시 태어났다는 이야기입니다. 그래서 그 거사를 만난 장소, 즉 죽지령으로 아들의 이름을 짓게 되는 겁니다. 이렇게 언젠가 미륵불이 도솔천에서 인간 세계로 내려와 중생을 구제할 것이라는 믿음을 미륵하생신앙이라고 합니다. 이 이야기는 미륵하생경이라는 불경에 근원을 두고 있습니다. 불경 이야기가 죽지랑의 탄생 설화로 변형된 것입니다. 물론 태봉의 궁예가 스스로를 미륵이라고 한 것도 미륵하생신앙의 예입니다.

그런데 죽지랑 이야기의 진실은 무엇일까요? 대대로 왕비를 배출하며 잘나가던 모량부가 권력 투쟁의 과정에서 죽지랑에 의해 괴멸되는 이야기일까요? 아니면 통일 이후 세력을 잃어가는 화랑의 쓸쓸한 말년을 그린 이야기일까요? 두 가지 해석이 모두 충분한 근거를 지니고 있으며 신라 사회를 바라보는 흥미로운 시각을 제공하고 있습니다. 그리고 그것은 단지 신라 사회만이 아니라 인간 세상의 영원한 진리를 깨우쳐 주기도 합니다. 토끼 사냥이 끝나고 솥에 들어가 삶아지는 사냥개의 운명, 즉 토사구팽의 고사와 영원한 권력은 없다는 비정한 인간사의 현실이 그것입니다.

탄생 설화까지 전할 정도로 영웅시 되는 인물 죽지랑과 그의 낭도 득오의 이야기는 신라 중대의 절정기에서 막 쇠퇴기로 접어들 무렵 신라 사회의 한 단면을 적나라하게 보여줍니다. 죽지랑과 득오의 이야기는 통일 이후 세력을 잃어가는 화랑의 이야기이든, 권력 다툼에서 패해 몰락한 모량부의 이야기이든, 신라 사회의 단면을 전해 주는 흥미로운 소재이면서 또 동시에 인간사의 비정한 진리를 깨우쳐 주는 교훈이 담긴 이야기임은 틀림없습니다.

5.
수로부인

성덕왕 때의 이야기이나 역시 성덕왕은 등장하지 않습니다. 성덕왕 때의 미인 수로부인의 이야기입니다. 너무나 유명한 이야기지만 여러 가지로 해석될 여지가 많은 신비한 이야기입니다. 수로부인의 정체는 과연 무엇일까요?

성덕왕 때 순정공이 강릉태수로 부임하는 도중에 바닷가에서 점심을 먹었다. 곁에는 바위가 병풍과 같이 바다를 두르고 있어 높이가 천 길이나 되는데, 그 위에 철쭉꽃이 만발하여 있었다. 순정공의 부인 수로水路가 그것을 보고 좌우 사람들에게 말했다.

"누가 내게 저 꽃을 꺾어 주겠소?"

그러나 따르던 사람들은, 그곳은 사람이 갈 수 없는 곳이라 하며 아무도 나서지 못했다. 이때 암소를 끌고 그 곁을 지나가던 노인이 부인의 말을 듣고는 그 꽃을 꺾어 노래까지 지어서 바쳤다. 그러나 그 노인이 어떤 사람인지 알 수가 없었다.

그 뒤 이틀을 가다가 또 임해정에서 점심을 먹는데 갑자기 바다에서 용이 나타나더니 부인을 끌고 바다 속으로 들어갔다. 공이 땅에 넘어지면서 발을 굴렀으나 어쩔 도리가 없었다.

또 한 노인이 말하였다.

"옛 사람이 말하기를, '여러 사람의 말은 쇠도 녹인다.' 했으니 이제 바다 속의 용인들 어찌 여러 사람의 입을 두려워하지 않겠습니까. 경내의 백성들을 모아 노래를 지어 부르면서 지팡이로 언덕을 두드리면 부인을 다시 볼 수가 있을 것입니다."

공이 그대로 하였더니 용이 부인을 모시고 나와 도로 바쳤다. 공이 부인에게 바닷속 일을 물으니 부인이 말하였다.

"일곱 가지 보물로 꾸민 궁전에 음식은 맛있고 향기롭게 깨끗한 것이 인간의 음식이 아니었습니다."

부인의 옷에는 이상한 향기가 스며 있었는데 이 세상의 것이 아니었다.

수로부인은 절세미인이어서 깊은 산이나 큰 못을 지날 때마다 여러 차례 귀신에게 붙들려 갔다.

이때 여러 사람이 부르던 해가海歌의 가사는 이러했다.

거북아, 거북아, 수로부인을 내놓아라,

남의 부인 앗아간 죄 얼마나 크랴.

수로부인 조형물

네가 만일 거역하고 내놓지 않는다면,
그물로 잡아서 구워 먹으리라.

노인이 바친 헌화가는 이러했다.

자줏빛 바위 가에
암소 잡은 손 놓게 하시고,
나를 부끄러워하지 않으신다면,
저 꽃 꺾어 바치오리다.

– 기이 제2 수로부인

수로부인의 정체

일연 스님은 수로부인의 이야기에 앞서 성덕왕 때의 치세에 대해서 따로 간략히 소개하고 있습니다. 성덕왕 2년 흉년이 들어 백성들이 굶주리자 조정에서는 30만석의 쌀을 풀어 백성들을 구제하였다는 내용입니다. 실제로 『삼국사기』에는 성덕왕 4년부터 6년까지 3년간 계속 흉년이 들어 백성들이 굶주리므로 창고의 곡식을 풀어 백성들에게 주었다는 기록이 보입니다. 또 성덕왕 8년, 13년, 14년, 15년에도 계속 큰 가뭄이 들었고 14년과 15년에는 거사 이효를 불러 기우제를 지냈더니 비가 내렸다는 기록도 보입니다.

성덕왕은 재위 36년간 거의 매년 당에 사신을 보냅니다. 『삼국사기』 성덕왕 조에는 당나라에 매년 보냈던 사신과 주고받은 물건이 매우 자세히 기록되어 있습니다. 전 시대인 신문왕과 효소왕 때에 비해 훨씬 자주 사신을 당나라에 보냈는데, 아마도 성덕왕은 당나라와의 관계를 돈독히 하는 데에 특히 공을 들인 것으로 보입니다.

성덕왕 대는 대체로 평화로운 시대였습니다. 성덕왕 30년, 쳐들어온 왜군을 물리친 것과 성덕왕 32년 당나라가 발해를 공격할 때 군사를 보낸 것 외에는 군대를 일으킬 일이 없었습니다. 가뭄과 홍수는 자주 있었지만 전체적으로는 강력한 왕권을 바탕으로 평화를 누렸던 시대입니다.

강릉 태수로 부임해 가는 순정공과 수로부인의 이야기는 성덕왕 때 있었던 사건을 상징적으로 그리고 있는 것으로 보입니다. 태수로 부임하여 가는 과정에서 부인이 절벽에 핀 철쭉꽃을 따달라고 했다는 것은 다소 엉뚱하며, 지나가던 노인이 꽃을 꺾어 바쳤다는 설정도 낭만적이고 아름답게 보이기는 하지만 곧이곧대로 받아들이기는 어렵습니다. 그리고 수로부인이 용왕에게 납치되었다가 풀려났다는 이야기는 확실히 고도로 상징화된 이야기입니다. 따라서 수로부인 이야기는 이미 관점에 따라 다양한 해석을 낳을 여지를 안고 있으며 실제로 다양한 해석이 존재합니다.

순정공과 수로부인이 강릉 태수로 부임하다가 겪은 두 개의 이야기는 성덕왕 대에 자주 있었던 가뭄과 백성을 구제한 이야기, 혹은 가뭄을 해결하기 위해 제사를 지낸 일을 상징적으로 그린 것으로 흔히 해석합니다. 성덕왕 때에는 가뭄이 심하게 들어 굶주리고 유랑하는 백성이 많아졌으며 민란까지 발생했을 수도 있습니다. 따라서 순정공은 민심을 수습하기 위해 정부에서 파견한 관리였으며 수로부인은 순정공과 함께 간 무당이었을 가능성이 큽니다. 민심을 수습하기 위해서는 무력 외에도 그들의 마음을 수습하고 달래줄 무당의 존재가 꼭 필요했으리라 생각되기 때문입니다.

수로부인의 이야기를 성덕왕 때 있었던 흉년의 기록과 연결 지어 해석하면 첫 번째 이야기는 이렇습니다. 순정공과 수로가 바닷가의 절벽 아래에서 점심을 먹었다는 것은 민심을 수습하기 위해 그 곳에서 굿을 지냈다는 뜻입니다. 어쩌면 기우제와 같은 제천의식이었을 수도 있습니다. 그렇다면 암소를 끌고 온 노인은 굿에 등장하는 신이며 그가 암소나꽃과 같은 희생물을 바침으로서 굿은 성공적으로 마무리됩니다.

민심을 달래기 위한 여행은 계속됩니다. 이번에는 순정공의 권위에 대항하는 더 강력한 무리를 만납니다. 그들에 의해 수로가 납치되기까지 하니까요. 민란과 같은 더욱 심각한 사태가 발생했으리라고 보는 까닭은 여기에 있습니다. 이번에도 정체를 알 수 없는 노인이 나타나 사태를 해결하는 중재자의 역할을 합니다. 그리고 이번에는 더 큰 굿판이 벌어집니다. 많은 사람들이 동원되어 막대기로 땅을 두드리며 춤을 추고 노래를 부릅니다. 반란을 일으킨 무리와는 타협이 이루어지고 수로는 되돌아옵니다. 용궁을 아름답고 신비롭게 묘사하는 수로의 말로 미루어 그 무리를 무력으로 제압하여 사태를 해결한 것이 아니라 타협하여 원만한 해결에 이르렀으리라고 봅니다.

과연 순정공와 수로부인의 여행은 흉년으로 인해 어지러워진 민심을 수습하기 위한 과정이었을까요? 순정공이 강릉 태수로 부임하였다는 말에 주목하면 이 여행은 경주에서 강릉으로 파견된 관리가 지방 세력의 저항에 어려움을 겪은 이야기로 볼 수도 있습니다. 신라의 영역이 크게 확대되고 왕권이 강화되면서 경주에서 먼 강릉지방까지 직접 중앙에서 관리를 파견하여 다스리기 시작했는데 이때 강릉 지역에 근거를 둔 세력이 반기를 들었다는 뜻으로 이해하는 것입니다. 물론 결론은 비슷합니다. 지방 출신인 현명한 노인의 중재로 중앙 세력과 지방 세력 간에 적절한 타협이 이루어졌다는 것입니다.

이 이야기를 강릉 지방에 대한 직접 통치의 과정에서 일어난 알력으로 해석하면 순정공과 노인의 존재에 비해 수로부인의 역할은 미미해집니다. 수로부인이 흉흉해진 민심을 수습하러 순정공과 함께 간 신라의 큰 무당이었다는 첫 번째 해석에 비하면 여기서는 확실히 수로부인의 역할은 조연에 불과합니다. 이 해석은 왕권의 강화와 지방의 직접 통치라는 정치적 배경을 중시한 것으로 논리적 타당성은 갖지만 이 시대에 강릉에 관리를 파견하였다는 결정적인 증거가 없다는 것이 약점입니다.

한편 순정공純貞公을 경덕왕의 장인 순정順貞과 동일 인물이라고 보는 견해도 있습니다. 경덕왕의 첫 번째 부인은 삼모부인이라고 알려져 있는데 자식을 낳지 못하여 경덕왕 즉위 초 궁에서 쫓겨났습니다. 『삼국사기』에는 경덕왕의 비가 순정의 딸이라고 되어 있는데 삼모부인이 바로 이 순정의 딸이고 한자는 다르지만 그가 바로 순정공이라는 것입니다. 경덕왕은 성덕왕의 둘째 아들로서 성덕왕 사후 형 효성왕에 이어 왕위에 오릅니다.

그렇다면 이 이야기는 수로부인의 딸 삼모부인의 신이한 출생담이 됩니다. 그런데 이 출생담은 놀랍게도 삼모가 동해 용왕의 자식임을 은근히 암시하고 있습니다. 용궁에 잡혀갔다가 온 수로부인에게서 인간 세상에 없는 은은한 향기가 풍겼다는 것이 그 점을 암시합니다. 이 암시는 수로부인이 낳은 딸이 신성한 용의 딸이라는 의미이기도 하며 동시에 비정상적으로 출생한 천한 여인이라는 뉘앙스도 풍깁니다. 신성한 출생담이 삼모부인이 쫓겨나감에 따라 정반대의 의미까지 지니게 되었다는 뜻입니다.

그러나 이런 역사적 정치적 해석을 모두 배제하고 이야기를 보면 의미를 조금 다르게 읽을 수도 있습니다. 용에게 잡혀간 수로부인을 구하기 위해 여러 사람이 불렀다는 노래, 해가는 사실은 이미 있었던 노래입니다. 즉 수로부인보다 노래가 먼저 있었다는 이야깁니다. 가락국기에서 살펴보았듯이 이 노래는 600여 년 전 가락국 김수로왕의 탄생을 기원하는 노래였습니다. 노래가 먼저 있었다는 것은 이 이야기가 노래를 설명하기 위해 후대에 지어진 이야기라는 뜻이 됩니다. 그리고 수로부인은 수로를 내놓으라는 노래 때문에 생긴 가공의 인물일 가능성이 커집니다.

수로부인의 두 이야기는 헌화가와 해가라는 노래의 유래를 설명하는 단순한 유래담으로 볼 수도 있습니다. 오래전부터 불렀던 노래 해가의 유래를 설명하기 위해 수로부인과 그녀의 여행 이야기가 만들어지고 여기에 헌화가의 유래까지 덧붙게 된 것입니다. 결국 헌화가는 여성에게 사랑을 고백하는 낭만적인 노래가, 그리고 해가는 나에게 미인을 달라고 동해 용왕에게 기원하는 노래가 됩니다. 시대와 지역을 초월한 인간의 보편적 감정, 사랑을 구하는 마음을 노래했다고 보는 것입니다.

헌화가와 해가가 아름다운 여인을 주인공으로 하는 사랑의 노래라면 그녀가 실존인물인가 아닌가는 크게 중요한 문제는 아니지만, 수로부인의 이야기를 두 노래의 유래를 설명하는 유래담이라고 보아도 수로부인은 가공인물이 아닐 수 있습니다. 당시에 부인은 지금처럼 흔히 존대의 뜻으로 쓰는 호칭이 아니었습니다. 당시에 부인은 왕비나 왕모, 왕비모 정도의 인물에만 쓰던 호칭이었으므로 부인의 호칭이 붙은 그녀는 그 정도로 고귀한 신분이면서 절세미인이었던 실제 인물일 수도 있습니다.

어쩌면 이런 결론이 가능할지도 모릅니다. 신라 시대 유행했던 두 노래를 절세미인으로 유명했던 경덕왕의 장모, 즉 수로부인에게 바치는 노래로 꾸몄다고 말입니다. 수로부인이 깊은 산이나 연못을 지날 때마다 신에게 잡혀갈 정도로 미인이었다면 여인에게 꽃을 바치며 사랑을 구하는 노래, 그리고 그녀와 같은 미인을 나에게 내려주십사는 기원의 노래가 그녀에게 바쳐지는 것은 지극히 자연스런 현상이 아니겠습니까?

『삼국유사』의 등장인물 중 정체에 관해 궁금증을 불러일으키는 인물은 많습니다. 그중에서도 수로부인은 처용, 허황옥과 함께 가장 궁금증을 불러일으키는 인물입니다. 그런 만큼 다양한 해석과 추리가 있었습니다만, 아직도 확실한 결론은 없습니다. 어쩌면 모든 정치적 역사적 추론보다 『삼국유사』의 텍스트 자체가 그리고 있는 수로부인의 모습이 가장 진실에 가까울지 모릅니다.

가장 고귀하고 아름다운 여인, 그리하여 모든 신과 인간이 연모해 마지않는 신성한 여인, 이것이 텍스트에 드러난 수로부인의 모습이라면, 그녀에게 헌정된 두 편의 노래와 배경 이야기는 사실 그녀의 아름다움을 장식하는 부속물일 수도 있습니다. 따라서 이 이야기를 너무 정치적인 상징으로 보는 것은 지나친 것일 수 있습니다. 그렇다면 그녀가 용궁에서 나왔을 때 인간 세상에 없는 은은한 향기가 풍겼다는 것도 단순히 그녀의 신비한 아름다움을 말하는 것일 수 있습니다. 때로는 정치적 추론이 유용한 경우도 있겠지만, 천여 년 전 신라에서 유행했던 이 두 노래는 그녀의 아름다움과 고귀함을 찬양한 소박한 사랑의 노래로 해석하는 것이 가장 마음에 와 닿습니다.

6.
경덕왕과 충담사와 표훈 대덕

경덕왕이 충담사를 초청하여 '안민가'라는 노래를 짓게 한 이야기와 하느님께 청해 아들을 낳았다는 두 개의 이야기입니다. 안민가는 향가 중 유일하게 유교적인 치국 이념을 담고 있는데, 이런 노래가 필요했던 것은 역설적으로 점차 나라가 어지러워지기 시작했음을 의미하는 것으로 이해됩니다. 또 무리하게 딸을 아들로 바꾸어 왕위를 잇게 했다는 것도 신라 말기의 혼란기로 접어드는 징조로 보여 의미심장합니다.

당나라에서 『덕경』[27] 등을 보내오자 대왕이 예를 갖추어 이를 받았다.

27 노자의 『도덕경』을 말한다.

왕이 나라를 다스린 지 24년에 오악삼신[28]의 신들이 때때로 나타나서 대궐 뜰에서 왕을 모셨다.

3월 3일 왕이 귀정문 누각 위에 나가서 주위의 신하들에게 일렀다.

"누가 길거리에서 고승 한 분을 데려올 수 있겠느냐?"

이때 마침 위엄 있고 모습이 깨끗한 고승 한 사람이 배회하고 있었다. 좌우 신하들이 그를 왕에게로 데리고 오니, 왕이 말하였다.

"내가 말한 고승이 아니다" 하고 그를 돌려보냈다.

다시 한 스님이 가사를 입고 앵통[29]을 지고 남쪽에서 오고 있었다. 왕이 보고 기뻐하여 누각 위로 영접했다. 통 안을 보니 다구茶具가 들어 있었다. 왕은 물었다.

"그대는 누구시오?"

승려가 대답하였다.

"소승은 충담이라고 합니다."

"어디서 오는 길이시오?"

"소승은 매년 3월 3일과 9월 9일에는 차를 끓여 남산 삼화령[30]의 미륵세존께 드리는데, 지금 올리고 돌아오는 길입니다."

"나에게도 차를 한 잔 줄 수 있겠소?"

---

28 오악은 동악 토함산, 서악 계룡산, 남악 지리산, 북악 태백산, 중악 팔공산이며 삼산은 경주 낭산내림, 영천 금강산골화, 청도 부산혈례이다.

29 앵통(櫻筒): 앵두나무로 만든 통.

30 경주 남산에 있는 고개라고 하나 확실하지 않다.

스님이 곧 차를 끓여 바치니 차 맛이 특이하였고 찻잔 속에서 이상한 향기가 풍겼다. 왕이 다시 물었다.

"내가 일찍이 들으니 대사가 기파랑을 찬양하여 부른 사뇌가가 뜻이 무척 고상하다고 하니 정말 그러한가요?"

"그렇습니다."

"그렇다면 나를 위하여 안민가를 지어 주시오."

충담은 곧 왕의 명을 받들어 노래를 지어 바치니 왕은 아름답게 여기고 그를 왕사로 봉했으나 충담은 두 번 절하고 간곡히 사양하여 받지 않았다.

안민가는 이러하다.

임금은 아버지요,
신하는 사랑스런 어머니시라.
백성을 어리석은 아이라 여기시면
백성이 그 은혜를 알리라.
꾸물거리면서 사는 중생,
이를 먹여 다스려라.
이 땅을 버리고 어디로 가라고 하면
나라가 유지됨을 알리라.
아아, 임금답게 신하답게 백성답게 하면,
나라는 태평하리라.

찬기파랑가는 이러하다.

헤치고 나타난 달이,
흰 구름 좇아 떠가는 것 아닌가.
새파란 시내에,
기파랑의 모습이 잠겼어라.
일오천 조약돌에서
낭이 지니신 마음 좇으려 하네.
아아! 잣나무 가지 드높아,
서리 모를 그 씩씩한 모습이여!

경덕왕은 음경의 길이가 여덟 치나 되었다. 아들이 없어 왕비를 폐하고 사량부인에 봉했다. 후비 만월부인의 시호는 경수태후이니 각간 의충의 딸이다.

하루는 왕이 표훈대덕을 불러 명했다.

"내가 복이 없어서 아들을 두지 못했으니 바라건대 대덕은 천제께 청하여 아들을 두게 해 주시오."

표훈대사는 하늘로 올라가 천제에게 고하고 돌아와 왕께 아뢰었다.

"천제께서, 딸을 구하는 것은 되지만 아들은 안 된다고 하셨습니다."

왕은 다시 말했다.

"딸을 바꾸어 아들로 만들어 주시오."

표훈대사가 다시 하늘로 올라가 청하자 천제가 말했다.

"될 수는 있지만 그러나 아들이 태어나면 나라가 위태로울 것이다."

표훈대사가 내려오려고 하자 천제는 또 불러 말했다.

"하늘과 사람 사이를 어지럽게 해서는 안 되는데 지금 대사는 마치 이웃 마을을 오가듯이 하여 천기를 누설했으니 이제부터는 오는 것을 금하노라."

표훈대사가 돌아와서 천제의 말을 왕께 전하니 왕은 다시 말하였다.

"나라가 비록 위태롭게 되더라도 아들을 얻어서 대를 잇게 하면 만족하겠소."

이리하여 만월왕후가 태자를 낳으니 왕은 무척 기뻐했다.

태자가 8세 때에 왕이 죽고 태자가 왕위에 오르니 이가 혜공대왕이다. 나이가 매우 어렸으므로 태후가 섭정하였는데 정사가 다스려지지 않고 도적이 벌떼처럼 일어나 막을 수가 없었으니 표훈대사의 말이 맞은 것이다.

혜공왕은 원래 여자인데 남자로 태어났기 때문에 돌 때부터 왕위에 오르는 날까지 항상 여자 놀이를 하고 비단주머니 차기를 좋아하고 도사들과 어울려 희롱하고 놀았다. 그래서 나라가 크게 어지러워지고 마침내 선덕왕과 김양상에게 죽임을 당했다. 표훈 이후에는 신라에 성인이 나지 않았다고 한다.

— 기이 제2 경덕왕, 충담사, 표훈대덕

경주 남산

나라가 기우는 징조의 의미

경덕왕은 24년을 재위하였습니다. 왜적의 침입도 없었고 역모 사건도 없었으며, 흉년의 기록도 적어 비교적 평화로운 시대였습니다. 그런데 신라가 전성기를 지나 기울어가는 징조를 보이는 걸까요? 경덕왕 시대에는 갖가지 이변의 기록이 특히 많이 눈에 띕니다. 『삼국사기』에서 특이한 것만 추려 보아도 지진의 기록을 시작으로 달걀만한 우박이 내리고 혜성이 땅에 떨어지고 폭풍이 불고 망덕사의 탑이 저절로 움직이고 성의 동쪽에서 귀신의 북소리가 들리고 유성이 수없이 떨어지고 용이 나타나기도 합니다. 그리고 경덕왕의 아들인 혜공왕 시대에는 더욱 불길한 사건들이 끊이지 않고 나타납니다.

경덕왕은 진골 귀족 세력을 견제하고 왕권을 강화하기 위해 끊임없이 개혁정책을 추진한 임금입니다. 특히 그는 신라의 관제와 명칭을 당나라를 모방하여 모두 당나라 식으로 바꿉니다. 이것은 왕권을 위협하는 진골 세력을 견제하기 위한 개혁이었으나 귀족들의 반발로 성공하지 못합니다. 결국 신문왕 대부터 시행했던 녹봉제가 폐지되고 다시 녹읍제가 부활하며 혜공왕 대에는 그가 당나라 식으로 바꾸었던 관제가 모두 되돌려집니다. 그 과정에서 귀족 세력의 대표로 떠오른 인물이 바로 김양상과 김경신입니다.

경덕왕의 아들 혜공왕은 내물왕의 후손인 상대등 김양상과 이찬 김경신의 반란으로 죽임을 당합니다. 무열왕의 직계 자손이 왕이 되는 것은 혜공왕이 마지막이고 이후로는 내물왕 계가 왕위에 오르는데 이때부터 신라의 하대가 시작된다고 봅니다. 따라서 경덕왕 대부터 기록되기 시작한 이런 불길한 징조들은 역사의 흐름을 이미 알고 있는 후대에 기록된 것입니다. 사실 나라는 이러한 징조 때문에 망하는 것이 아닙니다. 나라가 망하고 나니 징조가 더욱 크고 불길하게 기록되는 것뿐입니다. 징조가 먼저고 나라가 망하는 결과가 나중이라고 생각하기 쉽지만, 사실 역사 기록은 그 반대로 이해하는 것이 더욱 정확한 경우가 많습니다. 경덕왕 대의 사건도 이점을 분명히 하고 이해해야 합니다.

경덕왕 조는 제목에 이미 있듯, 왕이 충담사를 만나 훈민가라는 노래를 짓게 하는 이야기와 표훈대사에게 청하여 팔자에 없는 아들을 만드는 두 가지 이야기로 되어 있습니다. 충담사를 만나 훈민가를 짓는 이야기가 먼저 나오지만 사실 그것은 경덕왕이 죽던 해의 일입니다. 시간 순서로 보면 표훈대사가 인간세계와 하늘을 오가며 천제에게 부탁하여 없는 아들을 만드는 이야기가 먼저입니다.

첫 번째 왕비인 삼모부인에게서 자식을 얻지 못한 경덕왕은 그녀를 내보내고 두 번째 부인을 맞아들입니다. 그러나 두 번째 부인도 쉽게 자식을 낳지 못합니다. 그녀가 첫 자식을 낳은 것은 경덕왕 17년이니, 그녀가 왕비로 들어오고 무려 16년이 지나서입니다. 자식을 얻지 못한 경덕왕과 왕비는 표훈 대사의 절에 드나들며 오랜 기간 치성을 드렸을 겁니다. 그들이 얼마나 아들을 간절히 구하였는지는 나라가 위태로워지더라도 아들만 얻을 수 있다면 족하다는 경덕왕의 말에 잘 드러나지만, 사실 경덕왕이 표훈대사에게 청하여 아들을 얻게 되는 과정은 모두 후대에 지어진 이야기로서 곧이곧대로 들어서는 안 됩니다.

혜공왕이 어떻게 남자로 태어나게 되었는가는 대단히 실감나게 잘 묘사되어 있습니다. 이 이야기는 혜공왕이 성정체성에 혼란을 지닌 사람, 즉 트랜스젠더였다는 것을 강력히 암시합니다. 그러나 성정체성에 혼란을 느낀다고 해서 왕 노릇을 못하란 법은 없습니다. 이 모든 이야기는 혜공왕이 결국 왕위를 지키지 못했기 때문에 만들어진 이야기입니다. 혜공왕이 여장 남자였기 때문에 왕위를 지키지 못한 것이 아니라, 왕위를 지키지 못했기 때문에 여장 남자라는 이야기가 만들어졌다는 것입니다. 물론 혜공왕의 여성스러움이 전혀 근거 없는 이야기는 아닐지라도 그것으로 모든 것을 설명할 수는 없다는 뜻입니다.

혜공왕은 8세에 왕위에 올랐습니다. 어머니 만월부인이 섭정을 했지만 재위 16년간 5번의 반란이 일어납니다. 모두 이찬 이상의 진골 귀족들에 의해 일어난 역모로, 4번은 진압되었지만 4번째 반란을 진압한 김양상과 김경신이 스스로 반란을 일으켜 결국 왕위는 김양상이 차지합니다. 그가 바로 선덕왕입니다.

문제는 혜공왕에게는 그를 지켜 줄 직계 가족이 전혀 없었고, 모계인 만월부인 쪽의 세력도 강하지 않았다는 데에 있었습니다. 무엇보다 경덕왕이, 태어난 지 두 달 된 아기를 태자로 정한 후 자신이 죽기까지 7년간 그 태자를 보호해 줄 세력을 만들지 못했다는 것이 제일 큰 문제였습니다. 경덕왕이 죽기 1년 전 아찬 김양상을 시중으로 임명하고 혜공왕 10년 그를 상대등으로 임명하는 것을 보면 결국 그들 부자父子는 가장 믿었던 도끼에 발등을 찍힌 격입니다.

결국 모든 문제는 나이 어린 왕과, 그를 보호해줄 모계 세력이 너무나 약했다는 데에 있었던 것입니다. 왕권이 이렇게 약해지자 세력을 가진 진골 귀족들이 너도 나도 한 번씩 찔러 본 것이죠. 그리고 그 반란을 진압할 힘도 왕에게는 없었기 때문에 그 자신 왕위를 노렸던 김양상과 김경신이 반란을 진압한 것입니다. 그리고 그들이 반란을 일으키니 모든 상황이 종료되어 버리고 만 것입니다.

따라서 혜공왕이 트랜스젠더였기 때문에 왕위를 지키지 못했다고 하는 것은 진실이 아닙니다. 그것은 마치 조선이 당파싸움만 하다가 일본의 식민지가 되었다는 주장과 같습니다. 조선이 식민지가 된 것은 일본이 침략했기 때문이지 당파 때문이 아닙니다. 그 주장은 일본이 침략한 사실을 숨기고 정당화하기 위한 거짓 논리일 뿐입니다.

그런데 경덕왕도 자신이 죽은 후 이런 일이 벌어지리라는 것을 미리 예상했던 걸까요? 목숨이 다하는 그 해 그는 충담사를 불러 백성을 편안하게 하는 노래를 지어달라고 부탁합니다. 그리고 충담사가 지은 노래의 내용이 자못 의미심장합니다. 어쩌면 경덕왕은 자신이 죽은 후 신하가 왕이 되려고 날뛰리라는 것을 이미 알고 있었나 봅니다. 왕은 왕답게, 신하는 신하답게, 백성은 백성답게 처신해야 나라가 태평하리라는 노래를 지은 것을 보면 말입니다. 참으로 절묘한 타이밍이 아닐 수 없습니다.

경덕왕 시대에는 많은 문화유산이 만들어진 때로 기억될 만합니다. 불국사, 석굴암을 비롯하여 황룡사 종, 분황사 약사여래불이 이 시대 만들어졌으며 봉덕사 신종도 경덕왕이 만들기 시작하여 혜공왕 때 완성되었습니다. 탑상 편 「황룡사의 종」 조에는 황룡사종과 봉덕사종에 대한 자세한 설명이 있습니다. 국보 29호인 봉덕사종은 우리나라에 남아있는 가장 큰 종으로 높이 3.75m, 입 지름 2.27m, 두께 11-25㎝이며 무게가 약 25톤에 달하는데, 황룡사 종은 무게가 봉덕사종의 4배였다고 합니다. 황룡사종은 일연 스님이 살았던 시대 몽고의 침략으로 황룡사가 불탔을 때 불에 녹은 것으로 추정됩니다. 아마도 일연 스님은 젊은 시절 황룡사와 구층탑, 그리고 종을 직접 보았을 겁니다.

또 경덕왕 때는 충담사와 월명사라는 뛰어난 향가 시인이 살았던 시대입니다. 희명이란 여인이 향가를 지어 부르며 분황사 천수대비에게 기도하여 눈먼 자식의 눈이 떠지게 한 때도 경덕왕 때입니다. 또 욱면이란 여종이 졸지 않기 위해 손바닥에 구멍을 뚫고 새끼줄을 꿰어 절 마당을 가로지르며 염불을 하여 성불하였다는 이야기도 경덕왕 때입니다. 낮에는 종일 고된 일을 하고 9년 동안 밤마다 절 마당에서 염불하던 욱면이 지붕을 뚫고 서쪽으로 날아가 성불하였다는 이야기는 너무나 애처롭고도 장엄합니다. 또 경남 양산 포천산의 다섯 비구니가 성불하였다는 이야기도 경덕왕 때이고 보면, 『삼국유사』에 가장 많은 이야기가 남아있는 때가 바로 경덕왕 때입니다. 분명 이야기의 전성시대라 할 수 있는 때가 바로 이때였습니다.

5장

기울어가는 해, 신라 하대

신라 하대는 김양상 선덕왕이 혜공왕을 폐위하고 왕위에 오른 780년을 기점으로 경순왕이 고려 태조에게 나라를 이양하는 935년까지입니다. 무열왕의 직계 자손에서 내물왕 계로 왕권이 넘어온 때입니다. 여기에서는 전성기가 지나 기울어가는 나라의 모습이 그려지고, 고려를 건국한 새로운 영웅이 등장합니다. 나라가 망해 가는 모습과 이유도 그리고 새로운 영웅의 모습도 우리에게는 시사하는 바가 적지 않습니다.

1.
원성대왕

원성왕 김경신이 왕위에 오르게 된 사연과 그의 치세를 그리고 있습니다. 특히 신문왕 대 만들어진 만파식적이 등장하여 그의 권위를 높입니다. 묘정이라는 어린 승려의 이야기까지 크게 세 부분으로 되어 있습니다.

처음에 이찬 김주원이 재상이 되고 원성왕은 각간으로서 재상의 다음 자리에 있었다. 하루는 꿈에 원성왕이 두건을 벗고 흰 갓을 쓰고 열두 줄 가야금을 들고 천관사 우물 속으로 들어갔다. 꿈에서 깨어 사람을 불러 풀이하게 하였더니 이렇게 해몽하였다.

"두건을 벗은 것은 관직을 잃을 징조요, 가야금을 든 것은 칼을 쓸 징조요, 우물 속으로 들어간 것은 옥에 갇힐 징조입니다"

왕은 이 말을 듣고 몹시 근심하여 문밖으로 나오지 않았다. 이때 아찬 여삼이 와서 뵙기를 청했다. 왕은 병을 핑계로 나오지 않았다. 아찬이 다시 뵙기를 청하므로 왕이 이를 허락하였다.

아찬이 물었다.

“공께서 꺼리는 것은 무엇입니까?”

왕이 꿈을 풀이한 일을 자세히 말하니 아찬이 일어나 절을 하며 말했다.

“이는 좋은 꿈입니다. 공이 만일 왕위에 올라서도 저를 버리지 않으신다면 공을 위해서 꿈을 풀어 보겠습니다.”

왕이 주위 사람들을 물러가게 하고 아찬에게 꿈 풀이를 청하니 아찬은 말했다.

“복두를 벗은 것은 그 위에 사람이 없다는 것이요, 흰 갓을 쓴 것은 면류관을 쓸 징조요, 열두 줄 가야금을 든 것은 12대손이 왕위를 이어받을 징조요, 천관사 우물에 들어간 것은 궁궐에 들어갈 좋은 징조입니다.”

왕이 말했다.

“내 위로 김주원이 있는데 내가 어떻게 임금 자리에 오를 수 있단 말이오?”

아찬이 말했다.

“몰래 북천신에게 제사 지내십시오.”

왕은 아찬의 말을 따랐다.

얼마 후 선덕왕이 세상을 떠나자 나라 사람들은 김주원을 왕으로 삼아 장차 궁으로 맞아들이려 했다. 그의 집이 북천 북쪽에 있었는데 갑자기 냇물이 불어서 건널 수가 없었다. 이에 왕이 먼저 궁에 들어가 왕위에 오르자 대신들이 모두 따라와서 새 임금에게 축하를 드리니 이가 원성대왕이다.

왕의 이름은 경신이요 성은 김씨이니 꿈이 맞은 것이었다. 김주원은 명주에 물러가 살았다. 왕이 등극하였을 때 여삼은 이미 죽었기 때문에 그의 자손들을 불러 벼슬을 주었다.

왕에게는 자손이 다섯 있었으니, 혜충태자, 헌평태자, 예영 잡간, 대룡부인, 소룡부인 등이다. 대왕은 참으로 인생의 곤궁하고 영화로운 이치를 알아 신공사뇌가를 지었다.

왕의 아버지 대각간 효양이 조종의 만파식적을 왕에게 전했다. 왕은 만파식적을 얻었으므로 하늘의 은혜를 받아 그 덕이 멀리까지 빛났다. 786년 10월 11일 일본왕 문경이 군사를 일으켜 신라를 치려다가 신라에 만파식적이 있다는 말을 듣고 군사를 돌리고 금 50냥을 사신에게 주어 보냈다. 신라에 온 사신은 피리를 보여 달라고 청하였다. 왕이 사자에게 말했다.

"전 대인 진평왕 때에 그 피리가 있었다고 짐이 들었는데 지금은 어디에 있는지 알 수가 없소."

이듬해 7월 7일에 다시 사신을 보내어 금 천 냥을 가지고 와서 청하며 말하였다.

"제가 그 신비로운 물건을 보기만 하고 그대로 돌려드리겠습니다"

왕은 역시 전과 같이 대답하며 거절했다. 그리고 은 3,000냥을 그 사신에게 주고 보내 온 금은 돌려주었다. 8월에 사신이 돌아가자 그 피리를 내황전에 보관하였다.

왕이 즉위한 지 11년 795년에 당나라 사신이 서울에 와서 한 달을 머물러 있다가 돌아갔는데, 다음 날 두 여자가 내정에 나와서 아뢰었다.

"저희들은 동지東池와 청지靑池에 있는 두 용의 아내입니다. 그런데 당나라 사신이 하서국사람 둘을 데리고 와서 우리 남편인 두 용과 분황사 우물에 있는 용까지 모두 세 용을 작은 고기로 변하게 해서 통 속에 담아 가지고 돌아갔습니다. 바라옵건대 폐하께서는 그 두 사람에게 명령하여 우리 남편들과 나라를 지키는 용을 돌려주도록 하십시오."

왕은 하양관까지 사신을 쫓아가서 친히 연회를 열고 하서국 사람들에게 명령했다.

"너희들은 어찌해서 우리나라의 세 마리 용을 잡아 여기까지 왔느냐. 만일 사실대로 고하지 않으면 사형에 처할 것이다."

그러자 하서국 사람들이 고기 세 마리를 내어 바쳤다. 고기를 세 곳에 놓아 주자, 각각 물속에서 한 길이나 뛰어오르며 기뻐하면서 사라졌다. 당나라 사람들은 왕의 현명함에 감복했다.

어느 날 왕이 황룡사의 승려 지해를 대궐 안으로 청하여 화엄경을

분황사 우물

50일 동안 강론하게 했다. 사미[1] 묘정이 늘 금광정이라는 우물가에서 바리를 씻는데 자라 한 마리가 우물 속에서 떴다 가라앉았다 하였다. 사미는 늘 먹다 남은 밥을 자라에게 주면서 놀았다.

강론이 끝나갈 무렵 묘정이 자라에게

"내가 너에게 덕을 베푼 지가 오랜데 너는 어떻게 갚으려느냐?"

며칠 후 자라는 조그만 구슬 한 개를 토해 묘정에게 주므로 묘정은 그 구슬을 얻어 허리띠 끝에 달았다.

---

1 사미(沙彌): 출가하여 계율을 받은 나이 어린 견습 승려.

그로부터 대왕은 묘정을 보면 사랑하고 소중히 여겨 내전에 불러들여 곁에서 떠나지 못하게 했다. 이때 잡간[2] 한 사람이 당나라에 사신으로 가게 되었는데, 그도 묘정을 사랑해서 같이 가기를 청하였다. 왕이 이를 허락하여 이들이 함께 당나라에 들어갔다. 당나라의 황제도 역시 묘정을 보자 매우 사랑하게 되고 승상과 좌우 신하들도 모두 그를 존경하고 신뢰했다. 관상 보는 사람 하나가 황제에게 아뢰었다.

"사미를 살펴보니 하나도 좋은 상이 없는데 남에게 신뢰와 존경을 받으니 틀림없이 특별한 물건을 가졌을 것입니다."

황제가 사람을 시켜서 몸을 뒤져 보니 허리띠 끝에 조그만 구슬이 매달려 있었다. 황제가 말하였다.

"나에게 여의주 네 개가 있었는데 지난해에 한 개를 잃어버렸다. 이제 이 구슬을 보니 내가 잃은 바로 그 구슬이다."

황제가 묘정에게 그 구슬을 가진 연유를 물으니 묘정은 사실을 자세히 말했다. 황제가 생각하니 구슬을 잃었던 날짜가 묘정이 구슬을 얻은 날과 똑같았다. 황제가 그 구슬을 빼앗아 두고 묘정을 돌려보냈더니 그 뒤로는 아무도 묘정을 사랑하지도 않고 신뢰하지도 않았다.

왕의 능은 토함산 서쪽 동곡사에 있는데 최치원이 지은 비문이 있다. 왕은 또 보은사와 망덕루를 세웠다. 조부 훈입 잡간을 추봉하여 흥평대왕이라 하고, 증조부 의관 잡간을 신영대왕으로, 고조부 법선 대아간을

2 잡간(匝干): 신라의 17관등 중 제3위의 관등.

현성대왕이라 했다. 현성대왕의 아버지는 곧 마질차 잡간이다.

– 기이 제2 원성대왕

왕권의 정통성과 신성화

원성왕(재위 785년~798년)은 선덕왕에 이어 왕위에 오릅니다. 그리고 이 때부터 대부분의 임금은 원성왕의 후손으로 이어집니다. 흔히 신라 하대를 내물왕계의 시작인 선덕왕 때부터라고 하지만, 원성왕 사후 신라가 망할 때까지의 130여 년의 기간 중 끝 무렵 박씨 세 임금의 치세 20년을 제외한 전 기간을 원성왕의 후손들이 왕위를 차지하므로 실질적으로 신라 하대는 원성왕의 후손이 지배한 시대라고 보는 것이 정확합니다. 그만큼 원성왕의 등극은 신라 하대에서 결정적인 사건이었습니다.

경덕왕의 어린 태자 혜공왕은 8세에 왕위에 올라 16년을 재위하지만, 어린 왕과 그의 모계는 계속되는 귀족들의 반란을 제압할 능력이 없었습니다. 아니나 다를까 하늘에는 해가 두 개 나타나고 혜성이 계속 출현하며 큰 별이 땅에 떨어지고 지진으로 100여 명의 백성이 죽는 등 재앙이 계속 이어집니다. 『삼국사기』는 혜공왕의 말년을 왕이 여색에 빠져 유흥을 즐기고 민심이 이반했다고 기록합니다. 물론 이 모든 기록은 반란에 성공한 원성왕 쪽의 입김이 작용했다는 점은 감안하고 읽어야 합니다만, 진골 귀족들의 계속된 왕위 찬탈 음모로 혼란스러운 시대였던 것은 틀림없습니다.

혜공왕 16년 이찬 김지정이 반란을 일으켜 궁궐을 포위하는데 이 반란군을 진압한 사람이 바로 상대등 김양상과 이찬 김경신입니다. 그리고 그 과정에서 혜공왕이 죽게 됩니다.

무열왕 이후 진골이 왕이 되었다는 것은 엄밀히 말하면 왕족이 다른 귀족들과 신분상 구별되지 않는다는 뜻입니다. 5관등인 대아찬부터 1관등인 이벌찬까지의 귀족은 모두 진골이므로 사실 그들은 언제든 세력만 있으면 왕이 되어도 하등 문제될 것이 없는 상황이었습니다. 바꾸어 말하면 당장 왕이 되어도 이상할 것이 없는 사람들이 언제나 수십 명씩 대기하고 있었다는 이야기입니다. 이런 상황이었기 때문에 혜공왕처럼 세력이 없는 자가 왕위에 있자 사병을 동원할 능력이 되는 야심찬 진골들은 한번 씩 군사를 일으켜 보게 되는데, 아이러니컬한 것은 그 반란을 진압하는 것도 결국은 또 다른 진골 가문이라는 점입니다. 다시 말하면 그것은 반란과 진압이 아니라 진골가문끼리의 전쟁이었다는 것이 더 사실에 가깝습니다.

김지정이 반란을 일으켰을 때 반란 진압의 최고 책임자는 상대등 김양상이었습니다. 그러나 최고 원로의 위치에 있던 김양상이 왕위에 오른 이후의 과정을 살펴보면 이 시대의 실세는 김경신이었음이 분명해집니다. 사실은 김지정의 난을 진압하고 김양상을 왕위에 올리는 과정까지도 김경신의 주도로 이루어졌을 가능성이 매우 큽니다. 김양상, 즉 선덕왕은 왕위에 오르자마자 김경신을 상대등으로 임명하고 5년 후에는 왕위를 스스로 그에게 물려주려 합니다. 그는 1년 후 병으로 죽고 김경신, 즉 원성왕이 왕위를 이어받습니다.

원성대왕 조는 그가 어떻게 왕위를 이어 받는가 부터 이야기를 시작합니다. 어느 날 김경신은 두건을 벗고 흰 갓을 쓰고 우물로 들어가는 꿈을 꿉니다. 한 사람은 칼을 쓰고 감옥에 들어갈 꿈이라 풀이하고 한 사람은 왕이 되는 꿈이라 하지만, 따지고 보면 그 말이 그 말입니다. 거사가 성공하면 왕이요, 실패하면 감옥에 들어가는 것이니까요. 이 이야기는 당시에는 누구나 알고 있던 사실이었겠지만, 김경신이 쿠데타를 일으켜서 선덕왕을 세운 뒤에 라이벌 김주원까지도 따돌리고 결국은 왕이 되었음을 암시합니다.

북천신에게 제사를 지내고 신의 도움으로 개천의 물이 넘치는 바람에 김경신이 왕위에 오를 수 있었다는 이 설화는 분명 김경신 입장에서 나온 이야기입니다. 김주원은 야심가가 아니었기 때문일까요? 분명 김경신보다 윗자리에 있어 왕위 계승 순위가 앞섰지만 그는 순순히 명주 도독이 되어 그의 모계 세력의 근거지였던 강릉으로 가버립니다. 어쩌면 김경신과 싸워 이길 수 없음을 알았기 때문일지도 모릅니다. 그리고 그 덕분인지 그의 아들 김종기는 원성왕 6년에는 시중의 자리에까지 오릅니다. 비록 그의 둘째 아들 김헌창이 수십 년 후 반란을 일으키기도 하지만, 김헌창을 제외하고 그의 집안은 오래도록 건재합니다.

이야기는 신의 도움으로 비가 많이 와서 김주원에게 돌아갈 왕위가 김경신에게 왔다고 하지만, 그렇게 순탄하게 왔을 것 같지는 않습니다. 꿈 풀이도 몰래 하고, 제사도 몰래 지내는 등 김경신의 태도가 무척 조심스러운 것을 보면 그것은 목숨을 걸어야 하는 일이었을 겁니다. 어쨌든 그의 거사는 성공을 거두고 화백회의는 그를 왕으로 추대합니다.

비가 많이 내려 알천의 물이 넘치는 바람에 김주원이 오지 못했다는 이 이야기는 『삼국사기』에도 똑같이 기록되어 있습니다. 그런 저런 상황을 고려하면 이 이야기는 김경신 측에서 고의로 만들어 유포했을 가능성이 농후합니다. 새치기라는 것이 편리하고 당장 좋기는 하지만 심정적으로나 남의 이목으로나 부담스러운 것만은 사실이죠.

그렇게 전대 임금을 죽이고 서열을 뛰어 넘어 왕위에 오른 원성왕에게 가장 필요했던 것은 무엇이었을까요? 당연히 그것은 자신의 왕권에 정통성을 부여하고 자신의 왕위 계승을 합리화하는 일일 겁니다. 그것이 『삼국사기』에서는 즉위 원년에 보이는 기록이며, 『삼국유사』 원성대왕 조의 두 번째 이야기입니다.

그는 왕위에 오르자마자 자신의 부, 조부, 증조부, 고조부를 모두 대왕으로 추봉합니다. 그리고 모든 관리들을 1계급씩 승진시켜 줍니다. 사실 그의 가계는 내물왕의 12세손이라고는 하나, 내물왕의 10세손이었던 선덕왕이나 무열왕의 6대 손이었던 김주원에 비해 확실치 않습니다. 우선 그 약점부터 손보는 것입니다.

원성대왕 조의 두 번째 이야기는 그가 그의 아버지로부터 만파식적을 받았다는 이야기입니다. 신문왕이 문무왕의 혼령으로부터 받아 궁궐의 천존고에 보관했다는 그 피리가 100년 후 갑자기 원성왕의 아버지의 손에서 원성왕에게 전해집니다. 그리고 일본의 문경왕이 그 피리 때문에 침략을 그만둔다고 합니다. 그 피리를 보러 온 일본의 사신에게 그는 그 피리가 진평왕 대에 있던 것인데 지금은 어디 있는지 모른다고 둘러댑니다.

신문왕 대에 만들어진 피리를 그는 왜 진평왕이라고 할까요? 어쩌면 그 자신 정말로 그 피리를 본적도 없는 것은 아닐까요? 또 일연 스님이 주석을 붙인 것처럼 일본에는 문경왕도 없습니다. 뿐만 아니라 원성왕 시대 일본이 침략하려다가 그만 두었다거나 사신이 왔다는 기록도 전혀 없습니다. 그러고 보면 그가 아버지로부터 만파식적을 받았다거나 일본왕이 그 때문에 침략을 그만두었다거나 일본에서 사신이 그것을 보러 왔다거나 하는 그 모든 것이 조작일 가능성이 큽니다. 이 이야기들은 왕권에 정통성을 부여하기 위한 원성왕의 몸부림이라는 해석이 가장 진실에 가깝습니다.

모든 풍파를 가라앉히는 신이한 능력을 지닌 피리, 신라 왕실에서 비밀스럽게 전해 오던 그 피리를 원성왕이 물려받았다는 것은 원성왕이 왕으로서의 정통성을 지니고 있다는 정치적 선전일 뿐입니다. 그는 자신의 권위를 강조하기 위해 만파식적을 이용한 것이고 만파식적의 신이함을 이용해 자신을 신비화하려고 했던 것입니다. 당연히 이 이후로 만파식적을 보았다는 사람은 더 이상 없습니다. 안타까운 마음이 들기도 합니다.

세 번째는 당나라 사신과 함께 온 하서국 사람들이 신라를 지키는 용을 물고기로 바꾸어 병에 담아 가는 것을 빼앗아 왔다는 이야기입니다. 하서국은 지금의 몽골로 추정되는데 분황사에는 '삼룡변어정三龍變魚井'이라는 우물이 지금도 남아있으며 이 이야기는 전설로 아직까지 전해지고 있습니다. 돌아가는 당나라 사신을 붙잡고 호통 치는 원성왕, 그렇게 그는 신라의 호국용을 되찾아 오는 임무를 멋지게 완수합니다. 전설 속의 원성왕은 현명할뿐더러 중국에 대해 더없이 당당한 태도를 보입니다.

그러나 원성왕의 이런 모습은 그가 살던 시대에 비추어 보면 어쩐지 자연스럽지 않습니다. 신라의 호국용을 구해왔다는 이 이야기는 왕의 능력과 신이함을 강조하여 왕권에 정통성을 부여하려는 의도로 건국 초기에나 가능한 이야기입니다. 건국 초기였다면 알에서 태어났다거나 하늘에서 내려왔다는 우상화가 가능했겠지만 원성왕의 시대는 이미 그런 방식은 먹혀들지 않는 시대입니다. 신라를 건국한 초기 임금을 제외하면 왕에 대해 이렇듯 신비주의적 색채를 덧칠한 경우는 없었습니다.

신라 중대 이후 신이한 능력을 보이는 인물이라면 김유신이나 원효 명랑 혜공 같은 스님들뿐입니다. 김유신이나 스님들의 신비화는 혼란했던 시대 초인적 영웅을 바라는 사람들의 마음으로 이해할 수 있습니다. 특히 스님이라면 평범한 인간들이 감히 범접할 수 없는 특별한 경지에 오른 분들이라는 인식이 있으므로 초월적인 행적을 이야기 하더라도 받아들여질 수 있겠지만 신라 하대의 임금이라면 이야기는 달라집니다. 칼의 논리가 지배하는 시대, 가장 비정한 현실 속에 자리했던 신라 하대의 임금에게 이런 식의 신비화가 얼마나 효력을 발휘했을지는 의심스럽습니다.

묘정의 구슬

원성대왕 조의 마지막은 묘정이라는 승려에 관한 이야기입니다. 그야말로 신비로운 이야기지요. 자라가 준 여의주를 차고 있어서 그 효력으로 모든 사람의 사랑을 받았던 묘정은 당나라 황제에게 여의주를 빼앗기고는 평범한 사람으로 돌아옵니다. 이것은 앞의 이야기들과는 달리 고도로 상징화된 이야기입니다. 다양하게 해석될 여지가 많습니다.

먼저 여의주를 빼앗기고 사람들에게 사랑받지 못하는 사미 묘정이 신라의 운명을 상징한다는 해석이 있습니다. 귀족들 간의 치열한 왕권 다툼과 사치와 향락에 빠져들어 점차 한 시대의 말기적 증세를 보이기 시작하는 신라의 운명이 여의주를 빼앗긴 묘정으로 상징화되어 있다는 설명입니다. 한편 이 이야기는 원성왕의 동성애를 암시하고 있다는 해석도 있습니다. 사미 묘정을 내전으로 불러들여 사랑하였다는 기록에 주목하는 것입니다. 이 부분만 확대 해석한다면 그렇게 볼 여지도 있습니다만, 이야기 전체의 주제로 보기에는 석연치 않습니다.

원성왕의 시대와 역사 정치적 상황을 모두 배제한다면 이 이야기는 불교적 깨달음과 진리를 말하는 설화입니다. 이 이야기는 인간의 내면적 본질적 아름다움에서 우러나온 것이 아니라면 현세에서의 모든 인기와 사랑은 순간적이며 허무한 것이라는 깨달음을 담고 있습니다. 여기서 여의주란 외모, 금전 등과 같은 영원하지 않은 현세적 욕망을 상징합니다. 이 이야기는 이러한 현세적 가치의 덧없음을 말하는 것이 아닐까요? 앞의 이야기들과는 너무나 동떨어진 주제이긴 하지만 이 이야기는 현세적 가치의 덧없음이라는 불교적 진리를 상징적으로 표현하고 있습니다.

2.
신무대왕, 염장, 궁파

신무왕이 왕위에 오르게 되는 과정과 장보고를 죽이고 청해진[3]을 없애는 이야기입니다. 신무왕은 장보고의 군사를 빌려 자기 아버지의 원수 민애왕을 죽이고 왕위에 오릅니다. 그리고 왕위에 오른 뒤에는 막강한 군사력을 지닌 장보고를 자객을 보내 죽이고 청해진을 해체합니다.

제45대 신무대왕이 왕위에 오르기 전 협사 궁파[4]에게 말했다.

"나에게는 같은 하늘 아래 살 수 없는 원수가 있다. 네가 만일 나를 위해 그를 없애 준다면 내가 왕위에 오른 뒤에 네 딸을 맞아 왕비로 삼겠다."

---

3 지금의 전라남도 완도에 장보고가 설치했다는 해상기지이다.

4 『삼국사기』에는 궁복弓福으로 되어 있다. 장보고張保皐를 가리킨다.

청해진 유적

궁파가 허락하니 마음과 힘을 합쳐 군사를 일으켜 경주로 쳐들어가서 그 일을 성사시켰다.

왕위를 빼앗은 후 궁파의 딸을 왕비로 삼으려 하니 신하들이 간하였다.

"궁파는 천한 사람이니 왕께서는 그의 딸을 왕비로 삼아서는 안 됩니다."

왕은 신하의 말을 따랐다. 그 때 궁파는 청해진을 지키고 있었는데 왕이 약속을 어기는 것을 원망하여 반란을 일으키려 했다. 장군 염장이 그 말을 듣고 신무왕에게 아뢰었다.

"궁파가 장차 충성스럽지 못한 일을 하려 하니 소신이 가서 제거하겠습니다."

왕은 기뻐하여 허락했다. 염장은 왕의 명을 받아 청해진으로 가서 사람을 통해서 말했다.

"저는 왕에게 작은 원망이 있어서 현명한 장군에게 의탁하여 목숨을 보전하려 하오."

궁파는 이 말을 듣고 크게 노했다.

"너희들이 왕에게 간하여 내 딸을 버리게 하고 어찌 나를 만나려 하느냐?"

염장이 다시 사람을 통해서 말했다.

"그것은 여러 신하들이 간한 것이고 저는 그 일에 간여하지 않았습니다. 장군께서는 저를 의심하지 마십시오."

궁파는 그 말을 듣고 청사로 그를 불러들여 물었다.

"그대는 무슨 일로 여기에 왔소?"

염장이 말했다.

"왕의 뜻을 어긴 일이 있어 장군에게 의탁해서 해를 면할까 합니다."

궁파가 말했다.

"다행한 일이오."

궁파는 술자리를 마련하여 기쁘게 맞이했다. 이때 염장은 궁파의 긴 칼을 빼어 궁파를 베어 죽였다. 궁파의 휘하에 있던 군사들은 놀라서 모두 땅에 엎드렸다. 염장은 그들을 이끌고 서울로 와서 왕에게 보고했다.

"궁파를 죽였습니다."

왕은 기뻐해서 그에게 상을 내리고 아간 벼슬을 주었다.

– 기이 제2 신무대왕, 염장, 궁파

비운의 영웅 장보고

신무왕 때는 신라 하대 진골 귀족들 사이에 왕위 찬탈이 극심했던 때입니다. 흥덕왕 11년 흥덕왕이 죽자 귀족들은 신무왕의 아버지인 상대등 균정을 지지하는 세력과 제륭을 지지하는 세력으로 나뉘어 궁궐에서 피비린내 나는 싸움을 벌입니다. 이 싸움에서 제륭이 균정을 죽이고 왕위에 오르는데 그가 43대 희강왕입니다.

신무왕 김우징은 아버지가 죽은 후 시중으로 있을 때 친분이 있었던 궁복의 청해진으로 피신합니다. 또 제륭과의 싸움에서 균정을 지지했던 사람들도 속속 청해진에 모여 후일을 기약하게 됩니다. 한편 희강왕이 균정과의 싸움에서 자신을 지지했던 시중 김명의 세력을 제거하려 하자 희강왕 3년 김명이 다시 반란을 일으켜 희강왕이 자살하도록 합니다. 희강왕이 자살하자 김명이 왕위에 오르니 그가 민애왕입니다. 『삼국유사』 신무대왕 조의 이야기는 바로 여기서 시작됩니다.

청해진에 가 있던 김우징이 궁복에게, 같은 하늘 아래 살 수 없는 원수라고 말한 사람은 자신의 아버지를 죽인 제륭과 김명, 즉 희강왕과 민애왕입니다. 희강왕은 자살했고 민애왕이 왕위에 있으므로 아버지의 복수도 하고 전 왕을 죽게 만든 패악무도한 반역자를 응징한다는 명분도 있으므로 거사를 벌이는 것입니다. 민애왕 2년 839년 장보고의 군사가 경주로 쳐들어가 왕군을 무찌르고 민애왕까지 죽인 후 김우징이 왕위에 오르니 그가 바로 신무왕입니다. 신무왕의 셋째 아들 김흥광은 전라도 광주로 이주하여 자리 잡고 우리나라 대표적인 양반 가문 중 하나인 광산 김씨의 시조가 됩니다.

그러나 신무왕은 왕위에 오른 후 6개월 만에 죽습니다. 『삼국사기』에는 신무왕이 거사하였을 때 산으로 도망간 민애왕의 측근 이홍을 기병을 보내어 잡아 죽였는데 그가 꿈에 나타나 신무왕의 등에 활을 쏘아 등에 종기가 나서 죽었다고 합니다. 신무왕이 죽고 그의 아들 경응이 왕위에 오르는데 그가 46대 문성왕입니다.

궁복의 딸을 왕비로 맞이하려고 한 것은 『삼국사기』에 따르면 문성왕 7년입니다. 신하들이 궁복의 미천한 신분을 이유로 반대하는 것은 『삼국유사』와 같습니다. 신분의 벽이 그만큼 견고했다는 뜻도 되지만, 한편으로는 궁복의 군사력을 얻어 문성왕이 강력한 왕권을 갖게 되는 것이 귀족들로서는 달갑지 않았다고도 볼 수 있습니다. 불만을 갖게 된 궁복이 반란을 도모하자 한때 그의 부하였던 염장을 보내 궁복을 암살합니다. 궁복이 죽은 후 염장이 잠시 청해진을 맡아 관리하지만 몇 년 후 청해진은 폐지되고 역사에서 영영 사라지고 맙니다.

그런데 장보고가 반란을 도모했다는 것은 사실일까요? 장보고가 반란을 꾀할까 염려스러웠다고는 하나 실제로 그가 청해진에서 군사를 일으켰다는 증거는 어디에도 없습니다. 장보고를 제거하는 명분으로 반란을 도모했다는 이유를 붙였을 가능성이 큽니다. 『삼국사기』 장보고 열전을 보아도 그는 권력 지향적인 인간은 아니었다고 보입니다. 군사를 일으켜 민애왕을 몰아낼 때에도 그가 직접 군사를 이끌고 경주로 오지는 않았으며 이후에도 그는 계속 청해진에 머뭅니다.

미천한 신분에서 출발하여 해적을 소탕하고 신라인이 노예로 팔려가는 것을 막았으며 궁극적으로 동아시아 해상권을 장악한 것으로 보아 그의 군사적 능력은 분명 비범하였습니다. 그는 탁월한 능력을 지녔으나 현실 정치의 술수와 기만에는 어두웠으며 정치적 야망도 없었던 듯합니다. 훌륭한 재목을 제대로 기용하지 못한 무능했던 신라 사회에 의해 희생된, 때를 잘못 타고난 비운의 영웅이었던 것입니다. 『삼국사기』 장보고 열전의 다음 기록이 이 불행했던 비운의 영웅을 보는 감회를 잘 전하고 있습니다.

옛말에 가로되 "나라에 인재가 하나만 있어도 나라가 망하지 않는다." 하였다. 대개 망한 나라라서 사람이 없는 것은 아니다. 나라가 망할 때에는 어진 사람이 등용되지 못했기 때문이다. 진실로 등용된다면 한 사람으로도 족하다는 것이다. 송기가 말하기를 "아아 슬프다. 원한이 있어도 서로 꺼리지 않으며 나라의 우환을 먼저 생각한 사람이 진晉나라에는 기해가 있고 당나라에는 곽분양과 장보고가 있으니 누가 신라에 사람이 없다 하겠는가?" 하였다.

– 『삼국사기』 열전 제4 장보고

쉬어가기

신라 하대 임금 계보와 왕위 쟁탈전

38대 원성왕(김경신)의 아들

인겸 ↓ 의영 예영 ↓

준옹(39대 소성왕)–언승(41대 헌덕왕)–제옹–숭빈–수종(42대 흥덕왕)–충공 헌정 – 균정

준옹 ↓ 청명 (40대 애장왕)

충공 ↓ 아들 명 (44대 민애왕)

헌정 ↓ 장남 제륭 (43대 희강왕)

균정 ↓ 장남 우징 (45대 신무왕)

38대 임금 원성왕은 아들이 셋이 있었으나 태자 인겸과 의영이 일찍 죽습니다. 인겸의 큰 아들인 준옹(39대 소성왕)이 왕위에 오르나 2년 만에 죽습니다. 그리고 준옹의 장남 청명(40대 애장왕)이 13살의 나이에 왕위에 오르면서 숙부인 언승이 섭정을 하게 됩니다. 그러나 언승은 동생인 수종 충공과 함께 조카 애장왕을 죽이고 왕위에 오르니 그가 41대 임금 헌덕왕입니다. 그리고 그를 이어 함께 쿠데타를 했던 동생 수종이 왕위에 오르니 그가 42대 임금 흥덕왕입니다. 흥덕왕의 부인 장화왕후는 그가 죽인 애장왕의 여동생입니다.

흥덕왕 사후에는 원성왕의 셋째 아들 예영의 아들인 균정과 제륭 사이에 피비린내 나는 왕위 다툼이 시작됩니다. 흥덕왕 사후 신라는 제륭을 지지하는 쪽과 균정을 지지하는 쪽으로 나뉘는데, 헌정의 장남인 제륭이 숙부 균정을 죽이고 왕위를 차지하니 그가 43대 희강왕입니다. 이때 제륭을 지지했던 사람 중에 충공의 아들 김명이 있었는데 희강왕이 자신을 제거하려 하자 희강왕을 자살하게 하고 스스로

왕위에 오르니 그가 44대 민애왕입니다. 민애왕 2년 장보고의 청해진에 피신해 있던 균정의 아들 김우징과 균정을 지지했던 사람들이 장보고의 도움으로 반란을 일으켜 민애왕을 죽이고 왕위에 오릅니다. 그가 신무왕입니다. 그러나 신무왕은 왕위에 오른 지 6개월 만에 죽고 그의 아들 경응이 왕위에 오르니 그가 문성왕입니다. 그리고 문성왕 때에 장보고는 암살되고 청해진은 폐지되고 맙니다.

3.
제48대 경문대왕

응렴이 헌안왕의 사위가 되어 경문왕으로 등극하는 이야기와 경문왕의 특이한 비밀 두 가지가 더해집니다. 뱀을 덮어야만 잠이 오고 귀가 당나귀 귀인 임금, 경문왕에게 이런 이야기가 만들어진 까닭은 무엇일까요?

경문왕의 이름은 응렴이니 나이 18세에 화랑이 되었다. 약관 20세가 되었을 때 헌안대왕은 그를 불러 궁중에서 잔치를 베풀었다. 왕이 물었다.

"낭은 국선이 되어 사방을 유람하였는데 무슨 특별한 일을 본 것이 있는가?"

응렴이 대답하였다.

"신은 행실이 아름다운 자 셋을 보았습니다."

왕이 말하였다.

"그 이야기를 들어보세."

응렴이 말하였다.

"남의 윗자리에 있을 만한데도 겸손하게 남의 밑에 있는 사람이 그 하나요, 세력 있고 부유한데도 옷차림을 검소하게 한 사람이 그 둘이요, 본래 귀하고 세력이 있으면서도 그 위력을 부리지 않는 사람이 그 셋입니다."

왕은 그 말을 듣고 그가 어질다는 것을 알고 자기도 모르게 눈물을 흘리며 말했다.

"나에게 두 딸이 있는데 그대에게 시집보내 시중들게 하리라."

낭이 자리를 피하여 절하고 물러나 부모에게 고했다. 부모는 놀라고 기뻐하여 그 자제들을 모아 놓고 의논하였다.

"왕의 첫째 공주는 외모가 볼 것 없지만 둘째 공주는 매우 아름답다 하니 그를 아내로 삼으면 좋겠다."

화랑의 무리 중에 우두머리였던 범교사가 이 말을 듣고 낭의 집에 가서 낭에게 물었다.

"대왕께서 공주를 공에게 시집보낸다 하니 사실이오?"

낭이 그렇다고 하자 그가 다시 물었다.

"누구를 선택하겠소?"

낭이 말했다.

"부모님께서 둘째 공주가 좋겠다고 하십니다."

범교사가 말하였다.

"낭이 만일 둘째 공주에게 장가를 든다면 나는 낭 앞에서 죽을 것이고, 첫째 공주에게 장가간다면 반드시 세 가지 좋은 일이 있을 것이니 잘 살펴 결정하도록 하시오."

낭이 말하였다.

"그 말씀대로 하겠습니다."

후에 왕이 날을 가려 낭에게 사람을 보내어 말했다.

"두 딸 중에서 누구를 선택할지는 공의 뜻에 따르겠다."

왕의 사자가 돌아와서 낭의 뜻을 왕에게 아뢰었다.

"맏공주를 받들겠다고 합니다."

그런 지 3개월이 지나서 왕은 병이 위독해지자 여러 신하들을 불러놓고 말했다.

"내게는 아들이 없으니 내가 죽은 뒤에는 마땅히 맏딸의 남편 응렴이 계승해야 할 것이다."

이튿날 왕이 죽으니 낭이 유언을 받들어 왕위에 올랐다. 그러자 범교사가 왕에게 나아가 말했다.

"제가 아뢴 세 가지 좋은 일이 이제 모두 이루어졌습니다. 맏공주에게 장가를 드셨기 때문에 왕위에 오른 것이 그 하나요, 아름다운 둘째 공주에게 장가들 수 있게 되신 것이 그 둘이요, 맏공주에게 장가를 드셨기 때문에 왕과 부인이 매우 기뻐하신 것이 그 셋입니다."

왕은 그 말을 듣고 고맙게 여겨서 대덕이란 벼슬을 주고 금 130냥을

도림사지

하사했다. 왕이 죽자 시호를 경문이라고 했다.

일찍이 왕의 침전에는 날마다 저녁이 되면 수많은 뱀들이 모여들었다. 궁인들이 놀라고 두려워하여 이를 쫓아내려 하자 왕이 말했다.

"나는 뱀이 없으면 편히 잘 수가 없으니 쫓지 말라."

그래서 왕이 잘 때에는 언제나 뱀이 혀를 내밀어 온 가슴을 덮었다.

왕은 즉위 후 갑자기 귀가 길어져서 나귀의 귀처럼 되었다. 왕후와 궁인들은 모두 이를 알지 못했지만 오직 복두장 한 사람만이 알고 있었다. 그는 평생 이 일을 남에게 말하지 않았다. 죽을 때가 되어 복두장은 도림사 대나무밭 아무도 없는 곳으로 들어가서 대를 보고 외쳤다.

"우리 임금님 귀는 당나귀 귀다."

그 후 바람이 불면 대밭에서 소리가 났다.

"우리 임금님 귀는 당나귀 귀다."

왕은 이 소리가 듣기 싫어 대를 베어 버리고 산수유나무를 심었다. 그랬더니 바람이 불면 이런 소리가 났다.

"우리 임금님 귀는 길다"

국선 요원랑, 예흔랑, 계원, 숙종랑 등이 금란[5]을 유람하면서 임금을 위하고 나라를 생각하는 마음을 담아 노래 세 수를 짓고, 사지[6] 심필을 시켜 그 노래를 대구화상에게 보내어 곡조를 짓게 하니 첫째는 현금포곡이요, 둘째는 대도곡이요, 셋째는 문군곡이다. 대궐에 들어가 왕께 아뢰니 왕은 기뻐하여 칭찬하고 상을 주었다. 노래는 자세히 전하지 않는다.

— 기이 제2 제48대 경문대왕

의로운 개혁군주인가? 망국의 시작인가?

경문왕의 아버지 계명은 희강왕의 아들입니다. 희강왕이 시중 김명의 반란으로 자살할 때 살아남은 희강왕의 아들 계명은, 장보고의 군대를 이용하여 반란을 일으켜 왕위에 오른 신무왕이 거두어 길렀다고 합

5 금란(金蘭): 지금의 강원도 통천.

6 사지: 17관등 중 13관등.

니다. 계명은 신무왕의 아들인 문성왕 10년 시중의 자리에 오릅니다. 그는 그로부터 9년 후 문성왕이 죽고 신무왕의 동생 헌안왕이 왕위를 물려받아 4년 간 왕위에 있을 때까지 또 자신의 아들이 왕이 되어서도 1년이 지나도록 십여 년간 계속 시중의 자리에 있습니다.

반란도 있었고 왕이 바뀌기도 했던 그 변화무쌍한 세월을 계속 시중 자리에 있었던 계명은 어떤 사람이었을까요? 더구나 헌안왕 입장에서 보면 자신의 아버지 균정을 죽인 것이 계명의 아버지 희강왕이었는데 말입니다. 부모 대의 원수라 해도 현실적으로 필요하다면 친구가 될 수도 있을 만큼 어려운 시대긴 했지만 어쨌든 비명에 죽은 전대 왕의 자식으로서 그 혼란스럽던 반역의 시대를 살아남은 계명은 분명 처세술의 달인이라 불러도 좋은 사람이었을 겁니다. 헌안왕에게 계명은 백부의 손자로서 촌수로는 오촌간이지만, 따지고 보면 이때 왕위를 차지하기 위해 서로 죽이고 죽은 사람들이 거슬러 올라가면 모두 원성왕의 자손으로 촌수로는 육촌 이내의 친척들이었습니다.

계명의 아들 응렴이 20세가 되었을 때 헌안왕은 응렴을 불러 자신의 두 딸 중 하나를 고르라고 말합니다. 응렴은 집으로 가 어느 공주를 택해야 할 지 부모에게 묻습니다. 부모는 미인인 둘째를 선택하는 것이 좋다고 하고 범교사란 사람은 첫째를 선택하라고 하지만 이 과정은 모두 쇼일 가능성이 큽니다. 당시 시중이었던 계명이 자신의 아들이 누구를 선택해야 유리할지를 몰랐다는 것은 정말 지나가던 소가 웃을 일입니다. 더구나 그 선택이 삶과 죽음의 갈림길이 되는 시대에, 10여 년 이상

시중의 자리를 지켜온 처세술의 달인이 아무 생각 없이 예쁘다는 이유로 동생을 택하라 했을 리는 만무합니다.

경문대왕 조의 첫 번째 이야기는 경문왕이 화랑이 되어 전국을 유람하고 안목을 키워 의로운 인간을 알아보는, 그래서 그 자신도 의로운 인간이 되었다는 것을 강조합니다. 그리고 의로운 인간 응렴은 왕이 되려는 야심도 없었고 순수하게 헌안왕의 사위가 되었는데 결과적으로 나중에 왕이 된 것이라고 말하고 있습니다.

경문왕은 신라 하대 임금 중에서 가장 미스터리로 남아 있는 왕입니다. 그에 대한 평가는 진골 귀족의 권력을 제한하고 왕권을 강화하기 위해 화랑과 육두품 세력을 기용해 개혁을 시도했다는 매우 긍정적인 평가부터 개혁은 제스처일 뿐이고 실상은 왕권의 안정과 강화를 시도한 것에 불과하며 그 자신은 매우 괴팍하고 엽기적이며 잔인한 인간이었다는 부정적 평가까지 다양합니다.

그를 기울어 가는 신라 사회를 개혁하려 했던 개혁군주로 보는 입장에서는 첫 번째 이야기도 그가 의로운 인간이었다는 점을 강조한 것으로 읽고 후자로 보는 입장에서는 이 이야기가 경문왕의 야심가로서의 참모습을 숨기고 있는 것으로 읽습니다.

경문왕이 침실에서 매일 밤 뱀을 끼고 잤다는 두 번째 이야기나 그의 귀가 당나귀처럼 길었다는 세 번째 이야기는 더욱 양 극단으로 해석될 수 있습니다. 특히 이 두 이야기는 분명 매우 상징적으로 경문왕의 진실을 말하고 있습니다. 상징적으로 그의 어떤 숨겨진 진실을 전하고 있는 것은 분명한데 그것이 무엇이냐가 문제입니다.

경문왕을 개혁 군주로 보는 입장에서는 그가 뱀을 덮고 잤다거나 귀가 당나귀였다는 것이 귀족들 특히 후대 박씨 임금들의 모함이었다고 봅니다. 귀족의 권력을 제한하기 위해 새로운 세력을 기용하려 했던 경문왕이 진골 귀족들에게 미움을 사서 이런 엽기적인 이미지가 만들어졌다는 것입니다. 그러므로 그가 끼고 잤다는 뱀은 경문왕 시대에 등장하기 시작한 육두품 세력을 상징한다고 봅니다. 진골 귀족들에게는 경문왕이 키우던 육두품 신진세력이 뱀으로 보일만도 했을 것입니다.

임금님 귀가 당나귀 귀라는 이야기는 그리스 신화에 나오는 마이다스 왕의 이야기와 유사합니다. 당나귀 귀를 가진 임금님, 그 비밀을 아는 이발사가 숲에다가 소리치고 죽었는데 바람이 불 때마다 그 소리가 들려서 화가 난 임금님이 그 숲을 베었다는 이야기는 거의 전 세계에 공통으로 존재하는 민담입니다. 본래 이 이야기는 여러 가지 상징적 의미를 담고 있지만 정치적 의미에 국한하면, 여론을 잠재울 수는 없다는 교훈으로 이해됩니다. 숲을 아무리 베어도 여론을 없앨 수는 없으며 사람들의 말이 듣기 싫어 숲을 베어버리는 왕의 폭압적 시도는 실패할 수밖에 없다는 것입니다.

경문왕 조에서는 이 이야기가 그의 괴기스럽고 폭압적인 성격을 상징하는데, 경문왕을 긍정적으로 보는 입장에서는 이 이미지가 진골 귀족들에 의해 날조된 것이라고 봅니다. 경문왕을 괴기스럽고 진실을 덮어버리려는 폭압적인 인물로 꾸몄다고 보는 것입니다.

정말 그럴까요? 그는 개혁 정치를 시도하다가 귀족들의 저항으로 좌절하고 그 귀족들에 의해서 이미지마저 흉하게 훼손된 인물일까요? 『삼국사기』에 기록된 경문왕의 치세 중 가장 두드러지는 것은 절과 궁궐 등을 재건축하는 토목공사입니다. 그는 재위 15년 동안 임해전을 중수하고, 조원전을 중수하고 황룡사 구층탑을 개축하고 월상루를 중수하고 월정당을 중수합니다. 15년간 토목공사가 끊이지 않습니다. 토목 공사는 왕의 권위를 내세우기 위한 상투적 수법이지만 그 과정에서 죽어나는 것은 백성들입니다.

학생 3명을 당나라에 유학 보내면서 서적 구입비로 은 300냥을 주었고 육두품으로 보이는 학생을 당에 보냈다는 기록이 있으나 이것을 치적이라고 하기는 어렵습니다. 그것보다 그의 성격을 짐작할 수 있는 유력한 기록은 즉위 3년 헌안왕의 둘째딸을 후비로 맞아 들였다는 것입니다. 미인이었다는 바로 그 둘째 공주입니다. 그리고 경문왕에 이어 차례로 왕위에 오르는 그의 자식들, 즉 헌강왕 정강왕 진성여왕은 모두 둘째 공주의 소산으로 추정됩니다. 그가 왕이 되기 위해 선택했던 첫째 공주는 경문왕의 등극 후 소식이 끊어집니다.

사실 경문왕의 재위 기간 중 가장 두드러지는 것은 끊이지 않고 발생했던 천재지변입니다. 가뭄과 홍수 지진을 비롯하여 메뚜기 떼가 나타나고 전염병이 유행합니다. 특히 경문왕 즉위 7년 이후로는 이런 자연 재해가 끊이지 않고 매년 발생합니다. 당연히 백성들의 삶은 말이 아니었을 겁니다. 그리고 15년의 재위 기간 중 반역 사건이 세 번 발생합니다.

그의 재위 기간은 대체로 매우 혼란했던 시대였습니다. 개혁이라 부를 만한 특별한 정책은 보이지 않습니다. 세 번의 반역 사건이 있었지만 특별히 개혁 정책에 대한 반발로 볼 만한 근거도 없습니다. 경문왕 14년 최치원이 당나라에서 과거에 급제했다는 기록이 보이며 그의 시대에 화랑과 육두품의 새로운 세력이 등장한다 하더라도 그것으로 경문왕의 개혁 정책을 거론하기는 어렵다고 보입니다.

정사에 기록된 경문왕의 치세를 살펴보면 개혁 군주가 후세의 모함을 받은 것으로 보기는 어렵습니다. 그가 뱀을 덮고 잠을 잤다는 이야기와 당나귀 귀는 그의 감추고 싶은 비밀을 암시한 것으로 보는 것이 훨씬 자연스럽습니다. 그 실마리가 바로 궁예의 출생담입니다.

『삼국사기』「궁예」 열전을 보면 궁예는 경문왕의 자식일 가능성이 큽니다. 그는 경문왕이 궁 밖에서 낳은 자식인데 점쟁이는 그가 태어나면서부터 이가 있고 이상한 징조를 보였으므로 죽이라고 합니다. 경문왕은 사람을 보내 그를 죽이려 하였는데 누각 아래로 던져진 그를 유모가 받아 길렀다고 합니다. 그 과정에서 한쪽 눈을 잃었다고 말합니다. 물론 이 이야기는 궁예가 스스로를 신비화하고 권위를 부여하기 위해 지어낸 이야기일 가능성이 큽니다. 특히 그의 출생담과 한쪽 눈을 잃게 된 사연은 거의 허구에 가깝겠지만 그가 왕족의 후예라는 것 자체는 사실일 수도 있습니다.

궁예는 태봉을 건국하고 부석사에 있던 역대 신라왕의 그림을 칼로 그어버린, 따라서 견훤과 함께 반 신라의 선봉에 선 인물입니다. 그런 그가 경문왕의 서자라면 경문왕의 비밀, 알려져서는 안 될 일은 바로 이것이 될 가능성이 큽니다. 임금님의 귀가 당나귀 귀라는 이야기는 동서양에 두루 퍼진 이야기입니다만 이것이 굳이 경문왕에게 붙은 까닭, 그리고 세상의 이런 소문을 임금이 듣기 싫어했다는 일화가 경문왕의 이야기가 된 까닭은 이 사실을 암시하는 것으로 이해할 수 있습니다.

그는 죽음과 관련해서도 석연치 않은 점이 있습니다. 대궐에 용이 나타나고 안개가 끼었다 사라진 후 그는 갑자기 세상을 떠납니다. 21살에 즉위하여 15년을 왕위에 있었으므로 죽을 때 그의 나이는 34세에 불과했습니다. 병이 났다는 말도 없고 어디에 어떻게 장사지냈다는 기록도 없습니다. 그런 까닭에 그는 왕릉도 전해지지 않습니다. 신라 하대 임금의 능이 대부분 잘 보존되어 현재까지 전해지는 것을 생각하면 이것도 이상한 일입니다. 반란이 일어났다는 기록은 없지만 무언가 비정상적으로 세상을 뜬 것이 분명합니다. 이래저래 그는 미스터리에 싸인 인물이 아닐 수 없습니다.

4.
처용랑과 망해사

헌강왕과 처용은『삼국유사』에서 가장 흥미로운 인물들 중의 하나입니다. 산신들이 등장하여 춤과 노래를 선보이고 헌강왕 스스로 춤을 유행시켰다는 이야기도 덧붙어 있습니다. 처용의 정체와 의미에 관해서는 매우 재미있는 가설들이 있습니다. 어떤 해석이 가장 그럴듯한지, 또 다른 해석은 없을지 연구해 볼만한 과제입니다.

제49대 헌강대왕 때에는 서울에서 동해바다까지 집과 담이 이어지고 초가는 하나도 없었다. 길에는 음악과 노래가 끊이지 않았고, 바람과 비는 사철 순조로웠다. 하루는 대왕이 개운포에서 놀다가 돌아가는 길이었다. 낮에 물가에서 쉬고 있는데 갑자기 구름과 안개가 자욱하여 길을 잃었다. 왕이 괴상히 여겨 신하들에게 물으니 일관이 아뢰었다.

“이는 동해용의 조화이오니 마땅히 좋은 일을 해서 풀어야 할 것입니다.”

이에 왕은 용을 위하여 근처에 절을 짓도록 하였다. 왕이 명령을 내리자 구름과 안개가 걷혔으므로 그곳을 개운포라 했다.

동해의 용은 기뻐하여 아들 일곱을 거느리고 왕의 수레 앞에 나타나 덕을 찬양하여 춤을 추고 음악을 연주했다. 그 중의 한 아들이 왕을 따라 서울로 들어가서 왕의 정사를 도왔는데, 그의 이름을 처용이라 했다. 왕은 미녀로 처용의 아내를 삼아 그를 머물러 있도록 하고, 급간의 관직도 주었다.

처용의 아내가 무척 아름다웠기 때문에 역신疫神이 흠모해서 사람으로 변하여 밤에 그 집에 가서 몰래 자곤 했다. 처용이 밖에서 집에 돌아와 두 사람이 누워 있는 것을 보고 노래를 부르고 춤을 추다가 물러났다. 그 노래는 이러하다.

동경 밝은 달에, 밤들어 노닐다가
들어와 자리를 보니, 가랑이 넷일러라.
둘은 내해이고, 둘은 뉘해인가.
본디 내해지만, 빼앗겼으니 어찌할꼬.

그때 역신이 모습을 나타내어 처용 앞에 꿇어앉아

“제가 공의 아내를 흠모하여 범하였으나 공이 노여워하지 않으니 감동하여 아름답게 여기는 바입니다. 맹세코 이제부터는 공의 형상을 그

망해사지

린 그림만 보아도 그 문 안에 들어가지 않겠습니다."

이 일로 인해서 나라 사람들은 처용의 형상을 문에 그려 붙여서 사악함을 물리치고 경사스러운 일을 맞아들이게 되었다.

왕은 서울로 돌아오자 곧 영취산 동쪽 기슭의 좋은 곳을 가려서 절을 세우고 이름을 망해사라 했다. 이 절을 신방사新房寺라 했으니 이것은 용을 위해서 세운 것이다.

또 왕이 포석정에 갔을 때 남산의 신이 왕 앞에 나타나 춤을 추었는데 좌우의 사람에겐 신이 보이지 않았고 왕에게만 보였다. 그래서 왕 스스로 춤을 추어 그 형상을 보였다. 신의 이름을 상심이라고도 했으므로 지금까지 나라 사람들은 이 춤을 전하여 어무상심, 또는 어무산신이라 한다. 어떤 이는 말하기를, 신이 먼저 나와서 춤을 추자 그 모습을 살펴 장인에게 명하여 새기게 해서 후대에 보이게 했기 때문에 상심이라고 했다 한다. 혹은 상염무라고도 하는데 이것은 그 형상을 일컫는 말이다.

왕이 또 금강령에 갔을 때 북악의 신이 나타나 춤을 추었는데, 이를 옥도금이라 했다. 또 동례전에서 연회를 할 때 지신地神이 나와서 춤을 추었으므로 지백급간이라 했다.

『어법집』에는 그때 산신이 춤을 추고 노래 부르기를, '지리다도파智理多都波'라 했는데 그것은 대개 지혜로 나라를 다스리는 사람이 미리 사태를 알고 많이 도망하여 도읍이 장차 파괴된다는 뜻이라고 한다. 즉 지신과 산신은 나라가 장차 멸망할 것을 알고 춤을 추어 이를 경계한 것인데 나라 사람들이 이를 깨닫지 못하고 도리어 상서로움이 나타났다 하면서 환락에 빠져 결국 나라가 망하고 만 것이다.

– 기이 제2 처용랑과 망해사

태평성대인가? 말세의 징조인가?

처용은 『삼국유사』에서도 가장 많은 조명을 받았던 인물입니다. 많은 연구가 이루어졌을 뿐만 아니라 문학 작품으로도 수없이 재창조되었던 인물입니다. 특히 처용의 정체가 무엇인가에 대해서는 흥미로운 의견이 많이 있었습니다. 무당 설, 지방 호족의 자식이라는 설, 아라비아의

상인이라는 설, 왕실의 실제 인물이었다는 설 등이 대표적입니다. 처용의 정체를 무엇으로 보느냐에 따라 헌강왕과 그 시대를 보는 관점이 달라지므로 처용의 정체는 핵심이 되는 질문임에는 틀림없습니다만, 그것이 모든 것을 설명하는 열쇠는 아닙니다.

처용랑과 망해사 조는 헌강왕 시대의 태평스런 모습을 그리면서 이야기를 시작합니다. 그런데 기와집이 연이어 있고 노랫소리가 끊이지 않았다는 이 기록이 정말 태평성대를 그린 것인가부터 문제가 됩니다. 『삼국사기』는 여기에 한술 더 떠서 왕이 월상루라는 누각에 올라 태평스런 서울을 바라보며 이것이 다 신하들의 보좌 덕분이라고 했다는 헌강왕의 겸양의 말까지 덧붙이고 있습니다. 이것은 사실일까요?

헌강왕 재위 12년 간 특별한 천재지변이나 흉년의 기록이 없는 것은 사실입니다. 그러나 정말 신라가 태평했던 시대라고 보이는 통일 후 신문왕 시대를 비롯한 어느 때에도 이런 기록은 없습니다. 왜 하필 신라가 망하기 직전에 이런 태평성대의 기록이 보일까요? 헌강왕 때로부터 10년밖에 지나지 않아 전국 각지에서 도둑이 나타나고 후삼국의 혼란과 분열이 시작됩니다. 귀족들의 반역이 아니라 먹고 살기 힘들어진 백성들에 의해 민란이 일어났다는 점에 주목해야 합니다. 이것은 어떻게 설명해야 할까요? 어떻게 태평성대로부터 10년 만에 사회는 걷잡을 수 없는 혼란에 빠져들까요?

이야기는 헌강왕의 개운포 행차에서 시작됩니다. 왕이 개운포에 갔는데 구름과 안개가 길을 막습니다. 용의 조화라는 일관의 말에 용을 위해 절을 지으라고 하자 안개가 걷히고 용이 나타나 춤을 추고 음악을 연주합니다. 그리고 용왕은 아들 처용을 주어 왕을 보필하라고 합니다. 급간의 벼슬까지 받은 처용이 어느 날 밤늦게 돌아와 역신이 아내를 범한 장면을 목격합니다. 노래를 부르고 춤을 추자 역신이 꿇어 앉아 용서를 빌며 처용의 모습을 그린 그림을 보면 그 집에는 들어가지 않겠노라고 맹세합니다. 이로 인해서 사람들이 처용의 모습을 그려 역신을 쫓는 민속이 생겨났다고 합니다.

처용가는 곧바로 고려시대에까지 이어지고 불교적 색채까지 더해져 더욱 긴 고려가요 처용가로 재탄생합니다. 처용 탈과 처용무는 섣달 그믐날 사악함을 쫓고 경사를 맞이하는 나례 의식의 일부로 편입되어 고려를 거쳐 조선시대까지 내려옵니다. 민속에서 출발하여 불교가 더해지고, 중국에서 수입된 나례라는 궁중 의식에까지 들어가 천 년을 지속한 전통이 되는 것입니다. 이 이야기의 진실은 무엇일까요?

아무리 다양한 해석이 가능하다고 해도 기본적으로 처용 이야기는 전염병을 쫓는 민속입니다. 이것은 백신이 발명되기 전 가장 무서웠던 전염병 천연두를 막기 위한 민간 의식이었습니다. 당시의 상식으로는 전염병이 사악한 귀신 때문에 생기는 것이므로 그것을 막기 위한 민속이었던 것입니다. 또 그 시대는 무당이 의사의 역할을 겸하였을 것이므로 그것은 무속이기도 했습니다. 혹 그 탈이 아라비아 사람의 모습을 닮았을지라도 아니면 그가 본래 지방 호족의 자제였을지라도 그가 경주에서 한 일은 무당이었던 것입니다.

처용의 정체로 거론된 것들은 사실은 양립할 수 없는 것이 아닙니다. 가장 신통력 있고 신령스러운 인간, 인간과 신의 중간자이며 역신도 벌벌 떨게 할 인간이라면 그 모습이 아라비아의 상인을 닮았다는 것은 전혀 이상한 일이 아닙니다. 그 시대 페르시아 세계와 교류가 있었다는 증거가 속속 발견되므로 아라비아의 상인이 처용의 모델이 되었을 수도 있는 일입니다.

그리고 그 무당은 서울의 귀족 가문 출신이 아니라 울산의 바닷가에서 경주로 온 사람이었습니다. 그는 출신도 그렇고 신분도 비교적 낮은 사람이었음이 틀림없습니다. 지방 호족 출신의 자제가 기인제도 때문이든 단순히 능력을 인정받아서이든 어쨌든 서울에 와서 한 일은 귀신을 쫓는 무당의 역할을 한 것입니다. 그리고 무당이 본래 의사, 연예인, 종교인의 역할을 모두 통합한 직업이었다는 점을 생각하면 이 이야기는 아귀가 잘 맞아 떨어집니다.

헌강왕은 계속해서 나라의 남쪽과 북쪽을 순행합니다. 남산의 신과 북악의 신이 그 앞에 나타나 춤을 추는데 다른 이의 눈에는 보이지 않고 왕에게만 보입니다. 왕은 그 춤을 직접 시연하여 사람들에게 보여주고 장인에게 시켜 그 형상을 조각하기까지 합니다. 일연 스님은 어법집이라는 책을 인용하여 '지리다도파'라는 묘한 노래의 가사까지 뜻을 풀어 보여줍니다. 나라가 망할 징조라는 것을 분명히 하는 거죠.

이야기는 헌강왕이 신 끼가 있음을 은연중 암시합니다. 춤까지 직접 추어 보여주는 것을 보면 연예인 기질도 다분합니다. 그 자신 왕이 아니었다면 처용 같은 무당 혹은 연예인이 되었을 가능성이 커 보입니다. 그리고 이 이야기는 그가 현실 정치 감각은 대단히 떨어졌다는 것도 암시합니다. 그렇게 신 끼가 있는 사람이 현실 감각이 없었다는 것은 이해가 가는 일입니다. 그렇다면 이제 상황은 분명해집니다.

그는 분명 지방에서 일어나기 시작한 민란에 준하는 사태를 해결하기 위해 나라의 사방을 순행했습니다. 그러나 그는 현실 감각이 없는 사람이었습니다. 나라가 그렇게 속으로 곪아가고 있는데도 그의 눈에는 현실이 태평성대로만 보였던 것입니다. 그래서 그 순행조차 놀이에 가까웠을지 모릅니다. 아마도 대부분의 사람들은 지신과 산신이 나타났다는 것을 듣고 나라가 망할 징조임을 알아차렸을 겁니다. 헌강왕만 몰랐던 거죠. 따라서 첫 번째 이야기, 나라가 태평성대였다는 것도 결국은 헌강왕 눈에만 그렇게 보였을 가능성이 큽니다. 사서에 기록된 태평성대의 기록은 사실은 이런 상황을 암시하고 비판하고 있다고 보아도 좋습니다.

헌강왕이 그랬다면 그 시대 실제로 현실 정치를 맡았던 사람이라도 상황을 바로잡아야 하지 않았을까요? 이 시대 현실 정치의 중심은 헌강왕의 숙부, 각간 위홍이었습니다. 경문왕 때 시중이던 위홍은 경문왕 말기 상대등이 된 후 헌강왕과 정강왕, 그리고 진성여왕 즉위 2년 죽을 때까지 계속 상대등을 지냅니다. 그런데 여러 가지 기록을 살펴보면 위홍도 헌강왕처럼 현실 감각이 없었던 것으로 보입니다.

불행은 정치적 책임감과 현실 감각이 뛰어난 사람이 이 시대 신라 왕가에는 없었다는 데에 있습니다. 물론 한두 명의 인물로 이미 기울어가는 신라를 바로 잡을 수는 없었겠지만 말입니다. 세상을 혁신할 인물은 헌강왕 3년, 신라 왕가가 아니라 경주에서 멀고 먼 황해도 송악군에서 태어납니다. 그가 바로 태조 왕건입니다.

5.
진성여대왕과 거타지

진성여왕은 헌강왕의 여동생입니다. 둘은 모두 당나귀 귀의 주인공 경문왕의 자식들이죠. 신라가 후삼국으로 분열되어 혼란이 극심했던 시대가 바로 진성여왕 때입니다. 역시 나라가 망할 징조가 보이지만 새로운 영웅도 등장하는 시대입니다.

제51대 진성여왕이 즉위한 지 몇 해 만에 유모 부호부인과 그의 남편 잡간 위홍 등 서너 명의 신하들이 권력을 쥐고 정사를 어지럽혔다. 도둑들이 벌떼처럼 일어나니 나라 사람들이 모두 근심하였다. 어떤 사람이 다라니의 은어隱語를 지어 길 위에 던졌다.

왕과 권력을 잡은 신하들이 이것을 보고 말했다.

"왕거인이 아니면 누가 이런 글을 지었겠느냐."

왕거인을 옥에 가두자 거인은 시를 지어 하늘에 호소했다. 이에 하늘이 그 옥에 벼락을 내려 거인을 살아나게 했다. 그 시는 이러했다.

연단[7]의 피어린 눈물 무지개가 해를 뚫었고,
추연[8]의 품은 슬픔 여름에도 서리 내리네.
지금 나의 불우함 그들과 같거니,
황천은 어이해서 아무런 상서로움도 없는가.

또 다라니의 은어는 이러했다.

나무망국 찰니나제 판니판니소판니 우우삼아간 부이사파가

사람들은 이렇게 풀어 설명한다.

"찰니나제란 여왕을 가리킨 것이요, 판니판니소판니는 두 명의 소판을 말한 것인데 소판[9]은 벼슬 이름이다. 우우삼아간은 서너 명의 아간[10]을 말한 것이요, 부이는 부호를 말한 것이다."

---

7 연단(燕丹): 전국 시대 연나라의 태자 단을 말한다. 진이 통일하자 자객 형가를 보내 진시황을 죽이려 했으나 실패하여 죽임을 당했다.

8 추연(鄒衍): 전국 시대 제나라 사람. 연나라 소왕의 스승이 되었는데 혜왕이 즉위하자 참소를 받아 억울하게 옥에 갇혔다. 한여름에 서리가 내렸다고 한다.

9 소판(蘇判): 17관등 중 3관등인 잡간의 별칭.

10 아간(阿干): 17관등 중 6관등인 아찬의 별칭.

아찬 양패는 왕의 막내아들이었다. 그는 당나라에 사신으로 갈 때에 후백제의 해적들이 진도에서 길을 막는다는 말을 듣고 궁수 50명을 뽑아 따르게 했다.

배가 곡도에 이르니 풍랑이 크게 일어나 10여 일을 묵게 되었다. 양패공이 이를 근심하여 사람을 시켜 점을 치게 하였더니 점쟁이가 말하였다.

"섬에 신의 연못이 있으니 거기에 제사를 지내면 좋겠습니다."

그리하여 연못에 제물을 차리자 연못물이 한 길이 넘게 치솟았다. 그날 밤 꿈에 노인이 나타나서 양패공에게 말하였다.

"활 잘 쏘는 사람 하나를 이 섬 안에 남겨 두면 순풍을 얻을 것이오."

양패공이 꿈에서 깨어 그 일을 주위 사람들에게 알렸다.

"누구를 남겨 두는 것이 좋겠소."

사람들이 말하였다.

"나무 조각 50개에 저희들의 이름을 써서 물에 던진 후 가라앉은 자의 이름을 뽑으시면 될 것입니다."

공은 이 말을 따랐다. 군사 중에 거타지의 이름이 물에 가라앉으므로 그를 섬에 남겼다. 그러자 문득 순풍이 불어서 배는 거침없이 나갔다.

거타지는 근심하며 섬 위에 서 있는데 갑자기 노인 하나가 못 속에서 나오더니 말했다.

"나는 서해의 신 약若이라 하오. 날마다 중 하나가 해가 뜰 때 하늘

인당수

에서 내려와 다라니의 주문을 외면서 이 못을 세 번 돌면 우리 부부와 자손들이 모두 물 위에 뜬다오. 그러면 그가 내 자손들의 간을 빼어 먹는다오. 그래서 이제 우리 부부와 딸 하나만이 남아 있을 뿐이오. 내일 아침에 그 중이 또 올 것이니 그대가 활로 쏘아 주시오."

거타지가 말했다.

"활 쏘는 일이라면 나의 장기이니 명령대로 하겠습니다."

노인은 고맙다는 인사를 하고 물속으로 들어가고 거타지는 숨어서 기다렸다. 이튿날 동쪽에서 해가 뜨자 과연 중이 나타나더니 전처럼 주문을 외면서 늙은 용의 간을 빼먹으려 했다. 이때 거타지가 활을 쏘아

맞히니 중은 늙은 여우로 변하여 땅에 떨어져 죽었다. 그러자 노인이 나와 감사해 하며 말했다.

"공의 은덕으로 내 목숨을 보전하게 되었으니 내 딸을 아내로 주겠소."

거타지가 말했다.

"따님을 저에게 주신다니 참으로 바라는 바입니다."

노인은 그 딸을 한 송이의 꽃으로 변하게 한 후 거타지의 품속에 넣어 주고, 두 용에게 명하여 거타지를 모시고 사신의 배를 따라 그 배를 호위하여 당나라에 들어가도록 했다.

당나라 사람들은 신라의 배가 용 두 마리의 호위를 받으며 오고 있는 것을 보고 이 사실을 황제에게 보고하니 황제가 말했다.

"신라의 사신은 분명 비범한 사람일 게다."

그래서 잔치를 베풀어 신하들의 윗자리에 앉히고 금과 비단을 후하게 주었다. 신라로 돌아오자 거타지는 꽃가지를 꺼내어 여자로 변하게 하여 함께 살았다.

– 기이 제2 진성여대왕과 거타지

신라의 종말과 새로운 영웅

진성여왕 대 신라는 이미 후삼국으로 분열된 상태였습니다. 신라의 지배권은 경주 근처로 크게 축소되어 있었으며 서쪽은 견훤이, 북쪽은 궁예의 세력이 실질적으로 지배하였습니다. 진성여왕 6년 견훤이 후백제를 건국하고 무주 동남 지역까지 그에게 복속했다는 기록을 보면 이미 후백제의 지배영역이 신라보다 훨씬 커졌음을 알 수 있습니다. 궁예의 세력은 원주를 중심으로 강릉까지 세력 범위를 넓혀 경주를 제외한 대부분의 지방은 이미 신라의 지배권에서 벗어난 상태로 보입니다.

진성여왕 3년 여러 주군에서 세금을 바치지 않아 국고가 비었다는 『삼국사기』의 기록은 당시 신라가 처했던 상황을 잘 보여줍니다. 심지어 진성여왕 10년에는 신라 서남쪽에서 일어난 붉은 바지를 입은 도둑떼가 6부의 하나인 모량부까지 와서 민가를 약탈하였다는 기록도 보입니다. 신라의 치안과 군사력이 어느 정도였는지를 알 수 있습니다. 당연히 경주에도 각종 유언비어가 나돌고 민심이 흉흉해졌을 겁니다.

진성여왕 조의 첫머리는 경주의 흉흉했던 분위기를 그리고 있습니다. 밀교의 주문인 다라니가 유포되고 왕거인과 같은 어진 이는 감옥에 갇힙니다. 왕거인이 감옥에서 지었다는 시에는 망해가는 나라의 지식인이 느꼈던 슬픔과 한탄과 원망이 대단히 호소력 있게 표현되어 있습니다.

그러나 진성여왕과 각간 위홍의 불륜과 여왕의 타락은 과장되었을 수 있습니다. 진성여왕의 타락은 여왕을 곱지 않은 시각으로 보던 고려시대 김부식 등에 의해서 부풀려진 것입니다. 그녀가 타락한 여자였고 신라가 망한 책임이 모두 그녀에게 있는 것처럼 묘사하는 것은 진실이 아니라는 겁니다. 신라의 진골 귀족이 숙부와 결혼하는 것이나 남편이 죽은 뒤 다른 남자를 사귀는 것은 그 시대에는 지극히 정상적인 일이었습니다. 그런 경우는 신라 왕실에서 헤아릴 수 없이 많았으며 진성여왕만 그렇게 한 것은 아닙니다.

그녀는 즉위 10년 만에 오빠인 헌강왕의 서자 요에게 스스로 왕위를 넘기고 물러납니다. 자신의 능력으로 기울어가는 나라를 바로잡을 수 없다는 것을 알았기 때문이며 여왕보다는 그나마 남자였던 효공왕이 조금이라도 나을 것으로 생각했기 때문입니다. 그러고 보면 진성여왕은 망해가는 시대에 왕위에 올랐던 왕이며 특히 여왕이었다는 점 때문에 더욱 불리한 입장에 놓였던 것입니다. 실제로 같은 시대에 연이어 왕위에 올랐던 임금인데 경문왕은 개혁군주고 헌강왕 시대는 태평성대였는데 진성여왕이 다 망쳤다는 시각은 분명히 잘못된 것입니다.

진성여왕 대의 어수선한 분위기를 그린 후 두 번째 이야기가 시작됩니다. 당나라에 가는 사신이 풍랑으로 곡도에 발이 묶인 것입니다. 곡도는 지금의 백령도로, 중국으로 가는 뱃길의 중간 기착지였습니다. 심청이가 물에 빠진 인당수가 바로 이곳입니다. 언제나 파도가 거칠기로 유명한 곳이죠. 신궁 거타지가 파도를 가라앉히는 희생양으로 섬에 남게 됩니다. 그리고 중으로 변한 여우를 활로 쏘아 죽이고 서해의 신을 구합니다. 그 대가로 신의 딸을 꽃가지로 만들어 품에 품고 와서 그녀와 결혼하였다는 이야기입니다.

백령도라는 지역적 배경과 파도를 가라앉힌다는 모티브, 그리고 꽃으로 변한 여인 등 이 이야기는 확실히 심청전과 유사한 점이 많습니다. 심청전의 원형이라고 보아도 좋을 정도입니다. 심청전은 이 이야기를 토대로 효孝라는 이념의 살을 붙인 것입니다. 물론 이 이야기보다 훨씬 드라마틱하게 이야기가 꾸며지기도 합니다. 두 이야기 사이에는 무려 천년의 시차가 있기 때문이죠. 거타지 이야기가 그만큼 고풍스러운 형태입니다. 그런데 왜 망해가는 신라의 이야기에 이 이야기가 들어 있을까요?

무기력하게 죽어가는 서해의 신, 약이라는 이름의 용이 망해가는 신라를 상징한다면 용을 구하는 거타지는 이 시대에 등장하는 새로운 영웅의 선조이기 때문입니다. 이 이야기의 거타지는 바로 고려 시조 왕건의 할아버지인 작제건입니다. 『고려사』 첫머리 태조 왕건의 가문을 설명하는 육조설화六祖說話에 작제건의 이야기가 나옵니다. 신궁 작제건이 용왕을 괴롭히던 늙은 여우를 죽이고 용왕의 딸과 결혼하여 용건을 낳는다는 이야기입니다. 용건은 곧 왕건의 아버지입니다.

거타지 설화는 고려 태조 왕건의 조상을 신성화한 육조설화에 편입되어 작제건 설화로 재탄생합니다. 따라서 일연스님이 진성여왕 조에 거타지 설화를 넣은 까닭은 왕건이라는 새로운 영웅의 탄생을 암시하기 위함입니다. 영웅도 신화도 사라져버린 신라, 이제 신라에는 더 이상 신화도 영웅도 그리고 이야기꺼리도 남아 있지 않다는 뜻입니다. 따라서 이어지는 신덕왕, 경명왕 조에는 나라가 망하는 징조만이 가득 기록됩니다.

영묘사 뜰에는 까치집이 수십 개 생기고 바닷물이 사흘 동안 서로 으르렁대며 사천왕사 벽화 속의 개가 사흘 동안 짖어 대고 황룡사 탑의 그림자가 거꾸로 섭니다. 또 사천왕사에 있는 신라의 사방을 지키는 오방신의 활줄이 모두 끊어지고 벽화 속의 개가 뛰쳐나와 뜰을 뛰어다니다가 벽화 속으로 다시 들어갑니다. 사람은 모두 사라지고 온갖 영물들만이 나라의 종말을 알립니다. 포석정에서 연회를 하다가 견훤의 군사에게 참담한 죽임을 당하는 경애왕 조에는 그나마 징조도 없습니다. 왕이 황룡사에서 직접 향을 피워 불공을 올렸다는 기록만이 있습니다. 망하는 나라를 애도하는 마지막 제사였을까요?

쉬어가기

왕건의 탄생, 설화의 종합선물세트

고려사에 전하는 태조 왕건의 출생담입니다. 그의 6대조인 호경에서부터 이야기가 시작되는데 여기에는 산에 올라 오줌을 누는 꿈 이야기, 그리고 옷깃이 찢어진 귀인의 옷을 꿰매주는 인연으로 부부가 되는 이야기가 담겨 있습니다. 무열왕 김춘추와 김유신의 동생 문희의 이야기를 빌려온 것입니다. 그렇게 태어난 사람이 바로 왕건의 할아버지인 작제건이며 그가 서해 용왕을 구해주고 용왕의 딸과 결혼하여 낳은 사람이 용건입니다. 이것은 곧 거타지 이야기를 따온 것이죠. 고려시대까지 전해오던 여러 설화를 종합하여 만들어진 일종의 종합선물세트가 바로 왕건의 출생담, '육조설화'입니다. 요약하면 이렇습니다.

옛날에 체격이 우람하고 기골이 장대하여 활을 잘 쏘고 집안도 부유한 호경이란 사람이 있었습니다. 어느 날 그는 마을 사람 아홉과 함께 평나산에 매를 잡으러 갔다가 날이 저물어 돌아오지 못하고 굴에서 잠을 자게 됐는데, 호랑이 한 마리가 나타나 굴 입구를 막았습니다. 사람들은 두려움에 떨며 자신들 중에 한 명의 목숨을 호랑이에게 바치기로 결정하고 각자의 모자를 던져 호랑이 입으로 들어가는 모자의 주인이 희생양이 되기로 하였습니다. 호랑이가 호경의 모자를 물어 호경이 굴 밖으로 나와 호랑이와 싸우려 하였는데 그 순간 굴이 무너져 호경만 살아남게 되었답니다. 호경은 산으로 가 죽은 사람들의 제사를 지내다가 과부 산신을 만나 부부가 되어 살았습니다.

호경의 아들 강충은 부소산 기슭에 살았는데 풍수를 잘 보는 팔원이라는 사람이 강충을 방문하여 부소산 북쪽에 있는 부소군을 남쪽으로 옮기고 소나무를 심어 바위가 보이지 않도록 하면 삼한을 통일할 왕이 태어날 것이라고 가르쳐 주었습니다. 강충은 팔원의 말에 따라 마을 사람들과 함께 산 남쪽으로 이사하고 부소산에 소나무를 심고 그 곳을 송악군이라 하였답니다. 강충에게는 두 아들이 있었는데 첫째가 이제건, 둘째가 손호술이었습니다. 손호술은 지혜로운 사람으로 지리산으로 들어가 중이 되고 이름을 보육으로 고쳤습니다.

보육은 어느 날 곡령에 올라 남쪽을 향해 오줌을 누었더니 오줌이 온 땅에 가득 차 산천이 바다로 변하는 꿈을 꾸었습니다. 동생의 꿈 이야기를 들은 이제건은 그 꿈이 비상한 인물을 낳을 태몽이라고 하면서 자기 딸 덕주를 동생에게 아내로 주었습니다. 보육과 덕주는 두 딸을 낳았는데 당 현종 12년 753년 왕자로 있던 당의 숙종이 산천을 두루 유람하다가 이곳에 도착하였답니다. 보육의 집에 묵게 된 숙종은 두 처녀를 보고 좋아하며 자기의 터진 옷을 꿰매어 달라고 하였습니다. 하지만 큰 딸은 문지방을 넘다가 넘어져 코피가 나서 둘째딸 진의가 그의 방으로 들어갔습니다.

숙종은 보육의 집에 한 달을 머문 후 당나라로 떠나면서 진의에게 자신이 당나라 귀족임을 밝히고 아들이 태어나면 자신의 활과 화살을 전해주라고 하였습니다. 진의가 아들을 낳으니 그가 바로 작제건입니다.

작제건은 어려서부터 총명하고 용맹스러웠습니다. 작제건은 아버지가 남긴 활과 화살을 갖고 놀며 신궁이 되었습니다. 어느 날 작제건은 아버지를 만나기 위해 당나라 상선을 타고 중국으로 떠났습니다. 바다 한가운데서 짙은 안개를 만나 배가 더 이상 나아가지 못하자 뱃사람들은 작제건을 바다에 내리도록 하였는데 배가 떠나자 작제건 앞에 용왕이 나타났습니다. 용왕은 매일 늙은 여우 한 마리가 자신을 괴롭힌다고 하소연하며 작제건에게 그 여우를 잡아줄 것을 청하였습니다. 작제건은 용왕의 청에 따라 관음보살로 변한 늙은 여우를 죽였습니다.

용왕은 그 답례로 작제건에게 소원을 말하라고 하자 작제건은 동방의 왕이 되고

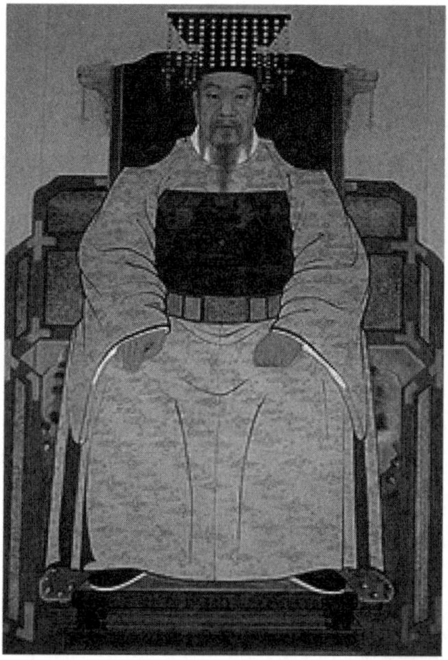

왕건

싶다고 했습니다. 용왕은 동방의 왕이 되려면 세울 '건健'자가 붙은 이름으로 자손까지 3대를 지어야 한다고 하여 이 말을 들은 작제건은 대신 용왕의 사위가 되고 싶다고 하자 용왕은 딸을 그에게 내주었습니다. 용왕의 사위가 된 작제건은 용녀와 함께 다시 개성으로 돌아왔습니다. 작제건은 용녀가 아들을 낳자 용건이라고 이름 지으니 그가 바로 왕건의 아버지입니다.

용건은 꿈에서 만났다는 몽부인 한씨와 결혼하여 이름을 왕융으로 고치고 송악에서 살았는데 승려 도선이 왕융이 지은 집을 보고서 말했답니다.

"기장을 심어야 할 땅에 어째서 삼을 심었는고?"

왕융이 이 말을 듣고 급히 쫓아가서 그를 부르니 그가 말했습니다.

"이곳의 지맥이 북방의 백두산으로부터 내려온 명당이니 내말대로 하면 내년에 반드시 귀한 아들을 낳게 되리라."

그렇게 용건과 한씨 사이에서 태어난 사람이 바로 고려 태조 왕건입니다.

6.
김부대왕

신라의 마지막 왕 경순왕입니다. 그는 포석정에 쳐들어와 경애왕을 죽인 견훤에 의해 세워진 임금입니다. 그가 나라를 고려 왕건에게 바침으로써 천년을 이어오던 신라는 종말을 고합니다. 그의 선택은 이미 기운이 다한 신라의 왕으로서 어쩔 수 없는 현명한 판단이었다고 하지만 정말 그런 것인지는 논란의 여지가 있습니다.

제56대 김부대왕의 시호는 경순이다. 927년 9월 후백제의 견훤이 신라를 침범해서 고울부에 이르니, 경애왕은 우리 고려 태조에게 구원을 청하였다. 태조는 장수에게 명령하여 날랜 군사 1만을 거느리고 구하게 했으나 구원병이 도착하기 전인 그 해 11월에 견훤은 경주로 쳐들어갔다. 이때 경애왕은 비빈 종척들과 포석정에서 잔치를 하고 있었기 때문에 적병이 오는 것을 알지 못하다가 갑자기 벌어진 일에 어찌할 줄을 몰랐다. 왕과 비는 후궁으로 달아나고 친척과 관리와 시녀들은 사방으로 흩어져 달아나다가 적에게 사로잡혔으며, 귀천을 가릴 것 없이 모두 땅에 엎드려 노비로 삼아달라고 빌었다.

견훤은 군사를 풀어 재물을 약탈하고 왕궁에 들어가 거처했다. 그리고 사람을 시켜 왕을 찾게 하니 왕은 비첩 몇 사람과 후궁에 숨어 있었다가 붙잡혀 끌려왔다. 견훤은 경애왕을 자결해 죽게 하고 왕비를 욕보였으며, 부하들이 왕의 빈첩들을 모두 욕보이게 했다. 그리고 왕의 족제인 부를 왕으로 삼으니 김부는 견훤에 의해 즉위하게 되었다. 경순왕은 경애왕의 시체를 서당에 안치하고 여러 신하들과 함께 통곡했다. 우리 태조는 사신을 보내서 조문했다.

이듬해인 928년 봄 3월에 태조는 50여 명의 기병을 거느리고 신라 서울에 이르니 왕은 문무백관과 함께 교외에서 태조를 맞아 대궐로 들어갔다. 서로 마음과 예의를 다하여 대하고 임해전에서 잔치를 열었다. 술이 거나해지자 왕은 말했다.

"나는 하늘의 도움을 받지 못해 환란을 불러들이고, 견훤으로 하여금 불의한 짓을 행하게 해서 나라를 망쳐 놓았으니 얼마나 원통한 일입니까?"

경순왕이 눈물을 흘리니 좌우 사람들 모두 울지 않는 사람이 없었으며 태조 역시 눈물을 흘렸다. 태조는 수십 일을 머물다 돌아갔는데 부하 군사들은 정숙하여 조금도 법을 어기지 않으니 서울의 사람들이 서로 칭찬하며 말했다.

"전에 견훤이 왔을 때는 마치 이리와 범을 만난 것 같더니 지금 왕공이 온 것은 부모를 만난 것 같다."

8월에 태조는 사신을 보내 왕에게 비단옷과 말안장을 주고 여러 관리와 장수들에게도 차등을 두어 선물을 보냈다.

935년 10월 사방의 땅이 모두 다른 나라 소유가 되고 나라는 약하고 형세가 외로우니 스스로 버틸 수가 없었으므로 왕은 신하들과 고려 태조에게 항복할 것을 의논하였다. 신하들의 의견이 분분하자 태자가 말했다.

"나라의 존망은 반드시 하늘의 명에 있는 것이니 마땅히 충신과 의로운 분들과 함께 민심을 수습해서 힘이 다한 뒤에 그만두어야지 어찌 천년 사직을 경솔하게 남에게 내주겠습니까?"

왕이 말했다.

"외롭고 위태롭기가 이와 같아 이미 보전할 수 없는 형세이다. 이미 강해질 수도 없고 더 약해질 수도 없으니 죄 없는 백성들로 하여금 도탄에 빠지게 하는 것은 차마 할 수 없는 일이다."

이에 시랑 김봉휴를 시켜서 국서를 가지고 태조에게 가서 항복하기를 청했다. 태자는 울면서 왕을 하직하고 바로 개골산으로 들어가서 삼베옷을 입고 풀을 캐어 먹다가 세상을 마쳤다. 왕의 막내아들은 머리를 깎고 화엄종에 들어가 승려가 되었다. 이름을 범공이라 했는데 후에 법수사와 해인사에 있었다 한다.

포석정

태조는 신라의 국서를 받아 보고 태상 왕철을 보내어 맞게 했다. 왕은 여러 신하들을 거느리고 우리 태조에게로 돌아가니, 향기로운 수레와 말이 삼십 리에 뻗치고 길은 사람으로 꽉 차고, 구경꾼이 담과 같이 늘어섰다. 태조는 교외에 나가서 영접하여 위로하고 대궐 동쪽의 한 구역을 주고, 장녀 낙랑공주를 아내로 주었다.

경순왕이 나라를 떠나 남의 나라에 와서 살았다 해서 이를 난새에 비유하여 공주의 칭호를 신란공주라고 고쳤다. 시호는 효목이라 한다. 경순왕을 정승을 삼으니 지위는 태자의 위였으며 녹봉 천 석을 주고 시종과 관원과 장수들도 모두 임명하여 쓰도록 했다. 신라를 고쳐 경주라 하고 경순왕의 식읍으로 삼았다.

처음에 왕이 국토를 바치고 항복해 오자 태조는 무척 기뻐하여 후한 예로 대접하고, 사신을 보내 말했다.

"이제 왕이 내게 나라를 주시니 주시는 것이 매우 큽니다. 원컨대 왕의 종실과 혼인을 해서 장인 사위의 좋은 인연을 길이 하고 싶습니다."

왕이 대답했다.

"나의 백부 억렴에게 딸이 있는데 덕과 용모가 모두 아름다우니 이 사람이 아니고는 내정을 다스릴 사람이 없습니다."

태조가 억렴의 딸을 아내로 삼으니 그가 신성왕후 김씨다. 태조의 손자 경종 주는 정승공 경순왕의 딸을 왕비로 맞았으니 그가 헌승황후이다. 이에 정승공을 봉해서 상보尙父[11]로 삼았다. 978년에 죽으니 시호를 경순이라 했다.

– 후략

신라의 멸망

일연 스님은 신라의 마지막 김부대왕 조를 『삼국사기』에 전적으로 의존하여 사실만 그려나가고 있습니다. 경애왕이 포석정에서 연회를 즐기

11 상보(尙父): 아버지에 버금간다는 뜻으로 왕의 고문의 지위이다.

다가 견훤에게 참담하게 살육되는 장면부터 경순왕이 고려에 항복하여 신라가 멸망하는 순간이 사실적으로 이어집니다.

이 이야기는 경애왕이 자신의 죽음과 나라의 멸망을 눈앞에 두고 포석정에서 연회를 즐겼다는 것과 경순왕이 고려 태조에게 스스로 나라를 바쳤다는 점을 강조합니다. 그런 까닭에 경애왕은 무능한 임금으로 그려지고 그를 바라보는 시선은 매우 차가우며, 경순왕은 그보다 훨씬 현실적이고 백성에게 자비로웠던 임금으로 묘사합니다. 당연히 경순왕은 측은함과 동정심이 가득한 따뜻한 시선으로 보게 됩니다. 그런데 이런 태도는 분명 고려인의 시각이 반영된 것이며 진실이 아닐 수 있습니다.

진성여왕이 헌강왕의 서자 요에게 왕위를 양위하여 효공왕이 즉위하고 그가 재위 16년 만에 죽자 박문원의 아들이자 헌강왕의 둘째 사위인 박경휘가 왕위에 오릅니다. 그가 신덕왕입니다. 내물왕 이후 김씨로 계속 이어져 오던 왕위를 박씨가 차지하게 되는 것입니다. 이것은 박경휘의 어머니인 정화부인의 입김과 박씨 가문의 세력이 커진 데에 연유한 것입니다. 효공왕은 첩에 빠져 정사를 돌보지 않는다는 이유로 대신이 첩을 죽일 정도로 힘이 없었습니다. 효공왕의 죽음도 정화부인 쪽의 암살이 아닐까 의심될 정도입니다.

어쨌든 신덕왕이 재위 5년 만에 죽고 태자 경명왕이 즉위하는데 그도 7년 만에 죽습니다. 그리고 경명왕의 동생이 즉위하니 그가 바로 문제의 경애왕입니다. 그리고 경애왕이 즉위한 지 3년 만에 바로 문제의 사건이 터지는 것입니다. 그런데 이 사건에는 두 가지 의혹이 있습니다. 우선 아무리 신라 말 국력이 쇠약한 때라고 하지만 견훤의 군대가 경주 한복판 포석정에 올 때까지 왕이 전혀 모르고 있었다는 것이 이상합니다. 더구나 그때는 신라와 후백제와 고려가 계속 전쟁을 하던 전시였는데 말입니다.

따라서 이 사건에는 신라 내부의 협조자 또는 공모자가 있었을 가능성이 있습니다. 신라 내부에 적군의 출현을 왕에게 알리는 것을 막은 첩자가 없었다면 그런 갑작스런 기습은 불가능했을 것입니다. 그리고 박씨의 왕위 등극에 불만을 품었을 경순왕 김부는 당연히 첫 번째 용의자가 됩니다. 견훤이 경애왕을 죽이고 김부를 차기 왕으로 세우는 것도 이런 의심을 더욱 짙게 만듭니다.

왕위에 오른 경순왕 김부는 9년 간 견훤과 왕건 세력을 저울질 해 보았을 겁니다. 포석정 습격 사건 때만 해도 견훤의 세력이 강한 듯 했지만 그 사이 둘의 세력은 대등해지고 왕건 쪽으로 기우는 것이 확실해지자 그는 왕건에 나라를 바쳤다는 가설이 성립합니다. 물론 왕건이 있던 송악은 경주와의 거리가 너무 멀어 군대를 동원하기 어려웠다는 점도 고려할 필요가 있습니다. 어쨌든 그는 견훤의 습격으로 혜택을 본 유일한 사람입니다.

또 포석정에 있는 경애왕을 견훤이 덮친 시기도 문제가 됩니다. 경애왕이 포석정에 나간 것은 11월의 일로 야외 연회를 즐기기에는 때가 적절치 않습니다. 당시의 음력 11월은 지금과는 비교할 수 없을 정도로 추웠을 것입니다. 특히 나라가 존망의 위기에 처한 현실에서 추운 겨울에 포석정까지 나가 잔치를 벌였다는 것은 상식적으로 이해가 되질 않습니다. 그런 까닭에 경애왕이 포석정에 간 것은 잔치를 즐기기 위한 것이 아니라 국가적으로 중요한 제사를 지내기 위해서였을 가능성이 있습니다. 포석정이 단순한 놀이 장소가 아니라 하늘에 제사 지내는 장소였다는 설도 있습니다. 경애왕을 잔치만 벌이다가 나라를 망친 주범으로 몰아가는 시각은 분명 문제가 있다는 뜻입니다.

비록 경순왕의 아들 마의태자와 둘째 아들은 비극의 주인공이 되어 쓸쓸히 산으로 들어갔다고는 하지만 경순왕 자신은 고려에 나라를 바치고 부귀와 장수를 누렸습니다. 왕건에게 시집간 경순왕의 사촌 신성왕후 김씨는 왕욱을 낳고 그의 아들이 고려의 8대 임금 현종이 됩니다. 그리고 현종 이후 고려 왕실은 현종의 자식으로 이어집니다. 신라와 고려 왕실은 확실히 무시할 수 없는 혈연관계가 있는 것입니다. 고려시대의 역사서가 경순왕을 호의적으로 그리는 것은 현종(재위 1009년~1031년) 이후 고려 왕실이 사실상 신라계라는 점을 감안하고 보아야 합니다.

7.
후백제와 견훤

후백제 견훤 조는 견훤의 출생담, 후백제의 건국, 고려와의 전쟁과 멸망 등 크게 세 부분으로 이루어져 있습니다. 그 중 견훤의 출생담을 제외한 후백제의 건국에서 멸망까지는 대부분『삼국사기』열전의「견훤」조를 축약해 싣고 있습니다. 후백제는 고려와 치열한 전쟁을 벌였던 사실상 적국입니다. 따라서 김부식이 그를 바라보는 시각에는 영웅인 태조 왕건에 대비되는 악당으로서의 이미지가 기본적으로 깔려있지 않을 수 없습니다. 그럼에도 불구하고『삼국유사』에서는 희미하게나마 그의 영웅적 이미지를 살려내고 있어 흥미롭습니다.

– 전략

『고기』에는 이렇게 되어있다.

옛날에 한 부자가 광주 북촌에 살았다. 그에게는 딸 하나가 있었는데 용모가 단정했다. 딸이 아버지께 말하였다.

"밤마다 자줏빛 옷을 입은 남자가 침실에 와서 관계를 맺고 갑니다."

아버지가 딸에게 말하였다.

"긴 실을 바늘에 꿰어 그 남자의 옷에 꽂아 두어라."

딸이 그 말대로 했다. 날이 밝아 그 실이 간 곳을 찾아보니 북쪽 담 밑에 있는 큰 지렁이 허리에 꿰어 있었다. 이로부터 딸에게 태기가 있어 사내아이를 낳았는데 나이 15세가 되자 스스로 견훤이라 일컬었다.

892년에 견훤은 스스로 왕이라 일컫고 완산군[12]에 도읍을 정했다. 나라를 일으킨 지 43년 934년에 견훤의 세 아들이 역모를 일으키자 견훤은 고려 태조에게 투항하였다. 그의 아들 금강이 즉위하였는데 936년에 고려 군사와 일선군에서 싸워서 패하여 후백제는 망하였다.

처음에 견훤이 태어나 포대기에 싸인 아기였을 때, 그의 어머니가 들에서 밭을 가는 아버지에게 밥을 갖다 주려고 아이를 숲 아래 두었더니 범이 와서 젖을 먹였다. 마을 사람들은 이 말을 듣고 이상하게 여겼는데 아이가 장성하자 체격과 용모가 크고 웅자 하였으며 뜻이 커서 비범하였다. 군인이 되어 서울로 들어갔다가 서남의 바닷가로 가서 변경을 지키는데 창을 베고 누워 적군을 기다리니 그의 기상은 항상 사졸을 앞섰다. 그 공로로 비장이 되었다.

12 지금의 전라북도 전주.

신라 진성여왕 재위 6년 왕의 측근이 국권을 농간하니 기강이 해이해졌다. 흉년이 들어 백성들은 유랑하고 도둑이 벌떼처럼 일어났다. 이에 견훤은 몰래 반역할 마음을 품고 무리를 모아 서울의 서남쪽 주현들을 공격하니 가는 곳마다 백성들이 호응하여 한 달 만에 무리가 5000명이 되었다. 드디어 무진주를 습격하여 스스로 왕이 되었으나 감히 왕이라 일컫지는 못하고 스스로 신라 서남도통 행전주자사 겸 어사중승상주국 한남국개국공이라 했으니 889년의 일이었다. 혹 892년의 일이라고도 한다.

이때 북원의 도적 양길의 세력이 크고 웅대하여 궁예는 자진해서 그 부하가 되었다. 견훤이 이 소식을 듣고 멀리 양길에게 비장의 직책을 주었다. 견훤이 서쪽으로 순행하여 완산주에 이르러 고을 백성들이 위로하고 영접하니 견훤은 민심을 얻은 것이 기뻐서 사람들에게 말했다.

"백제가 개국한 지 600여 년에 당나라 고종은 신라의 요청으로 소정방을 보내어 수군 13만 명이 바다를 건너오고 신라의 김유신은 군사를 거느리고 황산을 거쳐 당나라 군사와 합세하여 백제를 공격하여 멸망시켰으니 내 어찌 도읍을 세워 옛날의 원한을 씻지 않을 수 있겠는가?"

드디어 스스로 후백제 왕이라 일컫고 관직을 설치해 나누니 때는 신라 효공왕 4년 900년이었다.

– 중략

932년 용맹하고 지략이 있는, 견훤의 신하 공직이 태조에게로 와서 항복하니 견훤은 공직의 두 아들과 딸 하나를 잡아다 다리 힘줄을 지져서 끊었다. 9월에 견훤은 일길을 보내어 수군을 이끌고 고려 예성강으로 들어와 사흘 동안 머무르면서 염주, 백주, 진주 등 세 주의 배 백여 척을 빼앗아 불사르고 돌아갔다.

934년 견훤은 태조가 운주에 주둔해 있다는 말을 듣고 우수한 군사를 뽑아 새벽밥을 먹이고 빨리 가게 하였다. 미처 영채에 이르기 전에 장군 유금필이 강한 기병으로 쳐서 3000여 명의 목을 베니 웅진 이북의 30여 성은 이 소문을 듣고 자진해서 항복하였으며, 견훤의 부하였던 술사 종훈과 의사 지겸, 용장 상봉 최필 등도 모두 태조에게 항복했다.

936년 정월에 견훤은 그 아들에게 말했다.

"늙은 아비가 신라 말에 후백제를 세운 지 여러 해가 되어 군사는 북쪽의 고려 군사보다 배나 되는데도 오히려 불리하니 필경 하늘이 고려를 돕는 것 같다. 그러니 어찌 북쪽 고려왕에게 귀순해서 생명을 보전하지 않을 수 있겠느냐?"

그러나 아들 신검, 용검, 양검 등 셋은 모두 응하지 않았다.

– 중략

견훤이 아직 잠자리에서 일어나기 전에 멀리 대궐 뜰에서 고함치는 소리가 들리므로 이게 무슨 소리냐고 묻자 신검이 아버지에게 아뢰었다.

"왕께서는 늙으시어 군국의 정사에 어두우시므로 장자 신검이 부왕의 자리를 대신하게 되었다고 해서 여러 장수들이 기뻐하는 소리입니다."

조금 후에 아버지를 금산사 불당으로 옮기고 파달 등 30명의 장사를 시켜서 지키게 하였다. 그때 이런 동요가 떠돌았다.

가엾은 완산 아이
아비를 잃고 울고 있네.

당시 견훤은 후궁과 나이 어린 남녀 두 명, 시비 고비녀, 나인 능예남 등과 함께 갇혀 있다가 4월에 견훤이 술을 빚은 뒤 지키는 군졸 30명에게 먹여 취하게 하고는 고려로 도망해 왔다. 이에 태조는 소원보, 향예, 오염, 충질 등을 보내서 바닷길로 가서 맞아오게 했다.

고려에 도착하자 태조는 견훤의 나이가 10년 위라고 하여 높여서 상보라 하여 남궁에 편안히 있게 하고 양주의 식읍과 전장, 노비 40명, 말 아홉 필을 주고, 먼저 항복해 와 있는 신강을 아전으로 삼았다.

– 중략

태조가 견훤과 함께 군대를 사열하는데 갑자기 칼과 창 같은 흰 구름이 일어나 적군을 향해 가므로 북을 치고 나가자 후백제의 장군 효봉, 덕술, 애술, 명길 등은 고려 군사의 형세가 크고 정돈된 것을 바라보고 갑옷을 버리고 진 앞에 나와 항복했다.

태조는 이들을 위로하고 장수가 있는 곳을 물으니 효봉 등이 말하

금산사(전북 옥구)

였다.

"원수 신검은 중군에 있습니다."

태조는 장군 공훤 등에게 명하여 삼군을 일시에 진군시켜 협공하니 백제군은 무너져 달아났다. 황산 탄현에 이르자 신검은 두 아우와 장군 부달, 능환 등 40여 명과 함께 항복했다. 태조는 항복을 받고 나머지는 모두 위로하여 처자와 함께 서울로 돌아가도록 허락했다. 태조가 능환에게 물었다.

"처음에 양검 등과 비밀히 모의하여 대왕을 가두고 그 아들을 세운 것은 네 꾀이니, 신하된 의리에 그럴 수 있느냐?"

능환은 머리를 숙이고 말을 하지 못하였다. 태조는 능환을 베라 명했다. 신검이 외람되이 왕위를 빼앗은 것은 남의 위협으로, 그의 본심이 아니었으며 또 항복하여 죄를 빌어 특별히 그 죽음을 용서하였다. 견훤은 분하게 여겨 등창이 나서 수일 만에 황산 불사에서 죽으니 때는 9월 8일이고 나이는 70이었다.

– 후략

– 기이 제2 후백제와 견훤

비극적 드라마의 주인공 견훤

이 이야기에서 가장 흥미로운 것은 견훤의 출생담입니다. 견훤이 커다란 지렁이의 자식으로 태어났다는 이야기는 『삼국사기』에는 없는 내용입니다. 밤마다 찾아왔던 남자가 입고 있던 자줏빛 옷은 그가 고귀한 신분임을 암시하지만 그 정체가 커다란 지렁이였다는 것은 영웅은 영웅이되 진정한 영웅으로 추앙받지 못할 그의 한계를 암시하는 것만 같습니다. 견훤이 지렁이의 자식이라는 이 설정은 백제 무왕이 용의 자식이고 태조 왕건이 용의 딸과 결혼해 낳은 후손이라는 점과 비교하면 그를 보는 사람들의 묘한 시각을 드러냅니다.

사람들이 그를 보는 태도는 용과 지렁이의 차이에 핵심이 있습니다. 용은 한없이 신비한 존재로 평범한 인간이 감히 범접할 수 없는 위엄을 지니고 있습니다. 그러나 지렁이는 평범한 인간은 분명 아니지만 용이 되지 못한 이무기의 이미지, 비범하긴 하지만 용보다는 격이 떨어지고 결국 비극적 운명을 맞을 것이란 의미를 함축합니다. 호랑이의 젖을 먹고 자랐다는 것도 그의 이런 비극성을 더욱 강화할 뿐입니다. 그가 사람들에게 어떻게 비춰졌는지를 말하는 것만 같습니다.

『삼국사기』에 없는 또 한 부분은 견훤이 아들들에 의해 금산사에 갇히던 날 아침의 이야기입니다. 그날 아침의 사건이 마치 드라마의 한 장면처럼 생생하게 묘사되어 있습니다. 그때 민간에 떠돌았다는 짤막한 동요 한 토막은 그의 비극적 운명을 극대화하고 있습니다. '아버지를 잃고 눈물 흘리는 가엾은 완산 아이'는 견훤의 아버지 아자개가 견훤과의 불화로 고려로 가서 왕건에게 의탁하였으므로 견훤을 상징한다고 해석하지만 '아비를 잃은'이란 표현은 아들들에게 모든 것을 다 빼앗긴 견훤의 처지를 상징하는 것입니다.

악당의 비참한 말로를 이렇듯 연민의 눈초리로 보는 까닭은 무엇일까요? 포악한 악당이라면 비참한 말로가 인과응보이고 자신의 죄 값을 치르는 것이 당연한 일일 텐데 그렇게 당해도 싸다는 시각보다 한없이 애처로운 눈빛이 느껴지는 것은 왜일까요?

견훤을 바라보는 이러한 연민의 시각은 『삼국사기』에는 없는 부분입니다. 일연 스님이 추가한 이 이야기는 이렇게 정사正史와는 조금 다른 뉘앙스를 풍깁니다. 견훤의 영웅적 면모를 강조하고 비극성을 극대화하고 그의 입장에 감정을 이입하여 슬픔과 애처로움이 가득한 시선으로 바라본 이야기인 것입니다. 이것은 고려를 지배한 귀족의 눈으로 바라본 견훤이 아니라 그 시대 민초들의 시각에서 본 견훤입니다. 계속된 전쟁과 무기력한 왕조 말, 신음하던 민초들은 누구든 영웅으로 만들고 싶어 했고 누구든 자기들의 구세주가 되어 주기를 간절히 원했던 것입니다. 그 소망이 투영된 사람이 바로 견훤이었던 것입니다.

혼란의 시대 신라 말, 겨우 45년을 반짝 나타났다 사라진 후백제의 역사가 우리에게 전하는 메시지는 무엇일까요? 그는 경상도 상주에서 농사꾼의 아들로 태어나 스스로 몸을 일으켜 나라를 건국한 창업의 영웅이며 혼란한 시대를 구제할 구세주를 소망하던 백성들의 기대까지 한 몸에 받던 사람이었습니다. 한때 신라와 고려를 압박하며 큰소리치던 그였지만 자신의 자식조차 다스리지 못하고 필생의 적 왕건에게 투항하여 목숨을 구걸할 수밖에 없는 신세로 전락합니다.

이 비극적 드라마의 주인공이 우리에게 전하는 것은 역시 '창업創業보다 수성守成이 어렵다'는 평범한 진리입니다. 누구나 경쟁자를 다 물리치고 최고의 자리에 오르면 교만하고 독단에 빠지기 쉽습니다. 그 유혹을 이겨내고 백성의 편에서 보고 생각하여 나라를 지켜내는 것이 훨씬 어렵다는 뜻입니다. 왕건과 견훤의 차이가 바로 여기에 있었습니다. 그리고 그것이 진정한 영웅과 영웅이 되지 못한 자의 차이였습니다. 진정한 영웅의 자리에 오르지 못한 자, 견훤의 쓸쓸한 종말이 우리에게 전하는 메시지입니다.

쉬어가기

창업은 쉽고 수성이 어렵다

당태종이 어느 날 신하들이 모인 자리에서 물었다.

“창업과 수성 중 어느 것이 어렵소?”

방현령이 말했다.

“창업은 우후죽순처럼 일어난 영웅들 가운데 최후의 승리자만이 할 수 있는 것인 만큼, 창업이 어려운 줄로 아나이다.”

그러나 위징의 대답은 달랐다.

“예로부터 임금의 자리는 간난艱難 속에서 어렵게 얻어, 안일安逸 속에서 쉽게 잃는 법이옵니다. 그런 만큼 수성이 어려운 것으로 사료되옵니다.”

그러자 태종이 말했다.

“방공은 짐과 더불어 천하를 얻고, 구사일생으로 살아났소. 그래서 창업이 어렵다고 말한 것이오. 그리고 위공은 짐과 함께 국태민안을 위해 항상 부귀에서 싹트는 교만과 사치와 방심에서 오는 화란을 두려워하고 있소. 그래서 수성이 어렵다고 말한 것이오. 그러나 이제 창업의 어려움은 끝났소. 그래서 짐은 앞으로 제공과 함께 수성에 힘쓸까 하오.”

–『자치통감』 정관정요 군도편

6장

불교 이야기

이곳에서는 흥법, 탑상, 의해, 신주, 감통, 피은, 효선에서 불교와 관련된 이야기를 선별하여 모았습니다. 『삼국유사』는 기이 두 편을 제외하고 나머지 7편은 대부분 불교와 관련된 이야기로 이루어져 있습니다. 이 7편 70여개의 이야기에서 불교와 전혀 관련되지 않은 이야기는 서너 개에 불과합니다. 우리는 여기서 해탈에 도달한 스님들과 종교적 믿음이 깊었던 신라 시대 사람들을 만나게 됩니다. 아주 오래전 우리와는 전혀 다른 세계관 속에 살던 사람들의 이야기지만 그들의 삶의 궤적은 지금의 우리에게도 참고가 되는 것이 적지 않습니다. 그들의 이야기를 귀 열고 듣다보면 우리도 그들처럼 아름다운 깨달음의 경지에 도달할지도 모릅니다.

1.
남백월의 두 성인 노힐부득과 달달박박

경남 창원의 백월산에서 수양하던 두 스님, 노힐부득과 달달박박이 성불하여 부처가 되는 이야기입니다. 『삼국유사』에 전하는 어느 성불담보다 신비롭고 처연한 아름다움을 지니고 있어 『삼국유사』에서도 특히 감동 깊은 이야기로 꼽힙니다. 특히 두 분 스님이 성불하는 장면이 눈앞에서 막 펼쳐지듯 생생하고 현장감 있게 그려집니다.

옛 노인들이 서로 전하여 말했다.

"옛날에 당나라 황제가 연못을 하나 팠는데, 매월 보름 전이면 달빛이 밝은데 못 가운데에 산이 하나 있고 사자처럼 생긴 바위가 꽃 사이로 은은히 비쳐 연못에 그림자를 드리웠다. 황제는 화공을 시켜 그 모습을 그리게 한 후, 사신을 보내어 온 천하를 돌면서 찾도록 했다. 사자가 해동에 이르러 이 산을 보니 산에 큰 사자암이 있고 산의 서남쪽 이보쯤 되는 곳에 삼산이 있어 그 이름은 화산으로서 그림과 비슷했으나 진짜 그 산인지 알 수 없어서 신발 한 짝을 사자암 꼭대기에 걸어 놓고 돌아와 아뢰었다. 그랬더니 신발의 그림자도 못에 비치므로 황제는 이상히 여겨 백월산[1]이라는 이름을 내렸다. 그러나 그 후로는 연못에 산 그림자가 없어졌다."

이 산의 동남쪽 3,000보쯤 되는 곳에 선천촌이 있고, 그 마을에는 두 사람이 살고 있었다. 하나는 노힐부득으로 아버지의 이름은 월장이고, 어머니는 미승이다. 또 한 사람은 달달박박이니 그의 아버지 이름은 수범이고, 어머니는 범마이다. 두 사람 모두 풍채와 골격이 범상치 않고 속세를 벗어난 마음이 있어 서로 좋은 친구였다. 스무 살이 되자 마을 동북쪽 고개 밖에 있는 법적방에 가서 머리를 깎고 승려가 되었다.

얼마 후 서남쪽 치산촌 법종곡 승도촌에 있는 옛 절이 머물 만하다는 말을 듣고, 함께 가서 대불전, 소불전의 두 마을에 각각 살았다. 부득은 회진암 혹은 양사에 머물렀고, 박박은 유리광사에 살았다. 그들은 모두 처자를 데리고 와서 살면서 생계를 꾸리는 일을 하고 서로 왕래하면서 정신을 수양하고 속세를 떠날 마음을 잠시도 버리지 않았다. 그들은 몸과 세상의 무상함을 느껴 서로 말했다.

---

1 백월산의 유래: 보름이 되기 전에 흰 달의 그림자가 못에 비추기 때문에 이렇게 이름 붙였다 한다.

"기름진 밭과 풍년 든 해는 참으로 좋은 것이지만 의식이 마음대로 생기고 저절로 배부르고 따뜻함을 얻는 것만 못하다. 또 아내와 집이 좋기는 하나 연지화장[2]에서 여러 부처와 앵무새와 공작새와 함께 즐기는 것만 못하다. 더구나 불도를 배우면 응당 부처가 되어야 하고 참된 것을 닦으면 반드시 진리를 깨달아야 하는데 지금 우리들은 이미 머리를 깎고 승려가 되었으니 마땅히 몸에 얽매어 있는 것을 벗어 버리고 무상의 도를 이루어야 할 것이다. 어찌 이 세속에 파묻혀 세속 무리들과 함께 지낸단 말인가?"

이들은 드디어 인간 세상을 떠나 깊은 산골에 숨으려 했다. 어느 날 밤 꿈에 백호의 빛[3]이 서쪽에서 오더니 빛 속에서 금빛 팔이 내려와 두 사람의 이마를 쓰다듬어 주었다. 꿈에서 깨어 그 얘기를 하니 두 사람의 꿈이 똑같았으므로 한참을 감탄하다가 드디어 백월산 무등곡으로 들어갔다.

박박은 북쪽 고개의 사자암에 터를 잡아 여덟 척의 판잣집 방을 만들고 살았으므로 판방이라 했고, 부득은 동쪽 고개의 돌무더기 아래 물이 있는 곳에 터를 잡아 역시 방을 만들어 살았으므로 뇌방이라고 했다. 이들은 각각 암자에 살면서 부득은 미륵불을 성심껏 구했고, 박박

---

2 비로자나불이 있는 정토세계, 연꽃 속에 있다고 하여 연화장이라 한다.

3 백호(白毫)의 빛: 백호는 부처의 미간에 있는 희고 빛나는 터럭이다. 진리를 비추는 빛을 의미한다.

은 미타불을 염불했다.[4]

수도한 지 3년이 안된 709년 4월 8일, 성덕왕 즉위 8년이 되던 해의 일이었다. 해가 저물어 갈 무렵 스무 살 가량 되어 보이는 아름다운 여자가 난초의 향기와 사향 냄새를 풍기며 북암에 와서 자고 가기를 청하며 시를 지어 바쳤다.

갈 길 먼데 해가 지니 모든 산이 어둡고,
길은 막히고 성은 멀어 사방이 고요하네.
오늘은 이 암자에서 머물까 하오니,
자비스러운 스님께서는 노하지 마시오.

박박이 말했다.

"절은 깨끗함을 지켜야 하니 그대가 가까이 올 수 있는 곳이 아니오. 지체하지 말고 어서 다른 데로 가시오."

이렇게 말하고는 문을 닫고 들어갔다.

낭자는 남암으로 가서 또 전과 같이 청하니 부득은 말했다.

"그대는 이 밤중에 어디서 오셨소?"

---

4 미륵불, 미타불: 미륵불은 석가모니 사후 56억 7천만 년이 되는 때에 다시 사바세계에 출현하여 모든 중생을 교화할 것으로 예정된 부처이다. 다음 세상에 나타나 석가가 미처 구제하지 못한 중생을 구원할 미래불이 미륵불이다. 미타불은 아미타불을 가리키는데, 성불하여 서방정토에 있는 부처이다. 아미타불은 대승불교인 정토종의 부처이다. 아미타불을 염송하면 죽은 뒤에 극락에 갈 수 있다고 한다.

낭자가 대답했다.

"나는 맑기가 태허[5]와 같은데 어찌 오고 가는 것이 있겠습니까. 다만 어진 스님의 바라는 뜻이 깊고 덕행이 높고 굳다는 말을 듣고 보리를 이루도록 도와주고자 할 뿐입니다."

그리고는 게[6] 하나를 주었다.

해 저문 깊은 산길에
가도 가도 인가는 보이지 않네.
대나무와 소나무 그늘은 그윽하고,
시내와 골짜기에 물소리 새로워라.
길 잃어 잘 곳 찾는 게 아니요,
높은 스님을 인도하려 함일세.
바라건대 내 청 들어만 주시고,
길손이 누구인지 묻지 마오.

부득은 이 말을 듣고 몹시 놀라면서 말했다.

"이곳은 여자와 함께 있을 곳이 아니나, 중생을 따르는 것도 역시 보살행의 하나일 것이오. 더구나 깊은 산골짜기에 날이 어두웠으니 어찌

---

5 태허(太虛): 하늘을 가리킨다. 우주만물의 근원이란 뜻이다.

6 게(偈): 부처의 공덕을 찬미하는 노래.

소홀히 대접할 수 있겠소."

그리고는 그녀를 맞아 절하고 암자에 머물게 했다. 밤이 되자 부득은 마음을 맑게 하고 몸가짐을 바르게 하며 벽에 등불을 걸고 고요히 염불했다. 밤이 새려 할 즈음 낭자는 부득을 불러 말했다.

"내가 불행히도 마침 해산 기운이 있으니 스님께서는 짚자리를 준비해 주십시오."

부득이 측은히 여겨 거절하지 못하고 촛불을 은은히 비추니 낭자는 이미 해산을 마치고 목욕하기를 청한다. 부득은 부끄러움과 두려움이 엇갈렸으나 애처로운 마음이 커져 거절하지 못하고 목욕통을 준비해서 낭자를 통 안에 앉히고 물을 데워 목욕을 시켰다.

그러자 통 속 물에서 향기가 강하게 풍기면서 물이 금색으로 변했다. 부득이 크게 놀라자 낭자가 말했다.

"스님께서도 이 물에 목욕하십시오."

부득이 마지못하여 그 말대로 하였더니 문득 정신이 상쾌해지고 살이 금빛으로 되고 옆에 갑자기 연화대 하나가 생겼다. 낭자가 부득에게 그곳에 앉기를 권하고 말했다.

"나는 관음보살인데 여기 와서 대사를 도와 대 보리[7]를 이루도록 한 것이오."

---

7 보리(菩提): 범어 'bodhi'의 음차이다. 진리를 깨달음 혹은 그 깨달음을 얻는 지혜를 의미한다.

말을 마치더니 낭자는 사라졌다.

한편 박박이 생각하기를 '부득이 오늘 밤에 반드시 계율을 어겼을 테니 비웃어 주리라'하고 가서 보니 부득은 연화대에 앉아 미륵존상이 되어 몸에는 금칠이 되어 광채를 내뿜고 있었다. 박박은 자기도 모르게 머리를 조아려 절하고 말했다.

"어떻게 해서 이렇게 되었습니까?"

부득이 그 까닭을 자세히 말해 주니 박박은 탄식해 말했다.

"나는 마음속에 꺼린 것이 있어서 부처님을 만났으나 알아보지 못했습니다. 큰 덕이 있고 지극히 어진 스님께서 나보다 먼저 성불하셨으니 옛날의 교분을 잊지 마시고 부디 도와주시기 바랍니다."

부득이 말하였다.

"통 안에 아직도 물이 남았으니 목욕할 수 있을 것입니다."

박박이 목욕을 하여 부득과 같이 무량수 부처[8]가 되니 두 부처가 서로 마주 대하게 되었다. 산 아래 마을 사람들이 이 말을 듣고 다투어 와서 우러러보고 감탄하기를, "참으로 드문 일이로다." 했다. 두 부처는 사람들에게 설법하고 나서 구름을 타고 가 버렸다.

755년에 신라 경덕왕이 즉위하여 이 말을 듣고 757년에 사신을 보내서 큰 절을 짓고 이름을 백월산 남사라 했다. 764년 7월 15일에 절이 완

---

8 무량수(無量壽) 부처: 아미타불을 무량수불이라고도 한다.

성되자 다시 미륵존상을 만들어 금당에 모시고 액자를 현신성도미륵지전이라 했다. 또 아미타불상을 만들어 강당에 모셨는데, 남은 금액이 모자라 몸에 전부 바르지 못했기 때문에 아미타불상에는 얼룩진 흔적이 있다. 그 액자는 현신성도무량수전이라 했다.

논하여 말한다.

"낭자는 부녀의 몸으로서 섭화[9]한 것이다. 『화엄경』에 마야부인[10] 선지식[11]이 열한 군데에 살면서 부처를 낳아 해탈에 이르도록 한 것과 같다. 낭자가 해산한 뜻이 여기에 있다. 그가 준 글은 슬프고도 간곡하고 사랑스러워서 선녀의 뜻이 담겨 있다.

아, 낭자가 만일 중생을 좇아 다라니를 해독할 줄 몰랐더라면 과연 이같이 할 수가 있었겠는가. 그 글 끝 구절에는 마땅히 '맑은 바람이 자리에 앉음을 꾸짖지 마오.' 했어야 할 것이나 그렇게 하지 않은 것은 세속의 말과 같이 하고 싶지 않았던 것이다."

찬양하여 말한다.

푸른빛 떨어지는 바위 앞에 문 두드리는 소리,
해 저무는데 누가 구름 속에 길을 찾는가.

---

9 섭화(攝化): 중생을 거두고 보살펴 교화함.

10 마야부인(摩耶夫人): 마야부인은 석가의 어머니이다. 석가를 낳고 7일 만에 죽었다.

11 선지식(善知識): 다른 사람을 교화시켜 깨달음에 이르도록 하는 사람. 여기서는 마야부인을 가리킨다.

남암이 가까운데 그리로 갈 것이지,
내 뜰의 푸른 이끼 더럽히지 마오.

이것은 박박을 찬한 글이다.

골짜기에 해 저무는데 어디로 가리,
남창에 자리 있으니 쉬다 가시오.
밤이 깊어 백팔 염주 세고 있으니,
독경 소리 시끄러워 길손의 잠 깰까 두려워라.

이것은 부득을 찬한 글이다.

십 리 소나무 그늘에서 길을 찾아 헤매다가,
한밤에 초제[12]로 가 스님을 시험했네.
세 통의 목욕 끝나니 날도 장차 새려는데,
두 아이 낳아 던져두고 서쪽으로 가버렸네.

이것은 성스런 낭자를 찬한 것이다.

---

12 초제(招提): 관청에서 이름을 지어 준 절로 길 가는 승려들이 이곳으로 찾아와 쉰다.

– 탑상 제4 남백월의 두 성인 노힐부득과 달달박박

창원 백월산

지상에서 영원으로

이야기는 백월산에 전해오는 전설에서 시작됩니다. 옛날 당나라 황제의 꿈에 나타났던 연못에 비춰진 산, 그 산을 찾아온 사신이 산 정상에 신발을 벗어 놓고 갔더니 신발의 그림자까지 나타나더라는 이야기는 얼핏 황당할 법도 하지만 이야기가 너무나 진지한 까닭에 황당무계함보다는 신비로움이 훨씬 더합니다. 마치 아주 잘 연출된 마술을 보는 듯한 느낌에 사로잡힙니다. 이 이야기는 흰 달이 비추는 산, 백월산이 평범한

산이 아니라 매우 신성한 산이라는 의미를 담고 있습니다.

이어서 부득과 박박 두 사람의 출가와 수행으로 이야기가 전개됩니다. 그들은 처자를 데리고 세속에 살면서도 세속의 무상함을 느끼고 항상 속세를 벗어날 생각을 키우고 수행을 게을리 하지 않습니다. 그들은 부처가 머리를 쓰다듬어 주는 똑같은 꿈을 꾼 후 산으로 들어갑니다. 박박은 백월산 북쪽에 판잣집을 짓고 부득은 남쪽에 돌집을 짓고 수행에 정진합니다.

수행한 지 3년이 되는 해 4월 초파일에 사건이 벌어집니다. 젊은 여인이 박박을 찾아와 하룻밤 묵어가게 해달라고 부탁하지만 계율을 철저히 지키려는 박박은 단번에 거절하고 문을 닫아 버립니다. 그러나 여인의 청을 받은 부득은 고민합니다. 스님의 계율과 중생의 고통 중에 어느 것이 우선하는지 선택해야 하기 때문입니다. 계율이 자신의 해탈을 목적으로 하는 소승적 태도라면, 중생의 고통을 덜어주는 행위는 현실 세계에서의 이타적 실천으로 대승적 입장입니다. 현실 세계에서 중생의 고통을 더는 일이 옳은 길이라고 판단한 부득은 여인의 해산을 돕고 목욕까지 시켜주면서 그 여인이 관음보살의 현신임을 알게 되고 그 자신 성불하여 부처가 됩니다.

계율인가? 현실 참여인가? 사실 이 질문은 불교뿐 아니라 어떤 종교에서든 가장 근본적이고도 중요한 문제입니다. 동서고금을 막론하고 이 문제에 대해 고민한 적 없는 수행자는 없었다고 해도 과언이 아닙니다. 그리고 이 문제에 대한 진지한 성찰이 없다면 진정한 종교의 자격을 갖지 못한다고 해도 좋습니다. 종교적 계율과 금기를 지키고 세속을 떠나 수행해야 하는가, 아니면 고통 받고 신음하는 약자를 위해 현실에 뛰어들어 행동해야 하는가?

물론 이 두 질문 사이에서 선택을 강요받지 않는다면 문제는 없을 것입니다. 그러나 인간 역사에서 이 선택이 문제되지 않은 때는 한시도 없었다고 해도 과언이 아닙니다. 노힐부득과 달달박박의 이야기는 바로 이 질문에 대한 대답입니다. 이야기의 결론은 부득의 선택, 즉 현실에서의 자비로운 실천이 더 가치 있는 선택이라는 겁니다. 그래서 부득이 먼저 성불하고 철저한 계율주의자 박박은 뒤늦게 성불하며 금칠도 모자라 얼룩이 보이게 됩니다.

엄밀히 말하면 부득의 현실적이고 대승적인 태도에 어울리는 것은 아미타불입니다. 이야기에서 부득은 미륵불이 되고 박박이 아미타불이 되지만 처자를 거느리고 살다가 성불한 그들은 모두 정토종의 아미타불이 되어야 합니다. 이 이야기에서 부득이 미륵불이 되는 것은 신라 시대 정토 사상과 함께 중생들을 구제하는 미래불인 미륵불에 대한 믿음이 뿌리 깊게 자리 내리고 있었음을 증명하는 것입니다.

어느 것이 진정한 보살행이었을까요? 이 이야기에서는 부득의 태도에 무게중심이 있는 것은 사실입니다. 그러나 수행자가 현실에 적극 개입할 때 파생되는 부작용도 적지는 않습니다. 쉽게 결론지을 수는 없겠습니다만, 종교든 역사든 문학이든 경제든 정치든 결국은 좀 더 평화롭고 행복한 세상을 이루기 위한 수단이라면, 그래서 인간을 고통의 바다에서 구제하는 것이 궁극적인 목적이라면 석가모니가 우리에게 속세를 떠나 산속에서 홀로 성불하라고 했을 리는 없습니다. 백월산의 두 성인 노힐부득과 달달박박은 우리에게 종교가 대답해야 할 가장 근원적인 질문을 남기고 지상에서 영원으로 가버린 것입니다.

2.
낙산의 두 성인 관음과 정취

관음보살의 진신을 만나고 낙산사를 창건한 의상, 낙산의 관음보살을 만나러 왔다가 실패하는 원효, 그리고 낙산사에 정취보살을 모신 범일 스님, 세 분의 이야기입니다. 본래 『삼국유사』에는 뒤에 명주군 장원의 관리인으로 왔던 조신의 이야기가 덧붙어 있으나 이 세 분 스님의 이야기와는 관련 없는 별도의 이야기로 보고 여기서는 생략하였습니다.

옛날에 의상법사가 당나라에서 돌아와 관음보살의 진신이 동해안 바닷가 어느 굴 안에 산다는 말을 듣고, 이곳을 낙산이라 했으니 대개 서역에 보타락가산[13]이 있기 때문이다. 이곳을 소백화라고도 했는데 백

---

13 보타락가산(寶陀洛伽山): 범어 '포탈라카potalaka'를 음역한 단어이다. 관세음보살이 산다는 산이다. 관세음보살은 현세에 이익을 주는 보살로서 인도는 물론 중국과 한국, 일본, 티베트 등에서 널리 신봉한 까닭에 관세음보살이 산다는 보타락가산은

의대사의 진신이 머무른 곳이기 때문에 그렇게 부르는 것이다.

낙산에서 의상이 재계한 후 7일 만에 깔고 앉았던 방석을 새벽에 물에 띄웠더니 용천팔부[14]의 시종들이 의상을 굴속으로 인도해 들어갔다. 의상이 허공을 향해 배례하니 공중에서 수정으로 만든 염주 한 꾸러미를 주었다. 의상이 염주를 받아 가지고 물러나오자 동해의 용이 또한 여의주 한 알을 바쳤다. 의상이 받들고 나와서 다시 7일 동안 재계하고 나서 비로소 관음보살의 진신을 보았다. 관음이 말하였다.

"그대가 앉은 산마루에 한 쌍의 대나무가 솟아날 것이니, 그곳에 불전을 짓는 것이 좋으리라."

의상이 이 말을 듣고 굴에서 나오니 과연 대나무가 땅에서 솟아나왔다. 여기에 금당을 짓고 관음상을 만들어 모시니 그 둥근 얼굴과 고운 바탕이 마치 하늘이 내려준 것 같았다. 금당을 짓고 나니 대나무가 도로 없어지므로 그제야 비로소 관음의 진신이 살고 있는 곳임을 알았다. 이 때문에 그 절 이름을 낙산사라 했다. 법사는 관음보살에게서 받은 수정염주와 용에게서 받은 구슬을 불전에 받들어 두고 그곳을 떠났다.

후에 원효법사가 낙산에 예를 올리기 위해 왔다. 처음에 낙산 남쪽 교외에 이르자 논 가운데에서 흰 옷을 입은 여인이 벼를 베고 있었다.

곳곳에 등장한다.

14 용천팔부(龍天八部): 불법을 지키는 여덟 명의 신장神將.

법사가 희롱삼아 그 벼를 달라고 청하니 여인은 희롱조로 벼가 잘 영글지 않았다고 대답했다.

대사가 다시 가다가 다리 밑에 이르니 한 여인이 월경대를 빨고 있었다. 법사가 물을 달라고 청하자 여인은 더러운 물을 떠서 바쳤다. 법사는 그 물을 쏟아 버리고 다시 냇물을 떠서 마셨다. 이때 들 가운데 있는 소나무 위에서 파랑새 한 마리가 그에게 말했다.

"제호[15]스님은 그만두시오"

파랑새는 홀연 숨고 보이지 않는데 그 소나무 밑에는 신 한 짝이 벗겨져 있었다. 원효가 낙산사에 이르자 관음보살상의 자리 밑에 신 한 짝이 벗겨져 있었다. 법사는 비로소 길에서 만났던 여인이 관음보살의 진신임을 알았다. 그런 까닭에 사람들은 그 소나무를 관음송이라 했다. 법사는 굴로 들어가서 관음의 진신을 보려고 했으나 풍랑이 크게 일어 들어가지 못하고 떠났다.

후대에 굴산조사 범일[16]이 827년에서 835년 사이에 당나라에 들어가

---

15 제호(醍醐): 우유를 정제하면 유, 낙, 생수, 숙수, 제호의 5가지 단계의 제품이 나오는데, 이 중 가장 상 등급을 제호라 한다. 제호는 제호상미醍醐上味의 준말로 불교에서 비교할 수 없이 좋은 맛, 곧 가장 숭고한 부처의 경지를 의미하는 말로 쓰인다. 범어로는 만다manda라고 한다. 여기서는 아주 훌륭한 스님이라는 의미로, 원효를 비꼬는 말로 쓰였다.

16 범일은 9세기 중엽 신라 문성왕 때 당나라에 유학하고 돌아온 스님이다. 강원도 강릉의 굴산사에 머물며 선종의 한 파인 사굴산문의 시조가 되었다.

명주 개국사에 갔다. 왼쪽 귀가 없는 한 사미승이 여러 승려들의 끝자리에 앉아 있다가 범일에게 말했다.

"저도 신라 사람입니다. 저의 집은 강릉의 경계인 익령현 덕기방에 있습니다. 조사께서 후일 신라에 돌아가시거든 꼭 저의 집을 완성시켜 주십시오."

조사는 당나라에서 여러 절을 두루 돌아다니다가 염관에게서 법을 얻고 847년 신라로 돌아왔다. 그는 먼저 굴산사를 세우고 불교를 전했다.

858년 2월 보름 밤 꿈에 전에 개국사에서 보았던 사미승이 창 아래에 와서 말했다.

"옛날에 명주 개국사에서 조사와 함께 약속을 하고 조사께서 이미 승낙을 하였거늘 어찌 이렇게 늦으십니까?"

범일은 놀라 꿈에서 깨었다. 수십 명을 데리고 익령현으로 가서 그가 사는 곳을 찾았다. 한 여인이 낙산 아래 마을에 살고 있으므로 그 이름을 물으니 덕기라고 했다. 그 여인에게는 여덟 살 난 아들 하나가 있는데 항상 마을 남쪽 돌다리에 나가 놀았다. 그는 어머니에게 자기와 같이 노는 아이들 중에 몸에서 금빛이 나는 아이가 있다고 말했다. 어머니가 이 사실을 범일에게 말했다.

범일은 놀랍고 기뻐 그 아이가 항상 놀았다는 다리 밑에 가서 찾아보니 물속에 돌부처 하나가 있었는데 꺼내 보니 한쪽 귀가 없는 것이 전에 보았던 사미승[17]과 같았다. 바로 정취보살[18]의 불상이었다. 간자[19]를 만들어 절을 지을 곳을 점쳤더니 낙산 위가 제일 좋다고 나오므로 그곳에 불전 세 칸을 지어 그 불상을 모셨다.

그 뒤 백여 년이 지나 들에 불이 나서 이 산까지 번져 왔으나 오직 관음, 정취 두 보살을 모신 불전만은 화재를 면했고 나머지는 모두 타 버렸다. 몽고의 병란이 있은 이후인 1253년에서 1254년 사이에 두 성인의 참모습과 두 개의 보물 구슬을 양주성으로 옮겼다. 몽고 군사가 갑자기 공격하여 성이 장차 함락되려 하므로 주지선사 아행이 은으로 만든 합에 두 구슬을 넣어 가지고 달아나려 하자 절의 노비인 걸승이 빼앗아 땅속에 깊이 묻고 맹세했다.

"내가 만일 병란에 죽음을 면하지 못한다면 두 구슬은 영원히 인간 세상에 나타나지 못해서 아는 사람이 없을 것이다. 내가 만일 죽지 않는다면 마땅히 이 두 보물을 받들어 나라에 바치리라."

1254년 10월 22일에 이 성이 함락되어 아행은 죽음을 면치 못했으나 걸승은 죽음을 면했다. 그는 적군이 물러가자 이것을 파내어 명주도 감창사에게 바쳤다. 당시 낭중 이녹수가 감창사였는데 이것을 받아 감창고 안에 간직해두고 교대할 때마다 서로 전해서 이어받았다.

---

17 출가하여 수행하고 있는 어린 남자 중.

18 정취보살(正趣菩薩): 범어로 '아난야가민Ananyagamin'이라고 한다. '다른 길로 가지 않는다.'는 뜻이다. 목표를 향하여 묵묵히 걸어간다고 해서 무이행보살無異行菩薩이라고도 한다. 해탈의 길로 빨리 들어서게 한다는 보살이다.

19 대나무로 만든 점을 치는 패.

양양 낙산사

1258년 11월에 우리 불교계의 원로인 기림사 주지 대선사 각유가 임금께 아뢰었다.

"낙산사의 두 보주는 국가의 신보입니다. 양주성[20]이 함락될 때 걸승이 성 안에 묻었다가 적군이 물러간 뒤에 파내서 감창사[21]에게 바쳐서 명주 관아 창고 안에 간직하여 왔습니다. 명주성도 보존할 수 없을 듯하니 마땅히 어부로 옮겨 모시는 것이 좋겠습니다."

20 지금의 강원도 양양.

21 고려시대 창고의 재물관리, 조세업무 등을 감찰하던 관직.

임금은 이를 허락하고 야별초 10명을 내어 걸승을 데리고 명주성에서 두 보주를 가져다가 내부에 안치해 두었다. 그때 사자로 간 10명에게는 각각 은 1근과 쌀 5석씩을 주었다.

– 탑상 제4 낙산의 두 성인 관음과 정취 그리고 조신

의상과 원효 그리고 범일 스님

의상(625년~702년)은 「의상 화엄종을 전하다」 조에 따로 전기가 마련되어 있으며 원효와 함께 『삼국유사』의 이곳저곳에 빈번히 등장하는 중요 인물 중 하나입니다. 그는 스무 살 때인 선덕여왕 13년(644년) 황복사에서 승려가 되고 문무왕 원년인 661년 당나라로 가서 지엄의 문하에 들어가 화엄종을 공부하고 670년 귀국합니다. 676년 영주 부석사를 창건하고 화엄종을 강론하여 우리나라 화엄종의 창시자가 되었습니다. 낙산사는 그가 당나라에서 돌아온 바로 다음 해인 671년에 세운 절입니다.

그는 원효와 함께 두 번에 걸쳐 당나라 유학을 시도합니다. 첫 번째는 고구려 순찰대에 붙잡혀 실패하고 돌아오며 두 번째 시도에서 뱃길로 당나라에 들어가는 데 성공합니다. 중국으로 가는 배를 타기 위해 그들은 당항성으로 갑니다. 지금의 경기도 남양 근처 어느 무덤가에서 비온 날 밤 해골바가지의 물을 마셨음을 알게 된 원효가 일체유심一切唯心의 진리를 깨닫고 신라로 돌아오고 의상은 계속 길을 떠나 당나라로 갔다는 유명한 이야기는 바로 그들의 두 번째 유학길에서 있었던 일입

니다.

진골 귀족 출신인 의상은 당나라에 유학하여 정통 화엄종을 공부한 엘리트입니다. 그는 당나라의 신라 침공 계획을 알리기 위해 신라로 되돌아왔다고 하며, 『삼국유사』 문무왕 조에는 왕에게 건의하여 성 쌓는 일을 중단하였다는 기록이 있을 정도로 그는 왕실과 밀접한 인물이었습니다. 이렇게 왕실과 가까웠던 의상은 나라의 지원 아래 수많은 절을 세우고 10대 제자를 키우는 등 화려한 업적까지 남깁니다. 통일 이후 국가 체제의 확립이라는 시대적 요청에 가장 걸맞은 인물이 의상이었던 것입니다.

반면에 원효는 육두품 출신으로서 끝내 유학을 가지 않고 토착적이고 대중적인 정토사상을 개창하여 대중들에게 파고 든 인물이었습니다. 그의 사상의 핵심은 누구나 수행하여 깨달으면 해탈에 이를 수 있다는 것으로 엄격한 신분사회의 대중들에게는 의상보다 훨씬 쉽게 다가갈 수 있는 것이었습니다. 당연히 백성들에게는 의상보다 원효가 훨씬 환영받았을 것입니다. 실제로 전하는 이야기를 보면 의상이 고매하고 신성한 인물로 등장하는 데 반해 원효는 현실적이고 대중적이며 인간적인 삶의 냄새가 물씬 풍깁니다. 낙산사 창건 설화도 두 사람의 이런 특징을 여실히 보여줍니다.

당나라에서 돌아온 의상은 동해안 바닷가에 있다는 관음보살을 만나기 위해 낙산에 옵니다. 정성껏 기도하기를 7일, 의상은 바다 위에 방석을 띄우고 그 위에 앉아 기도합니다. 그러자 부처를 호위하는 장수들이 나와 그를 굴 안으로 모셔가고 그는 염주와 용의 여의주를 받습니다. 다시 7일을 기도한 후 의상은 관음보살을 만납니다. 관음보살은 대나무가 솟아나는 곳에 절을 지으라고 의상에게 말합니다. 관음보살의 말대로 낙산사를 세운 의상은 염주와 구슬을 그곳에 모시고 절을 떠납니다. 지극한 정성, 한 치의 흐트러짐도 없는 완벽한 스님 의상은 관음보살을 만나고 절을 짓는 일을 성공적으로 마무리합니다.

반면에 원효는 관음보살을 만나러 오는 길에 길가의 여인들과 수작을 주고받습니다. 물론 그 여인들은 관음보살의 현신이었죠. 원효는 관음보살의 시험에 완벽한 한판 패를 당합니다. 허점투성이 인간 원효의 밑천이 적나라하게 드러나는 순간입니다. 우리 범속한 인간들이 눈앞의 관음보살을 몰라보듯 원효도 자기 앞에 나타난 관음보살을 알아보지 못한 것입니다. 의상의 완벽한 성공과 원효의 완벽한 실패, 이 이야기를 두고 사람들은 의상이 한 수 위라느니, 혹은 대중적 인기가 훨씬 많은 원효를 일부러 낮추고 의상을 띄우기 위해 집권층이 의도적으로 만들어 유포한 이야기라고 해석합니다. 이 이야기는 정말 그런 의도로 만들어진 것일지도 모릅니다.

그러나 이 이야기를 듣고 사람들은 정말로 원효를 의상보다 한 수 아래로 평가했을까요? 아무리 어리석은 중생이라 할지라도 이미 범속을 떠난 두 고승을 두고 위와 아래를 정하는 우를 범할 사람은 없어 보입니다. 오히려 이렇게 완벽한 의상과 허점투성이인 원효 중에 누가 더 매력적이냐고 묻는다면 대답은 달라질 가능성이 충분합니다. 바늘로 찔러도 피 한 방울 안 나올 듯 완벽한 의상보다 인간의 체취가 강한 원효에 사람들의 마음이 더 기울지는 않았을까요? 너무나 고고하여 감히 범접할 수 없는 의상, 친근하고 편안하게 다가갈 수 있는 원효, 이 이야기의 진정한 의미는 여기에 있는 것입니다.

범일 스님이 정취보살을 발견하여 낙산사에 모시게 된 경위는 어쩐지 마음이 짠합니다. 머나먼 중국 땅에서 귀가 하나 잘린 채 수행하고 있는 사미승, 이 어린이는 대체 무슨 사연이 있기에 귀도 하나 없이 머나먼 이국땅에 홀로 있는 걸까요? 훗날 이 사미승이 말한 집을 찾아간 범일은 옛날의 그 사미승이 정취보살의 현신이었음을 알게 됩니다.

참으로 놀라운 이야기입니다. 이렇게 신분도 낮고 하찮은 어린이도 부처일 수 있다는 이야기니까요. 따지고 보면 그것은 분명 진리입니다. 부처의 세계에는 신분도 나이도 없으며, 하찮은 미물에게도 불성佛性이 있다고 가르치며 우리도 모두 그것을 알고는 있습니다. 그러나 우리 범속한 인간들은 언제나 신분과 돈과 명예 같이 눈에 보이는 것에만 현혹되지 않습니까? 눈에 보이는 것이 다가 아니라는 가장 평범한 진리조차 진정 우리는 깨닫지 못하고 살고 있는 것입니다. 범일의 이야기가 우리에게 일깨워주는 것은 바로 그것입니다. 귀가 하나 없는 어린 아이가 부처일 수도 있다는 진리, 가장 평범한듯하지만 실상 우리가 미망에서 벗어나지 못하는 것은 바로 이런 진리조차 제대로 깨닫지 못했기 때문 아닐까요?

3.
혜숙과 혜공

우리나라 민담에는 초야에 묻혀 사는 비범한 인물들에 관한 이야기가 많습니다. 변장을 하고 민간에 나가기를 즐겼다는 숙종은 나갈 때마다 비범한 인물을 만나며, 어사 박문수도 암행을 하다가 늘상 자신보다 훨씬 뛰어난 인물을 만나 머쓱해지곤 합니다. 이 조의 혜숙과 혜공 두 스님이 바로 그런 사람들입니다. 역사의 전면에 등장하는 고승은 아니지만 뛰어난 신통력으로 사람들을 놀라게 하는 사람들입니다. 우리나라에는 왜 이런 민담이 이렇게 흔할까요?

승려 혜숙이 화랑 호세랑의 무리 중에서 자취를 감추자 호세랑은 이미 화랑의 명단에서 그의 이름을 지워 버렸다. 혜숙은 적선촌에 숨어서 20여 년이나 살았다.

그때 국선 구참공이 적선촌에 가서 사냥을 하는데 혜숙이 길가에 나가 말고삐를 잡고 청했다.

"소승도 따라가고 싶은데 괜찮겠습니까?"

공이 허락하자 혜숙은 이리저리 뛰어 다니며 옷을 벗어부치고 앞에 나섰다. 공이 그 모습을 보고 기뻐했다. 얼마 후 앉아서 피로를 풀고 고기를 굽고 삶아서 서로 먹기를 권하였다. 혜숙도 같이 먹으면서 조금도 거리끼는 기색이 없더니, 이윽고 공의 앞에 나가서 말했다.

"여기 맛있고 싱싱한 고기가 있으니 좀 더 드시는 것이 어떻겠습니까?"

공이 좋다고 말하자 혜숙이 사람을 물리치고 자기 허벅지 다리 살을 베어서 쟁반에 담아 바치니 옷에 피가 줄줄 흘렀다. 공이 깜짝 놀라 말했다.

"어째서 이런 짓을 하느냐?"

혜숙이 말했다.

"처음에 저는 공이 어진 사람이어서 자기 자신을 위하듯 만물을 생각하리라 여겨 따라왔던 것입니다. 그런데 지금 공이 좋아하는 것을 보니 오직 살육만을 탐하고 짐승을 죽여 자기 몸만 봉양할 뿐이니 어찌 어진 사람이나 군자가 할 일이겠습니까. 공은 내가 따를 사람이 아닙니다."

그리고는 옷을 뿌리치고 가버렸다. 공이 몹시 부끄러워하여 혜숙이 먹던 것을 보니 소반 위의 신선한 고기가 그대로였다.

공이 몹시 이상하다고 생각하여 돌아와 조정에 아뢰니 진평왕이 듣고 사신을 보내어 그를 맞아오게 했다. 혜숙이 일부러 여자의 침상에 누워서 자는 체하자 사신은 이것을 더럽게 여겨 그대로 돌아갔다. 7, 8리쯤 가다가 길에서 혜숙을 만났다. 사신은 혜숙에게 어디서 오느냐고 물으니 혜숙이 대답했다.

"성 안에 있는 시주 집에 가서, 칠일재를 마치고 오는 길이오."

사신이 그 말을 왕에게 아뢰니 다시 사람을 보내어 그 시주 집을 조사해 보니 그 일이 과연 사실이었다. 얼마 안 되어 혜숙이 갑자기 죽자 마을 사람들이 이현 동쪽에 장사지냈다. 그때 마을 사람 중에 이현 서쪽에서 오는 이가 길에서 혜숙을 만났다. 혜숙에게 어디로 가느냐고 물으니 혜숙이 대답하였다.

"이곳에 오랫동안 살았기 때문에 다른 지방으로 유람하러 가오."

이들은 서로 인사하고 헤어졌는데 혜숙은 반리쯤 가다가 구름을 타고 가 버렸다. 그 사람이 이현 동쪽에 이르러 장사지내던 사람들이 아직 흩어지지 않은 것을 보고 혜숙을 만난 일을 이야기하고 무덤을 헤쳐 보니 다만 짚신 한 짝이 있을 뿐이었다. 지금 안강현 북쪽에 혜숙사라는 절이 있으니 곧 그가 살던 곳이라 하며, 또한 부도도 남아 있다.

승려 혜공은 천진공의 집에서 품을 팔던 노파의 아들로 어릴 때의 이름은 우조였다. 천진공이 일찍이 종기를 앓아서 거의 죽게 되니 문병하는 사람이 거리를 메웠다. 이때 우조의 나이 일곱 살이었는데 그 어머니에게 말했다.

"집에 무슨 일이 있기에 이렇게 손님이 많습니까?"

어머니가 말했다.

"주인이 나쁜 병이 있어서 죽게 되었는데 너는 어찌해서 그것을 모르느냐?"

우조가 말했다.

"제가 그 병을 고치겠습니다."

어머니가 그 말을 이상히 여겨 공에게 알리니 공은 그를 불러오게 했다. 그는 침상 밑에 앉아서 말 한 마디도 않았는데 얼마 안 되어 공의 종기가 터졌다. 공은 우연이라고 생각하여 별로 이상히 여기지 않았다.

우조가 자라 공을 위해서 매를 길렀는데 이것이 공의 마음에 아주 들었다. 처음에 공의 아우가 벼슬을 얻어 지방으로 부임하였는데 공에게 부탁해 공이 골라 준 좋은 매를 얻어 가지고 임지로 갔다. 어느 날 밤 공이 갑자기 그 매 생각이 나서 다음 날 새벽에 우조를 보내어 그 매를 가져오게 하려고 했다. 우조는 미리 이것을 알고 잠깐 사이에 그 매를 가져다가 새벽녘에 공에게 바쳤다. 공이 크게 놀라 깨닫고는 그제야 전일에 종기를 고쳤던 일이 모두 상상하기 어려운 일임을 깨닫고 말했다.

"저는 지극한 성인이 내 집에 와 있는 것을 알지 못하고 망령된 말과 예의에 벗어난 짓으로 욕을 보였으니 그 죄를 어찌 씻을 수 있겠습니까? 이제부터는 부디 도사導師[22]가 되어 나를 인도해 주십시오."

공은 말을 마치고 내려가 우조에게 절을 했다.

우조는 신령스럽고 기이한 것이 이미 드러났으므로 승려가 되어 이름을 혜공으로 바꾸었다. 그는 항상 작은 절에 살면서 날마다 미친 듯이 크게 술에 취해 삼태기를 지고 거리를 돌아다니면서 노래하고 춤추므로 사람들이 그를 부궤화상이라고 부르고 그가 머무는 절을 부개사라고 했는데, 부궤는 신라 말로 삼태기이다. 또 종종 절의 우물 속에 들어가면 몇 달씩 나오지 않으므로 스님의 이름을 따서 우물 이름을 지었다. 또 우물 속에서 나올 때면 푸른 옷을 입은 동자가 먼저 솟아나왔기 때문에 절의 승려들은 이것을 우조가 나올 조짐으로 삼았다. 우조는 우물에서 나와도 옷이 젖지 않았다.

혜공은 만년에는 항사사에 가 있었다. 이때 원효가 여러 불경의 해설을 저술하고 있었는데, 항상 혜공 스님에게 가서 묻고 가끔 서로 장난도 쳤다. 어느 날 혜공과 원효가 시내를 따라 가면서 물고기와 새우를 잡아먹고 돌 위에서 대변을 보았다. 혜공이 그를 가리키면서 놀려 말했다.

"그대는 똥을 누고 나는 물고기를 누었네."

그런 까닭에 그 절을 오어사吾魚寺라 했다. 어떤 사람은 이것을 원효대사의 말이라 하지만 이는 잘못이다. 세상에서는 그 시내를 잘못 불러 모의천이라고도 한다.

구참공이 일찍이 산에 놀러 갔다가 혜공이 산길에 죽어 쓰러져서 그 시체가 썩어 구더기가 난 것을 보았다. 오랫동안 슬피 탄식하고는 말고삐를 돌려 성으로 돌아오자 혜공은 술에 몹시 취해서 시장 안에서 노래

22 도사(導師): 중생을 깨우쳐 깨달음으로 인도하는 스님.

하고 춤추고 있었다. 또 하루는 풀로 새끼줄을 꼬아 영묘사에 들어가서 금당과 좌우에 있는 경루와 남문의 낭무[23]를 묶어 놓고 스님에게 말했다.

"사흘 뒤에 이 새끼줄을 풀어라."

스님이 이상히 여겨 그 말을 따랐다. 과연 사흘 만에 선덕여왕이 행차하여 절에 왔는데 지귀가 불을 질러 탑을 불태웠지만 새끼로 맨 곳은 화재를 면할 수 있었다.

또 신인종[24]의 조사 명랑이 새로 금강사를 세우고 낙성회를 열었는데, 고승들이 다 모였으나 오직 혜공만은 오지 않았다. 이에 명랑이 향을 피우고 정성껏 기도했더니 조금 후에 공이 왔다. 그때 큰 비가 내리고 있었는데도 혜공의 옷은 젖지 않았고 발에 진흙도 묻지 않았다. 혜공이 명랑에게 말했다.

"그대가 은근히 초청하기에 왔소이다."

이와 같이 그에게는 신령스러운 일이 매우 많았다. 죽을 때는 공중에 뜬 채로 세상을 마쳤는데 사리가 수를 셀 수 없을 만큼 많았다. 그는 일찍이 『조론』을 보고 말하였다.

"이것은 내가 예전에 지은 글이다."

이것으로써 혜공이 『조론』[25]을 지은 승조의 후신임을 알았다.

---

23 정전 아래 동서로 붙여 지은 건물.

24 신라 선덕여왕 때에, 명랑법사가 개종한 종파로서 진언종에 딸린 분파이다. 문두루종이라고도 하는데 문두루의 비법을 사용하기 때문이다. 밀교의 종파이다.

25 후진後秦의 승려 승조가 지은 책. 승조는 구마라습의 제자이며 교리에 밝았다.

오어사

찬양하여 말한다.

풀밭에서 사냥하고 침상 위에 누웠으며,
술집에서 미친 듯이 노래하고 우물 속에서 잠잤네.
짚신 한 짝 남기고 허공에 떠 어디로 갔는가,
한 쌍의 보배로운 불속의 연꽃일세.

— 의해 제5 혜숙과 혜공

재야의 고승들

혜숙은 진평왕 때 사람이라고만 알 뿐 생몰연대도 밝혀져 있지 않습니다. 일연 스님은 혜숙사라는 절과 그의 부도가 전한다고 썼지만 지금은 절도 혜숙의 부도도 알려진 바가 없습니다. 그는 신라의 10성[26] 중 한 분이라는 것만 전해올 뿐 철저히 비밀에 싸인 인물입니다.

이야기는 화랑 출신 혜숙이 화랑의 무리를 떠나 은거하는 데에서 시작합니다. 화랑에서 제적된 그는 경주 근처 안강현에 은거하다가 그곳으로 사냥 나온 구참공의 행렬에 끼어듭니다. 국선은 우두머리 급 화랑을 지칭하는 말로 구참공은 높은 신분의 화랑이었던 것으로 추정됩니다. 혜숙이 그의 사냥 대열에 합류하는 이유는 물론 그가 놀이삼아 함부로 짐승을 죽이는 것을 깨우치기 위함입니다. 혜숙에 의해 크게 깨달은 구참공은 궁에 들어와 진평왕에게 이야기를 전합니다. 진평왕이 그를 불러 오게 하지만 그는 신통력을 발휘하여 사람을 따돌립니다. 철저히 숨어 살던 재야의 고승 혜숙은 스스로 말하듯 유람을 가듯이 구름타고 저 세상으로 가버립니다.

이 이야기는 혜숙의 놀라운 신통력이 전면에 드러나 있는 까닭에 인물의 초능력에만 초점을 맞추기 쉽습니다. 하지만 이야기의 핵심은 살생

---

26 아도, 염촉, 혜숙, 안함, 의상, 표훈, 원효, 혜공, 자장, 사파를 일컫는다. 염촉은 이차돈이며 사파는 원효가 만났던 사복이다.

에 관한 문제제기입니다. 그가 화랑의 무리를 나온 것도 어쩌면 살생에 관한 회의 때문이었을지 모릅니다. 화랑은 무술을 연마하여 적과 싸워야 하는 집단이었으니까요.

그가 구참공에게 한 말의 요지는 '자신을 보살피듯이 다른 생명도 보살피라'입니다. 이 말은 물론 살생을 경계한 말입니다. 그러나 인간이 살생을 전혀 하지 않고 살 수 있을까요? 동시대에 당나라에 유학하고 온 엘리트 스님 원광은 이것을 화랑이 지켜야 할 세속오계에서 '살생유택殺生有擇'으로 요약하였습니다. 살생을 가려서 하라는 말은 살생을 신중히 하라는 말 정도로 해석하면 되겠지만, 진정 이 말을 지키려고 고민하기 시작하면 문제가 그리 간단치는 않습니다. 혜숙의 문제제기는 그런 점에서 훨씬 현실적입니다.

'자신을 위하듯이 다른 생명을 위하라'는 그의 주장은 현대의 환경 보전 문제의 핵심에 다가갑니다. 인간 중심의 사고로부터 만물 중심의 사고, 만물과 인간을 동등하게 보려는 태도가 바로 그의 주장의 핵심이며 이것은 친환경적 사고를 의미하기 때문입니다. 놀라운 신통력으로 사람의 눈을 사로잡지만 그 안에 담겨 있는 혜숙 스님의 주장은 환경 중심적 사고로의 전환입니다. 지금도 '보존이냐 개발이냐'의 문제는 논란이 분분한 논제지만 그의 주장은 환경 문제를 판단하기 위한 기준의 하나로 지금도 여전히 유효하다고 보입니다.

종의 자식에서 신라의 10대 성인의 반열에 들어간 분이 바로 혜공입니다. 이 이야기도 역시 그의 신통력이 전면에 두드러집니다. 사람의 병을 낮게 하고, 남의 마음을 미리 읽고, 우물 속에서 잠자는 사람, 비오는 날 걸어도 진흙이 튀지 않고 옷이 젖지 않는 사람, 그러나 그의 진정한 가치는 삼태기를 쓰고 술에 취해 춤을 추며 저자거리를 활보하는 모습에 있습니다. 이러한 그의 모습은 원효와 매우 닮았습니다. 아니 원효가 그를 닮았다고 하는 것이 옳을 것입니다. 원효는 글을 쓰다가 의심나는 것이 생기면 그에게 달려가 물었다는데, 불경만 물은 것이 아니라 그의 철학까지도 배운 것이 틀림없습니다.

격식에 얽매이지 않는 자유로운 태도, 이것이 원효와 혜공을 관통하는 철학의 요지입니다. 계율과 격식에 얽매이지 않는 자유로움이 진정한 깨달음이라는 겁니다. 겉모습은 아무것도 아니라는 거지요. 그것이 삼태기를 쓰고 술이 취해 춤추는 스님이 사람들에게 하고픈 말이었을 겁니다. 그리고 눈에 보이는 겉모습에 현혹되지 말라는 일침이었을 겁니다.

오어사 앞 개울가에서 물고기를 잡아먹고 돌 위에 대변을 보는 두 사람의 일화는 어쩌면 사족蛇足처럼 보입니다. 물고기를 잡아먹고 대변을 보자 물고기가 도로 나와 물속에 넣어주자 헤엄치며 살아났다는 이야기입니다. 그는 원효만큼 알려지지는 않았지만 원효는 도저히 상대가 되지 않는 도를 지닌 인물이었습니다. 하나의 민담으로 보아도 좋을 법한 이 일화는 재야에 그만큼 고수들이 많다는 이야기이며 민중들의 자부심의 표현입니다. 민담에 숨은 고수가 수없이 등장하는 것도 민중들의 자부심으로 이해할 수 있습니다. 혜숙과 혜공 두 스님의 이야기는 어깨에 힘주고 세상을 주름잡는 인간들이 사실은 별것 아니며 초야에는 그들보다 훨씬 뛰어난 인간이 얼마든지 있다는 민초들의 자부심을 바탕에 깔고 있는 이야기입니다.

4.
원효는 얽매이지 않는다

원효가 태어난 압량군, 즉 경상북도 경산은 일연 스님의 고향이기도 합니다. 또 원효가 혜공과 함께 머물렀던 오어사는 일연 스님이 머물렀던 절이기도 합니다. 그런 까닭인지 『삼국유사』의 여러 곳에 등장하는 원효의 이야기는 일연 스님이 직접 전해들은 듯 생생하고 구체적입니다. '사복이 말하지 않다'에 등장하는 사복과 원효의 대화, 오어사라는 이름의 유래가 된 혜공과 원효의 천렵, 그리고 낙산사 관음보살을 만나러 가는 이야기 등이 모두 민담의 한 토막처럼 매우 극적으로 묘사되어 있습니다.

성사 원효의 세속 성은 설씨이다. 할아버지는 잉피공 또는 적대공이라고도 하는데 지금 적대연 옆에 잉피공의 사당이 있다. 원효의 아버지는 내말[27] 담날이다. 원효는 처음에 압량군[28]의 남쪽 불지촌의 북쪽 밤골의 사라수 아래에서 태어났다. 그 마을의 이름은 불지인데 혹은 발지촌이라고도 한다. 사라수를 민간에서는 이렇게 말한다.

"스님의 집이 본래 이 골짜기 서남쪽에 있었다. 어머니가 태기가 있어 만삭이었는데, 마침 이 골짜기의 밤나무 밑을 지나다가 갑자기 해산하게 되었다. 몹시 급한 나머지 집에 돌아가지 못하고 남편의 옷을 나무에 걸고 그 안에서 아이를 낳았기 때문에 그 나무를 사라수라 했다. 그 나무의 열매가 또한 특이하여 지금도 사라율이라 한다."

예로부터 전하기를 옛날 한 절의 주지가 종 한 사람에게 하루 저녁 끼니로 밤 두 알씩을 주었다. 종이 식량이 적다고 관청에 호소하자 관리는 이상히 여겨 그 밤을 가져다가 조사해 보았더니 한 알이 바리 하나에 가득 차므로 도리어 한 알씩만 주라고 판결했다. 이런 이유로 그 동네를 밤골이라고 했다.

원효가 출가한 후 그 집을 내어 절을 짓고 초개사라고 했다. 사라수 곁에 절을 세우고는 사라사라고 했다. 스님의 행장에는 서울 사람이라고 했으나 이것은 조부가 살던 곳을 따른 것이다. 『당승전』에는 본래 하상주 사람이라고 했다.

스님의 아명은 서당이고, 또 다른 이름은 신당이다. 처음에 어머니가 별똥이 품으로 들어오는 꿈을 꾸고 태기가 있었으며, 출산하려 하자 오

27 신라의 17 관등 중 11 관등인 나마.

28 지금의 경상북도 경산.

색구름이 땅을 덮었다. 진평왕 39년 617년이었다. 그는 나면서부터 총명하고 남보다 뛰어나서 스승에게 배울 것이 없었다. 그가 사방을 떠돌던 일과 불교를 널리 편 큰 업적들은 『당승전』과 그의 행장에 자세히 실려 있으므로 여기에는 모두 싣지 않고 오직 『향전』에 있는 한두 가지 특이한 일만을 기록한다.

스님이 일찍이 어느 날 기이한 행동을 하며 거리에서 다음과 같이 노래를 불렀다.

누가 자루 없는 도끼를 내게 빌려주겠는가.
나는 하늘 떠받칠 기둥을 찍으리.

사람들이 아무도 그 노래의 뜻을 알지 못했다. 이때 태종 무열왕이 이 노래를 듣고 말했다.

"스님이 아마 귀부인을 얻어서 훌륭한 아들을 낳으려는가 보다. 나라에 훌륭한 인물이 있으면 이보다 더 좋은 일이 없을 것이다."

이때 요석궁에 과부 공주가 있었는데 왕이 궁리에게 명하여 원효를 찾아 데려가라 했다. 궁리가 명령을 받들어 원효를 찾으니 그는 이미 남산에서 내려와 문천교를 지나고 있었다. 원효는 궁리를 만나자 일부러 물에 빠져서 옷을 적셨다. 궁리가 원효를 요석궁에 데리고 가서 옷을 말리고 그곳에 머물게 했다. 이로 인하여 공주가 임신하여 설총을 낳았다.

설총은 나면서부터 지혜롭고 명민하여 경서와 역사에 널리 통달하니 신라 10현 중의 한 사람이다. 방언으로 중국과 신라의 풍속과 물건 이름 등에도 통달하여 육경과 문학을 풀이했으니, 지금도 우리나라에서 경전을 공부하는 사람들이 이를 전수하고 있다.

원효는 계율을 어기고 총을 낳은 후로는 속인의 옷으로 바꾸어 입고 스스로 소성거사라 불렀다. 그는 우연히 광대들이 가지고 노는 큰 박을 얻었는데 그 모양이 괴상했다. 원효는 그 모양을 따라서 도구를 만들어 『화엄경』의 "일체의 무애인無碍人은 영원히 죽고 사는 것을 벗어난다."는 문구를 따서 무애라 이름 짓고 노래를 지어 세상에 퍼뜨렸다.

원효는 이 도구를 가지고 여러 마을을 다니며 노래하고 춤추면서 교화시키니 이로 인하여 누에를 치는 늙은이나 옹기장이 무지한 무리들이 모두 부처의 이름을 알고 나무아미타불을 부르게 되었다. 원효의 교화야말로 컸다 할 수 있다.

그가 태어난 마을을 불지촌이라 하고 절 이름을 초개사라 하였으며 스스로 원효라 한 것은 모두 불교를 처음 빛나게 했다는 뜻이다. 원효도 역시 방언이니 당시 사람들은 모두 신라 말로 '새벽'이라고 했다.

그는 일찍이 분황사에 머물면서 『화엄경소』를 지었는데, 제4권 십회향품에 이르러 마침내 붓을 꺾었다. 또 일찍이 송사訟事로 인하여 몸을 백 개의 소나무로 나눴으므로 모든 사람들이 이를 위계의 초지[29]라고

---

29 위계(位階)의 초지(初地): 보살의 수행하는 계단은 52위가 있는데, 그중 41위부터

최부자 집(요석궁)

말했다. 원효는 또한 바다용의 권유로 길에서 조서를 받고 『삼매경소』를 지었는데, 붓과 벼루를 소의 두 뿔 위에 놓고 글을 썼으므로 각승이라 불렀다. 이것은 본각과 시각의 뜻이 숨어 있는 것이다. 대안법사가 『삼매경소』에 글을 덧붙였으니 역시 의미를 알고 둘이 주고받은 것이다.

그가 세상을 떠나자 아들 총이 그 유해를 부수어 소상을 만들어 분황사에 모시고 아버지를 공경하고 사모하는 뜻을 보였다. 설총이 그때 곁에서 예배하자 소상이 갑자기 돌아다보았는데, 지금까지도 돌아다본 채로 있다. 원효가 일찍이 살던 혈사 옆에 설총이 살던 집터가 있다고

50위까지를 초지라 한다. '환희지'라고 한다.

한다.

찬양하여 말한다.

각승은 처음으로 삼매경의 뜻을 풀어 보이고
표주박 들고 춤추며 거리마다 교화를 베풀었네.
달 밝은 요석궁에 봄잠이 깊더니,
문 닫힌 분황사엔 돌아다보는 소상만 남았네.

— 의해 제5 원효는 얽매이지 않는다.

민중의 희망, 원효

『삼국유사』의 원효전이라고 할 수 있는 이 조에 실려 있는 원효의 출생담은 밤골 마을에 전해 내려오는 이야기를 채록한 듯 구체적이고 현실적입니다. 그런데 밤나무 아래에서 태어났다는 원효의 출생담, 그리고 매우 큰 밤이 달렸다는 밤골 마을의 이야기는 신라 시대 첫손에 꼽히는 큰스님의 출생담 치고는 너무나 소박하고 평범합니다. 그러고 보면 『삼국유사』에 전하는 원효의 이야기에서 원효는 대체로 '성스러운 큰스님'의 이름과는 거리가 있는 허점투성이 인간으로 그려지고 있습니다.

원효가 비범한 모습을 보이는 경우는 태종 무열왕 조에서 소정방이 그려 보냈다는 난새와 송아지 그림의 뜻을 풀이하는 것 정도입니다만,

사실 삼국 통일 전쟁 과정에서 소정방이 김유신에게 보낸 암호를 원효가 풀이하는 것은 개연성도 떨어지며 부자연스럽습니다. 그 이야기는 원효를 억지로 끼워 넣은 느낌이 강합니다. 그리고 설사 정말 원효가 풀이했다 해도 그의 신이한 능력을 보여주는 일화로는 많이 부족합니다.

원효의 스승이었다는 낭지 스님은 '낭지승운' 조에서 구름을 타고 중국을 옆집 드나들듯 왕래하며, 낭지의 또 다른 제자 지통은 보현보살을 만나 직접 계를 받기도 합니다. 낭지는 보현보살에게서 직접 계를 받은 지통에게 예를 올리며 존경을 표시하지만 여기서도 원효는 특별한 신통력을 보이지 못합니다.

그는 말도 하지 못하고 걷지도 못하던 아이 사복을 만나서도 그의 상대가 되지 못했고, 종의 신분이었다가 신이한 능력을 보여 면천된 혜공과의 대결에서는 여지없이 패배하여 웃음거리가 됩니다. 또 의상에게 염주를 주었던 낙산사 관음보살에게 그는 희롱만 당하고 만나지도 못합니다. 이쯤 되면 원효의 이야기를 모아 '원효의 굴욕'이란 제목을 붙여도 전혀 이상할 것이 없습니다. 『삼국유사』를 통 털어 신이한 능력을 보이는 스님이 수없이 많고 기이하게 탄생한 영웅도 셀 수 없을 정도인데 왜 원효에게는 이렇게 '원효의 굴욕'으로 불릴만한 에피소드만 전할까요?

출생담에 이어지는 요석공주와의 로맨스도 이런 점에서 보면 이상하기는 마찬가지입니다. 이야기대로라면 원효는 요석공주를 점찍고 노래를 지어 불렀으며, 핑계거리를 만들기 위해 일부러 요석궁 옆 개천에 빠지기까지 합니다. 물론 그의 사랑이야기는 계율과 관습에 얽매이지 않는 그의 자유로운 행적을 보여주는 것이며 그런 까닭에 제목조차 '원효는 얽매이지 않는다.'가 되었겠지만 이 사건 자체가 원효의 위대성을 증명하는 것은 아닙니다.

원효의 사랑이야기는 『송고승전』에 전하는 의상의 사랑이야기와 비교하면 그 성격이 더욱 분명해집니다. 의상이 당나라 종남산으로 가는 길에 잠시 들렀던 집의 딸인 선묘는 의상을 보고 한눈에 반합니다. 그러나 의상은 불법을 공부하러 먼 길을 떠나 당나라에 온 몸, 의상의 쇠 같은 의지는 변함없습니다. 그녀는 의상의 태도에 감동되어 자신도 불교에 귀의하기로 마음먹습니다. 화엄종의 2대조 지엄선사 아래서 8년을 공부한 후 신라로 귀국하는 길에 의상은 그녀의 집에 들러, 예불을 드리고 있는 그녀의 뒷모습만 보고 돌아가 배에 오릅니다.

뒤늦게 의상이 신라로 돌아갔다는 말을 듣고 선묘는 급히 항구로 뛰어갑니다. 그러나 그녀가 도착했을 때 의상을 태운 배는 이미 아스라이 멀어져 가고 있었습니다. 그녀는 의상을 위해 지은 승복을 던지고 자신도 바다에 몸을 던져 용이 되어 의상의 배를 호위하고 신라까지 옵니다. 의상이 부석사를 세울 때 태백산의 잡귀들이 방해하자 용이 된 선묘는 바위를 들어 보이며 잡귀를 물리쳐 의상을 돕습니다. 그 바위가 바로 부석浮石이며 의상은 선묘정이라는 우물을 만들어 용이 머물 수 있도록 배려했다는 이야기까지 전해옵니다.

고승의 로맨스답게 지극히 성스럽고 고귀한 사랑의 이야기입니다. 이것은 정신적인 사랑의 궁극적인 모습이며, 여기에는 평범한 인간의 욕망은 비집고 들어갈 틈 하나 없습니다. 티 없이 깨끗하고 신비하며 비장하기조차 한 의상의 로맨스에 비하면 원효와 요석공주의 만남은 지극히 세속적입니다. 특히 자루 빠진 도끼라는 성적性的 이미지는 전혀 성聖스럽지 못합니다. 물론 이 노래를 정말 원효가 지었을 가능성은 별로 없으며 원효가 문천교에서 일부러 실족하여 빠졌다는 것도 그렇습니다. 그러나 사람들에 의해 재구성된 이 드라마틱한 이야기는 오히려 사람들에게 받아들여진 원효의 참모습을 웅변합니다.

그는 성사聖師로 불리는, 즉 성인의 반열에 오른 고승이면서 동시에 세속의 갑남을녀와 거의 다르지 않은 현실 속의 인간으로 받아들여진 것입니다. 원효의 이런 성격이 극적으로 표현된 것이 그가 광대들의 바가지를 들고 거리를 다니며 포교하는 모습입니다. 거리를 다니며 노래하고 춤추는 성인, 최근에 외국에서 수입된 세련된 선진 문물이면서 심오하고 어려운 철학으로서의 불교가 몽매한 대중에게 다가갈 수 있었던 것은 오로지 원효 덕분이었습니다. 그런 까닭에 그는 놀라운 기적을 수없이 펼쳐 보이는 고고하고 지엄한 스님이 아니라 거리에서 언제나 만날 수 있는 이웃집 아저씨처럼 그려진 것입니다.

'원효의 굴욕'이라 부를 수 있는 그의 이야기는 지배층에 의해 의도적으로 폄하된 것일까요? 『삼국유사』에 전하는 원효의 이야기는 일연 스님 대에까지 민간에 전하는 이야기였을 가능성이 큽니다. 따라서 그것은 지배층의 입김이 미쳤다고 보기 어렵습니다. 만약 그랬다면 원효가 민중들과 함께 호흡하며 그들이 찾을 때 언제나 곁에 있어 주는 그들의 희망으로 그려지기는 어려웠을 것입니다. 미천한 아이 사복이 어머니가 죽었을 때 찾아간 사람이 원효였으며, 화전민 엄장이 성불하기 위해 찾아간 사람도 원효였습니다. 민중들이 의지할 수 있었던 유일한 그들의 희망, 성사 원효의 의미는 그것입니다.

맺음말

『삼국유사』, 무엇을 취할까?

노래가 낫기는 그 중 나아도
구름까지 갔다간 되돌아오고,
네 발굽을 쳐 달려간 말은
바닷가에 가 멎어 버렸다.
활로 잡은 산돼지, 매로 잡은 산새들에도
이제는 벌써 입맛을 잃었다.

꽃아, 아침마다 개벽하는 꽃아.
네가 좋기는 제일 좋아도,
물낯바닥에 얼굴이나 비취는
헤엄도 모르는 아이와 같이

나는 네 닫힌 문에 기대 섰을 뿐이다.

문 열어라 꽃아. 문 열어라 꽃아.
벼락과 해일만이 길일지라도
문 열어라 꽃아. 문 열어라 꽃아.

– 꽃밭의 독백 – 서정주

1958년 발표된 서정주 시인의 시입니다. '사소娑蘇 단장斷章'이라는 부제목을 달고 있죠. 부제목은 차차 살펴보기로 하고 우선 시의 흐름을 따라가 봅시다. 제목에 있는 대로 화자는 꽃밭에서 꽃을 보며 홀로 말합니다.

노래가 듣기에 좋기는 하지만 구름을 벗어날 수는 없고 산돼지나 산새도 맛난 음식이기는 하지만 이제는 입맛을 잃었다는 표현을 보면 구름을 벗어나는 저 너머의 세계, 혹은 일상을 넘어서는 특별한 세계에 대한 그리움 때문에, 화자는 자신이 발 딛고 서 있는 현실에서는 더 이상 삶의 의미를 찾을 수 없게 되었다는 것을 알 수 있습니다.

1연에서 이렇게 현실에 대한 염증을 그린 후에 화자는 아침마다 개벽하는 꽃에게 말을 건네고 있습니다. '개벽'이란 세상이 처음으로 열린다는 뜻이니 천지창조에 해당하는 말입니다. 아침마다 피는 꽃의 개화를 개벽으로까지 말한다는 것이 다소 심한 과장처럼 보이지만 어쨌든 시인의 상상력 속에서는 꽃의 피어남도 하나의 세상이 열리는 것으로 느껴질 수도 있으리라는 생각은 듭니다. 그런데 문제는 화자에게 그 세상의 문이 쉽게 열리지 않는다는 것인가 봅니다. 화자는 헤엄도 모르는 아이와 같이 닫힌 문에 기대서서 독백만을 하고 있는 것을 보면 말입니다.

3연에 가면 이제 시인은 본격적으로 꽃에게 주문하고 있습니다. 벼락과 해일 같은 고난의 길이 그 안에 있더라도 문을 열어 달라는 것입니다. 어떤 어려움에도 불구하고 자신은 그 문을 지나 1연에서 잠깐 등장했던 그 구름 너머의 세계로 가고 싶다는 것이겠지요. 하여 이 시는 이상세계를 향한 염원을 주제로 한 시로 읽힙니다.

그렇다면 이 시의 부제인 사소 단장은 무슨 의미일까요? 단장斷章이란 짧은 노래 정도의 의미이니 이 시를 시인은 사소가 부른 짧은 노래라고 소개하고 있는 것일 텐데, 사소는 누구일까요? 사소는 『삼국유사』 감통 제7의 「선도산 성모가 절의 개축을 기뻐하다」의 주인공입니다.

진평왕 때에 지혜란 여승이 있었는데 어진 행실을 많이 했다. 여승은 안흥사에 살았는데, 불전을 새로이 수리하려 했으나 힘이 모자랐다. 그런 어느 날 꿈속에 구슬로 머리를 꾸민 아름다운 선녀가 와서 그를 위로해 말했다.

"내가 바로 선도산 신모神母다. 네가 불전을 수리하려 하는 것이 기쁘므로 금 10근을 주어 돕고자 한다. 내가 있는 자리 밑에서 금을 꺼내어 부처님 세 분을 장식하고 벽 위에는 53불 육류성중 및 모든 천신과 오악의 신군神君을 그리고 해마다 봄과 가을 두 계절의 열흘 동안 남녀

신도들을 많이 모아 모든 사람을 위해서 점찰 법회를 베풀어 규칙으로 삼아라."

지혜가 놀라 깨어나 사람들을 데리고 신사 자리 밑에 가서 황금 1백 60냥을 파내어 불전 수리를 완성하였으니, 이는 모두 신모가 알려준 대로 따랐던 때문이다. 그러나 그 사적은 남아 있지만 법회는 폐지되었다. 신모는 본래 중국 황실의 딸이었는데 이름은 사소이다. 일찍이 신선의 술법을 배워 신라에 와서 머물며 오랫동안 돌아가지 않았다. 이에 중국 황제는 편지를 매의 발에 매달아 그녀에게 보냈다.

"매가 머무는 곳에 집을 지으라."

사소는 편지를 보고 매를 날려 보내자, 이 선도산에 날아와 멈추었으므로 마침내 그 곳에서 살아 신선이 되었다. 그래서 산 이름을 서연산이라고 부르게 되었다. 신모는 오랫동안 이 산에 머무르며 나라를 지키니 신령스럽고 이상한 일들이 매우 많았다. 나라가 세워진 이래로 항상 나라의 큰 제사 셋 중의 하나가 되었고, 그 차례도 여러 산신제의 첫 번째가 되었다.

제54대 경명왕은 매사냥을 즐겼는데 일찍이 선도산에 올라가 매를 풀었다가 잃어버리자 신모에게 기도했다. '만약 매를 찾게 된다면 마땅히 성모께 벼슬을 드리겠습니다.' 얼마 지나지 않아 매가 날아와서 의자 위에 앉으므로 성모를 대왕으로 봉하였다. 성모가 처음 진한에 와서 신령한 아들을 낳아 동국의 첫 임금이 되었으니 아마 혁거세와 알영 두 성군을 낳았을 것이다. —하략

– 『삼국유사』 감통 제7 「선도산 성모가 절의 개축을 기뻐하다」

경주 서쪽에 있는 서연산(선도산)의 여 산신 사소에 관한 이야기입니다. 진평왕 때 지혜란 스님이 안흥사란 절을 리모델링 하는데 그 산의 여신이 금을 주어 불사를 완성케 하였다는 이야기와 경명왕 때에 임금이 매를 이용한 사냥을 하다가 매를 잃어 버렸는데 여신에게 기도하니 매를 찾아 주었다는 두 개의 이야기로 되어 있습니다. 그리고는 사소의 내력이 그려집니다.

『삼국유사』에 사소에 관한 이야기는 이것이 다입니다. 그녀는 중국 황실의 딸인데 신선의 도술을 배워 신라까지 오게 되었고 신라에 와서 신라의 시조인 박혁거세와 알영부인을 낳았다는 것입니다. 사실 신라의 시조인 박혁거세와 알영부인의 이야기는 같은 『삼국유사』의 앞부분 기이 편에는 다르게 소개되어 있습니다. 천마가 하늘로 날아간 자리에 있던 알에서 박혁거세 임금이 태어났고, 알영부인 역시 계룡이 낳은 알에서 태어났다는 이야기이죠. 이 알들이 선모가 낳은 알일지는 모르나 어쨌든 박혁거세의 탄생에 관한 서로 다른 이야기가 한 책에 같이 실려 있는 셈입니다.

우리나라에 전해지는 사소의 이야기는 이 정도로 간략하지만 사소는 중국에서는 꽤나 알려졌던 모양입니다. 김부식은 『삼국사기』에서 그가 송나라에 갔을 때 사소의 상을 보았다고 신라본기의 끝에 다음과 같이 썼습니다.

신라의 박씨 석씨는 모두 알에서 나왔다고 하고 김씨는 금궤에 든 채 하늘에서 아래로 내려왔다 하고 혹은 금가마를 타고 내려왔다 하는데 믿을 수가 없다. 그러나 세간에 전하여 진실로 있었던 일처럼 되었다. 정화 연간에 우리 조정에서 상서 이자량을 송나라에 보내어 조공할 때에 내가 문한의 임무를 받고 보좌 수행하였는데 우신관에 들러 한 방에 여신선의 상을 모셔 놓은 보았다. 수행한 송나라 학사 왕보가 가로되 "이것은 당신 나라의 신인데 아시겠소? 옛날 황실의 여인이 남편 없이 아이를 배어 사람들의 의심을 받자 바다를 건너 진한에 이르러 아이를 낳았는데 그 아이가 해동의 시조가 되고 여인은 신선이 되어 길이 선도산에 있었다고 하오. 이것이 그 상이오."라고 하였다. 나는 또 송나라의 사신 왕양의 '제동신성모문-해동의 성모를 제사지내는 글'을 보았는데 "어진 이를 배어 나라를 창건했다."는 구절이 있었다. 이에 그 해동의 신이 선도산의 성모임을 알게 되었다. 그러나 그 분이 나은 자식이 어느 왕인지는 알지 못하겠다.

–하략

– 『삼국사기』 권12

12세기 김부식이 송나라에 갔을 때 그곳에서 사소의 상을 직접 보았다니 놀랍습니다. 중국 쪽 이야기로 미루어 보면 사소는 이미 중국에서 아이를 갖고 신라로 왔고, 신라로 오게 된 이유는 비정상적으로 아이를 가졌기 때문이라고 되어 있습니다. 이야기에서는 단순하게 처리되었지만 2천여 년 전 중국 황실의 딸인 그녀가 지아비 없이 아이를 갖고 황궁에서 쫓겨나 배를 타고 멀고 먼 동방으로 와서 신라의 -그때는 나라도 생기기 전입니다만, - 한 산의 산신으로 정착하기까지 그녀가 겪었을 갖은 고초가 어떠하였을지는 짐작하기 어렵지 않습니다. 벼락과 해일 정도는 오히려 아무것도 아니었을 겁니다.

이 이야기가 현대 시인의 상상력과 만나 한 여인이 성스러운 대지의 여신으로 업그레이드되는 이야기로 완성되고 있는 것입니다. 그렇다면 이 시는 여인 사소가 현실을 초월하여 성스러운 대지의 어머니로 올라서기 위해 꽃밭에서 홀로 기원하고 다짐하는 이야기로 이해됩니다. 나아가 인간의 내면에 존재하는 현실 초월의 심리를 그리고 있다고 해도 되겠지요.

그런데 그녀는 왜 하필 꽃밭에서 독백하는 걸까요? 앞에서 꽃의 피어남이 어떻게 새로운 세상의 열림과 동일시될 수 있는지 의심하였습니다만, 이것이 단순히 시인의 상상력의 산물일까요? 꽃의 문을 통해 들어가는 새로운 세상, 이 상상도 사실은 『삼국유사』에 그 뿌리가 있습니다. 『삼국유사』 의해 제5 「사복이 말하지 않다」입니다.

경주 만선북리에 한 과부가 남편도 없이 임신하여 아이를 낳았는데 그 아이는 나이 12세가 되도록 말도 하지 못하고 일어나지도 못했다. 그 때문에 사람들이 사동蛇童이라 불렀다. 어느 날 그의 어머니가 죽었다.

그 때 원효는 고선사에 있었는데 사복이 찾아왔다. 원효는 그를 보고 맞아 예를 올렸으나 사복은 답례도 없이 말했다.

"그대와 내가 함께 불경을 싣고 다니던 암소가 지금 죽었으니 나와 함께 장사지냄이 어떻겠는가?"

원효는 좋다고 하고 같이 사복의 집으로 갔다. 사복은 원효에게 포살[30]의 의식을 해달라고 했다. 원효는 그 시신 앞에서 빌었다.

"세상에 나지 말지어다. 죽는 것이 괴롭구나. 죽지 말지어다. 태어나는 것이 괴롭구나."

사복이 '말이 너무 번거롭다'하고 고쳐 말했다.

"죽고 사는 것이 모두 괴롭구나."

두 사람은 상여를 메고 활리산 동쪽 기슭으로 갔다. 원효가 말했다.

"지혜로운 범을 지혜의 숲 속에 장사지내는 것이 또한 마땅하지 않은가."

사복은 이에 게偈를 지어 읊었다.

> 그 옛날 석가모니불께서는
> 사라수 사이에 열반하셨네.
> 지금 또한 그러한 자가 있어

---

30 불교의식의 하나로 계율을 어긴 승려가 다른 승려들에게 죄를 고백하고 참회하는 의식.

연화장 세계로 들려고 하네.

읊기를 마치고 띠풀의 줄기를 뽑으니 그 밑에 밝고 맑은 세계가 있는데, 칠보로 장식된 난간에 누각이 장엄하여 인간의 세계가 아닌 듯하였다. 사복이 시체를 업고 그 속으로 들어가자 문득 땅이 합쳐졌다. 이것을 보고 원효는 혼자 돌아왔다.

— 『삼국유사』 의해 제5 사복이 말하지 않다

아비 없이 태어난 유복자로서 12살[31]이 되도록 말도 하지 못하고 걷지도 못하는 아이, 그래서 '뱀 소년'이라 불렸던 이 아이와 7세기 중엽을 살았던 신라 최고의 스님 원효가 함께 아이의 어머니를 장사 지낸 이야기입니다. 『삼국유사』에는 워낙 신비한 이야기가 많지만, 그 중에서도 단연 으뜸이라 할 만한 이야기입니다. 미천한 신분의 아이지만 그러나 이 아이는 평범한 아이가 아닙니다. 만인의 존경을 받는 고승 원효를 어린아이 대하듯 하는 태도나 전생에서는 원효와 함께 불경을 가지고 다녔다는 그의 말을 미루어 보면 그는 이미 원효를 훨씬 뛰어넘은 비범한 인물임이 틀림없습니다.

더욱 놀라운 것은 이 소년이 풀의 줄기를 뽑아 연화장의 새로운 세계를 열고 그리로 들어갔다는 결말입니다. 연화장 세계는 불교에서 말

31 『삼국사기』에는 22살로 되어 있다.

하는 여러 해탈의 세계 중 하나로 화엄종의 본존불인 비로자나부처님이 계신 곳이니, 자기 집 방안으로 들어가듯 쉽게 그 곳으로 들어가는 사복은 어쩌면 비로자나불이 인간의 모습으로 나타난 것일지도 모르겠습니다. 이 해탈의 세계는 큰 연꽃 속에 들어있으며 우리는 연꽃을 통해 그곳으로 들어 갈 수 있어 연화란 이름이 붙은 것입니다.

꽃을 통해 해탈의 세계, 이상의 세계로 들어간다는 이 시의 놀라운 상상력은 불교에서 시작된, 그리고 『삼국유사』에서 장엄하게 그려진 이미지입니다. 연꽃이 꽃밭으로 바뀌면서 그 불교적 색깔은 사라져 버렸고, 사소란 인물이 결합되면서 도교적 신선사상의 분위기가 강해졌지만 말입니다. 그런 점에서 이 시는 철저히 전통적인 시입니다. 두 개의 서로 다른 전통적 이미지를 하나로 엮어낸 시인의 창의성이 돋보이는 작품이라 할 수 있겠습니다.

사실은 이뿐만이 아닙니다. 이 시에서는 활로 잡은 산돼지와 매로 잡은 산새에서 보이는 고대적, 원시적 상상력도 중요한 역할을 합니다. 이 구절은 시를 읽는 이도 모르는 사이에 우리의 무의식에 담겨 있는 오래된 향수를 불러일으키며 어딘지 모를 익숙함과 안락함을 제공합니다. 활과 매를 이용한 우리 민족의 아주 오래된 수렵 생활의 전통은 사소와 사복의 일화와 함께 이 시가 자리하고 있는 상상력의 중요한 원천인 것입니다.

『삼국유사』가 21세기를 사는 우리에게 갖는 첫 번째 의의는 바로 여기에 있습니다. 한반도와 만주를 근거로 삶을 영위해온 우리 민족이 만들어낸 첫 문화, 그리고 현재까지도 문화의 저 아래에서 기반을 이루는 전통으로 생생하게 살아 내려오는 문화의 원천으로서의 의의입니다.

서양 문화를 이해하려면 누구나 먼저 헬레니즘과 헤브라이즘을 알아야 한다고 말합니다. 그래서 그리스 로마 신화와 성경은 서양 문화를 공부하기 위해 읽어야 하는 첫 번째 책이 됩니다. 그렇다면 우리 문화에 있어 이 위치에 있는 것이 바로 『삼국유사』입니다. 서양 문화만 유구한 전통의 기반에 서 있고, 우리 문화는 그런 기반 없이 불쑥 나온 것이 아닙니다. 현재의 우리 문화가 겉모습은 서양의 것과 비슷할지 몰라도 그 안에 끊이지 않고 흐르는 것은 어쩔 수 없는 우리의 전통입니다. 비단 이 시에서만 그런 것은 아닙니다. 처용 이야기, 단군 이야기, 주몽 이야기 등 『삼국유사』에 담겨 있는 많은 이야기와 이미지는 끊임없이 재생산되는 우리 문화의 중요한 원천이며, 이것은 우리가 짐작하는 것보다 훨씬 폭넓게 현재 우리 문화의 저변에 스며있습니다. 이것이 21세기의 우리에게 『삼국유사』가 갖는 첫 번째 의의이며 우리가 『삼국유사』를 읽어야 하는 첫 번째 이유입니다.

현재의 '우리'에게 무슨 의미가 있을까?

근래 국사학계의 가장 큰 숙제는 일본의 교과서 왜곡과 중국의 동북공정을 어떻게 극복할 것인가 하는 것입니다. 일본은 한반도와 대륙의 침략의 역사인 근현대사에서 다른 민족에게 주었던 피해와 제국주의 일본의 만행은 슬쩍 덮고, 소위 '자학적 역사관'에서 벗어난다는 이름 아래 철저히 자기들 중심으로만 서술한 역사 교과서를 만들었습니다. 그리고 그것에 항의하는 우리에게 모든 국가는 자기들 중심의 시각으로 역사를 쓰고 가르치므로 주변국이 그것에 대해 이래라 저래라 할 문제는 아니라고 합니다.

그러나 고대사이든 근현대사이든 그들 중심으로만 서술한 역사는 필연적으로 한반도와 주변국을 비하하게 되고 일본의 자국 우월주의를 부추겨 일본의 극우적 경향을 더욱 강화시키게 됩니다. 1세기 전 일본의 침략이 바로 일본의 이러한 자국 우월주의와 극단적인 국수주의에서 비롯되었기에 우리로서는 가만히 있을 수 없는 문제인 것입니다.

특히 일본의 교과서 왜곡은 그들의 독도 영유권 주장과 맞물리면서 우리의 대응을 더욱 감정적으로 치닫게 하였습니다. 그러나 조금 냉정하게 생각해보면 일본에 대한 항의와 왜곡된 역사 교과서의 대안으로서 한 중 일 공동 교과서의 제안 등 대외적인 대응 외에 내부적으로는 어떤 대응책을 준비하였는지 돌아보게 됩니다. 일본의 역사 왜곡을 극복하기 위해서는 이러한 대외적 대응 외에도 우리 스스로 그들의 왜곡을 이겨낼 수 있도록 역사적 안목을 기르고 연구 실적을 쌓아 실력을 키우는 것이 중요하지 않겠습니까? 이러한 근본적인 대책이 없다면 대외적 대응은 마치 모래 위의 성처럼 금방 무너져 버릴 것입니다. 일시적 감정으로 반짝 일었다 지나가는 유행이 아니라 우리 역사에 대한 진지하고 지속적인 관심과 성찰이 중요한 까닭이 여기에 있습니다.

2000년대 들어 본격화한 중국의 '동북공정'은 더욱 현실적인 이유에서 시작되었습니다. 동북공정이란 과거 중국의 동북쪽에 있었던 나라들을 중국의 역사로 편입하는 학술 연구 프로젝트입니다. 고조선, 고구려, 발해 등이 바로 중국의 역사로 편입될 국가들이죠. 그러나 이 프로젝트는 순수한 학문적 동기에서 시작된 것이 아닙니다. 이것은 현재의 중국이 50여 민족으로 이루어진 국가이므로 그 50여 민족이 세웠던 나라를 모두 중국에 포함시켜 일차적으로는 소수민족의 분열과 분리 독립의 움직임을 막고 나아가 중국에 편입된 소수민족의 영토 중 아직 중국에 포함되지 않은 지역을 은근히 겨냥하고 있는 것입니다. 이것은 서남공정(티베트), 서북공정(신장 위구르)과 함께 추진되고 있는데 이렇게 보면 동북공정이 겨냥하고 있는 곳은 북한이라는 점이 분명해집니다.

그러면 고조선, 고구려, 발해가 '우리'의 선조가 세운 나라, 또는 우리 역사의 일부라는 점은 어떻게 주장해야 할까요? 그 나라들이 서 있던 지역이 현재 어느 나라에 속하는가는 기준이 되기 어렵습니다. 대개 이 나라들의 영토가 현재의 중국과 한반도를 모두 포함하기 때문이죠. 고조선의 위치가 어디였는지는 아직도 논란 중에 있지만 대개 요동 지역이거나 한반도 대동강 유역, 혹은 두 지역을 모두 포함하는 큰 영역으로 봅니다. 고구려도 만주와 한반도에 걸쳐 있었고, 발해는 만주와 러시아에 걸쳐 있었습니다. 민족적으로 그들은 황하와 양자강 사이에 살던 한족漢族과는 다른 북방 민족이지만 중국이 한족만의 국가가 아니라 주변의 소수민족까지 모두 포함하는 개념이라고 그들이 주장하니 언어, 문화, 민족의 차이로 이 나라들이 중국의 역사가 아니라고 주장해서는 그들을 굴복시키기 어렵습니다.

그렇다면 무엇이 이 나라가 '우리'의 역사라는 움직일 수 없는 증거가 될까요? 이때 가장 중요한 것이 후손들의 역사의식입니다. 고조선 고구려 발해 이후에 세워진 국가들이 앞선 나라를 어떻게 보았는가 하는 의식 말입니다. 가령 고조선 이후 어느 나라가 고조선을 자신의 선조로 보았는지, 혹은 고구려 이후 어느 나라가 고구려를 계승한 나라라고 생각했는지 말입니다. 이것은 다음 시대에 편찬된 역사책에 분명히 드러납니다.

그런데 이제까지 중국에서 편찬된 『한서』, 『당서』 등 어떤 역사책도 고조선이나 고구려를 자신의 역사로 기록하지 않았습니다. 중국인은 한나라 사마천의 『사기』 이후 자신의 역사는 '본기'라고 하여 기록했지만 중국의 어느 역사책도 이들 나라를 본기로 기록하지 않았습니다. 이들의 역사를 외국의 것으로 보고 '열전'에 신라 백제 일본과 함께 간략히 소개하고 있을 뿐입니다. 중국도 이점을 의식하여 지금이라도 이들 나라의 역사를 자신의 것으로 기록하려고 하는 것입니다.

그렇다면 우리는 어떨까요? 고구려사는 고려시대 편찬된 『삼국사기』에 「고구려 본기」로 존재합니다. 고조선은 『삼국유사』에서 우리의 첫 번째 국가로 당당히 등장하며, 발해는 『삼국유사』를 비롯하여 고려시대 후기부터 고구려를 계승한 나라로 조금씩 언급되어 오다가 18세기 실학사상가들에 의해 본격적으로 연구됩니다. 그리고 20세기에 발해는 남쪽의 신라와 함께 9세기~10세기 고구려의 옛 땅에 세워진 우리 민족의 역사로 자리매김 되지요. 이렇게 보면 그들을 자신의 선조로 인식하고 역사를 남긴 것은 분명 우리였습니다. 그것을 이제 와서 중국이 자신들의 역사에 편입시키려 하는 것입니다.

그러나 고조선 고구려 발해를 우리의 역사로 만드는 것은 단순히 역사가가 그렇게 기록해서만은 아닙니다. 우리 모두의 역사의식 속에 그 나라들이 우리의 역사로 살아 있지 않다면 시간이 더 흐른 뒤에 우리는 그 역사를 잃을 수도 있습니다. 동북공정이란 단순히 그 역사를 중국의 역사로 기록하는 것만이 아니라 중국인의 역사의식 속에 이 나라들을 넣어 중국인이 스스로 이 역사를 자신의 것으로 받아들이도록 하자는 것입니다. 그러기 위해 하는 첫 번째 작업이 바로 동북공정, 즉 그 시대의 역사를 연구하고 서술하는 것입니다.

한 사회가 공동의 역사의식을 가진다는 것은 매우 중요한 의미가 있습니다. 어떤 집단의 사람들이 모두 같은 조상을 지녔으며 같은 역사를 가졌다고 믿는 것은 그 집단의 일체감과 정체성을 형성하게 됩니다. '우리는 같은 민족이다'라는 의식이 싹트는 것이죠. 이런 의식이 없다면 지금은 한 나라 혹은 한 민족이라 여길지라도 시간이 흐른 뒤에 계속 같은 나라 같은 민족으로 있을 수 있다고 장담할 수 없습니다. '우리' 혹은 '우리 민족'을 계속 존속시키는 힘은 역사의식에서 나오는 것이며, 이것이 없다면 분열은 시간문제가 될 것입니다.

역사의식이란 말이 추상적이기는 하지만, 바른 역사의식을 지닌다는 것은 우리의 과거에 관심을 갖고 알고자 하며 우리 역사에 대해 바른 지식을 갖는다는 말과 같습니다. 이것은 우리를 지키고 존속케 하며 나아가 우리의 자존심을 지키는 길입니다. 우리가 우리를 지키고 스스로에 대해 자존심을 갖는 것은 곧 민족애 국가애로 이어질 것입니다. 우리의 과거에 대한 관심 없이 우리의 자존심을 지키고 우리를 사랑하는 것은 불가능하기 때문입니다.

우리가 우리 자신에 대해 모르면서, 우리의 자존심을 지키지 못하면서, 그리고 우리를 사랑하지 못하면서 남의 역사왜곡을 지적하고 바로잡으려 한들 그것이 어디 가능한 일이겠습니까? 일본과 중국이 우리보다 고구려나 고조선에 대해서 더 잘 알고 더 많은 관심을 갖고 있다면 그 역사가 우리의 것이라는 우리의 외침은 한낱 공허한 외침에 불과할 것입니다. 참으로 두려운 일이 아닐 수 없습니다. 이것이 우리들이 『삼국유사』를 읽어야 하는 또 하나의 이유입니다.

교양인을 위한 삼국유사

발행일 1쇄 2020년 1월 30일
2쇄 2020년 12월 20일

지은이 일연
엮은이 김봉주
펴낸이 여국동

펴낸곳 도서출판 인간사랑
출판등록 1983. 1. 26. 제일 - 3호
주소 경기도 고양시 일산동구 백석로 108번길 60 - 5 2층
물류센타 경기도 고양시 일산동구 문원길 13 - 34(문봉동)
전화 031)901 - 8144(대표) | 031)907 - 2003(영업부)
팩스 031)905 - 5815
전자우편 igsr@naver.com
페이스북 http://www.facebook.com/igsrpub
블로그 http://blog.naver.com/igsr
인쇄 인성인쇄 **출력** 현대미디어 **종이** 세원지업사

ISBN 978 - 89 - 7418 - 785 - 9 03910

이 도서의 국립중앙도서관 출판시도서목록(CIP)은 서지정보유통지원시스템 홈페이지(http://seoji.nl.go.kr)와 국가자료공동목록시스템(http://www.nl.go.kr/kolisnet)에서 이용하실 수 있습니다.(CIP제어번호: CIP2020002147)